고전문학과 인성론

고전문학과 인성론

허원기

조율

허원기

충북 충주에서 출생하였다.
건국대학교에서 국어국문학을 공부하고, 한국학중앙연구원(구 한국정신문화연구원) 한국학대학원에서 고전문학을 전공하여 석사와 박사학위를 받았다. 학위논문 주제로는 '삼국유사의 구도설화'와 '판소리의 신명풀이'를 각각 다루었다.
한국학중앙연구원 장서각의 전임연구원과 한국학중앙연구원 민족문화연구소에서 책임연구원을 지냈다.
현재는 다산학술문화재단의 전임연구원으로 있으면서 건국대학교에서 고전문학을 강의하고 있다.
문헌자료에 토대를 두고, 한국서사문학의 사상적 의미와 미적특질을 탐색하는 작업을 주로 진행해왔으며, 최근에는 고전문학의 문화콘텐츠 활용에 대해서도 관심을 가지고 있다.
저서로는 『판소리의 신명풀이 미학』, 『고전서사문학의 사상과 미학』, 『필사본 고전소설 읽는 법』, 『한문현토본 구운몽 교감주해 연구』, 『고전산문자료 연구』, 『고전서사문학의 계보』, 『장서각 고소설 해제(공저)』 등이 있으며, 그밖에 다수의 고전 서사문학 관련 논문들을 발표하고 있다.

고전문학과 인성론

제1판 제1쇄 발행	2010년 8월 30일
지은이	허원기
펴낸이	허재식
펴낸곳	도서출판 조율
주소	경기도 파주시 교하읍 문발리 파주출판도시 513-15번지 2층
전화	031-955-7695
전송	031-955-7696
전자우편	joyul@joyulbook.com
홈페이지	www.joyulbook.com
신고	제406-2009-000053호(2009년 7월 27일)

ⓒ허원기, 2010
ISBN   978-89-962967-2-0 (93810)

값은 뒤표지에 있습니다.
저자와 협의하여 인지는 생략합니다.

책머리에

'참으로 훌륭한 글을 쓰기 위해서 우리는 과연 무엇을 어떻게 해야만 하는가?' 이 문제에 대한 해답을 찾기 위해 동서고금의 많은 문학자가 자신의 마음을 괴롭혀 왔다. 그리고 그들은 저마다 그에 대한 해답들을 마련하여 이루 헤아릴 수 없을 정도로 다채롭게 제시하였다.

이러한 해답 중에 동아시아에서 아주 중요한 흐름을 형성하고 있는 하나의 담론이 있다. 그것은 글도 사람이 하는 일이라, 훌륭한 문장을 이루기 위해서 가장 중요한 것은 먼저 훌륭한 인간이 되어야 한다는 것이다. 사실 동아시아의 문화적 관습 속에서, 먼저 인간이 되어야 한다는 기본적 전제는 비단 문학의 영역에만 한정되는 것은 아니다. 온갖 기예의 달인들은 거의 예외 없이 이러한 경지를 강조한다. 그래서 그 기예의 달인들은 어딘지 모르게 성인(聖人)의 풍모를 닮아 있다.

이것은 기예 자체가 그 사람의 인간적 품성과 혼연일체가 되는 통일장의 경지를 추구한 것이라고 볼 수 있다. 그러므로 기예를 익히는 과정은 훌륭한 인간적 품성을 익히는 과정과 다르지 않다. 이러한 관점에서 인간적 품성과 단절된 기예는 결코 내면화될 수도 체질화될 수도 없어, 상승의 경지를 구현하여 입신의 경지로 나아갈 수 없다. 그러하기에 인간적 품성이 갖추어진 제자는 스승의 단 한 마디 구결에도 하룻밤 사이에 입신의 경지를 구현하지만 그렇지 못한 제자는 십 년을 수행해도 진전이 없게 되는 것이다.

이러한 생각을 하는 사람들은 흔히 가장 훌륭한 문장으로 고문(古文)을 제시한다. 그리고 그 고문의 가장 중요한 모범이 되는 것은 성인의 품성이 온전히 담긴 경전의 글이다. 경전의 글이 훌륭한 것은 그것이 성인의 도(道)를 온전히 담고 있기 때문이다. 그러나 성인들이 스스로 글을 저작하는 경우는 거의 없다. 지금 남아 있는 경전의 글들은 대부분 후대에 다른 이들이 다시 정리한 것들이다. 어쨌든 성인들의 본업이 문학이 아니었던 것만은 분명하다. 글보다는 말이 선행하고 말보다는 삶이 선행하기에, 그들에게는 삶의 경지를 다듬어가는 일이 더욱 중요한 일이었기 때문이다.

　그럼에도 경전에 전해지는 성인의 말씀은 그 어떤 문장보다 아름답고 진실하며 힘이 있다. 불경이나 성경이나 유교 경전을 보면, 일상의 삶 속에서 쉽고 자연스럽게 울려 나오는 성인들의 말 한 마디 한 마디가 모두 그 자체로서 아름다운 시가 되는 모습을 확인할 수 있다. 성인들이 문장 공부에 따로 힘쓰지 않았음에도 그 문장이 어떤 문장가의 글보다 아름답고 진실하고 힘이 있는 이유는 무엇일까? 그것은 바로 오랫동안 갈고 닦아온 그들의 인간적 품성과 그 도의 경지에서 비롯된 것이다.

　그러므로 고문론자들에 의하면, 훌륭한 문장을 구현하기 위하여 해야 할 가장 중요한 일은 훌륭한 인품을 닦고 진정한 도의 경지에 이르는 것이다. 그러면 좋은 문장은 저절로 따라온다고 본다. 단순히 글쓰기의 매뉴얼만을 익히는 일은 훌륭한 문장을 구현하는데 그다지 효과적이지 않으며 중요하지 않다고 여기는 것이다. 현대적인 관점에서 말하자면, 이러한 태도는 문학을 위한 문학이 아닌 인생과 인간을 위한 문학을 지향하는 것이다.

　그러나 문학에 대한 이런 전통적인 태도와는 달리, 우리 시대의 문학 연구는 인생을 위한 문학 연구보다는 문학을 위한 문학 연구에 치우쳐 있다. 이는 문학은 있으나 인간은 없는 문학 연구라고 해도 좋을 것이다.

인간의 본질을 탐구하는 인문학 보편의 과제보다 분과 학문의 개별성에 안주하는 현상은, 비단 문학뿐만이 아닌 인문학계 전반에 걸쳐 넓게 나타난다. 그래서 철학은 있으나 인간이 없는 철학, 역사는 있으나 인간이 없는 역사학이 널리 나타난다. 분과 학문으로서 자기 영역의 특수성을 고수하는 것이 나쁘다고 할 수는 없으나 인문학 본연의 과제를 소홀히 할 수 없는 일이다. 인문학의 보편적이며 본질적인 주제는 '인간'과 '인생'이다. 각각의 분과 학문에서 이 문제를 적극적으로 탐구하여, 우리가 사는 이 시대와 이 공간, 즉 '지금 여기'에 가장 적합한 인간상과 삶의 모델은 과연 무엇이 될 수 있는지, 그에 대한 적절한 해답을 찾고 지침을 제시할 수 있어야 한다. 인문학 연구의 환경이 전통 시대보다 훨씬 좋아졌음에도 우리 시대의 인문학이 널리 공감을 불러일으키지 못하는 이유는 인간 본연의 문제를 외면하고 있는 인문학 내부의 사정과도 무관하지 않다는 생각이 든다.

동아시아 인문학의 전통에서는 인성론이 그 중심담론을 형성하고 있었다. 인성론에서는 인간의 본질을 여러모로 구명하고 그 구현 방식을 탐색한다. 그러므로 동아시아의 전통 문학도 이러한 인성 담론과 긴밀한 연관성을 지니고 있다.

필자는 그동안 '문학을 위한 문학'의 건너편에 있는 '인생을 위한 문학'에 많은 관심을 기울이면서, 인성의 문제와 문학의 문제를 함께 탐색하는 작업을 진행해 왔다. 특히 필자의 연구 대상이 고전문학이었기 때문에 이러한 문제의식은 더욱 긴요하게 다가왔다. 이 책에는 인성의 문제와 관련하여 우리 고전문학의 가치와 의미를 논의한 여덟 편의 글을 수록하였다. 각각의 글들은 독자적인 성격을 지니고 있으나 인성이라는 관점에서, 우리 고전의 의미와 가치를 다루었다는 점에서 공통된 성격을 지니고 있고 간혹 논의가 중첩되는 때도 있다. 그러므로 독자 여러분은 이 책을 처음부터 끝까지 순서대로 읽어도 되고, 그중에서 한편을 골라 따로 읽어도 좋을 것이다. 이전에 없던 새로운 논의들을 무리하게 전개하려다가 방황하며 표류하는 모습만 보이고 성과는 미진한 것 같아, 여러 가지로 걱정이 앞선다. 독자 여러분의 아낌없는 질정을 바란다.

우리 인문학에서 점차 '인간성'이 사라져가고 있다. 인문학은 한때 사회과학에 종속되기도 했고, 자연과학을 추수하기도 했으며, 자본과 권력에 종속되기도 했다. 그 이유는 저쪽이 강대해서라기보다는 이쪽이 허약했기 때문이다. 그 허약함의 근저에는 인간성에 대한 외면이 자리 잡고 있었던 듯하다. 그러나 필자는 우리 인문학의 전통이 지니고 있는 강력한 힘을 잘 알고 있으며 우리 인문학의 가능성을 믿는다. 그리고 인간의 자발성과 주체성에 바탕을 둔 인문학의 새 길을 절실히 요망한다. 이 책에 실린 글들이 그 길에 조그마한 이정표가 되었으면 한다.

올해로 대학원에 들어가 학문에 투신한 지 20년이 되었다. 그리고 박사학위를 받은 지도 벌써 10년이 지났다. 세월이 빨리 흘러감을 절감한다. 그동안 인생과 학문의 여정에서 무수한 사람을 만나 감당하기 어려운 빚을 졌다. 그 중중무진의 인연들에 깊이 감사드린다. 무거운 빚은 천천히 갚기로 하고, 먼저 이 보잘것없는 책으로 감사한 마음을 대신하며, 앞으로 계속 정진할 것을 기약한다.

2010년 7월
명륜동 연구실에서 필자 씀.

차례

책머리에   5

1부 자기실현이론과 영웅서사   13
영웅과 자기실현   15
자료 제시   17
영웅의 자기실현 양상   24
영웅의 자기실현과 그 의미   32
영웅의 자기실현과 남은 문제들   40

2부 성리학의 심성론과 천군소설   45
천군소설과 마음의 문제   47
등장인물의 성격   50
   천군의 풍모   51
   심성의 건강을 해치는 인물들   54
   심성의 건강을 회복하는 인물들   57
심성의 병리와 생리   61
   심성이 병을 얻는 방식   62
   심성을 치료하는 방식   65
심성의 건강과 주제의식의 향방   67
심성론과 천군소설의 만남   71
천군소설의 심성론적 의미   74

3부 심성을 이야기하는 두 가지 방식   79
도설과 소설   81
도설의 전통과 심성도설   82
〈신명사도〉의 도상학적 의미   85
심성도설과 심성우언소설의 거리   91
심성 담론의 소설적 변용   98

4부 인물성동론(人物性同論)과 연암(燕巖) 소설의 접점   105
인물성동론과 연암 박지원   107
동물과 자연을 바라보는 시선   109
인간을 바라보는 시선   115
세계를 바라보는 시선   121
인물성동론과 연암 소설의 동질성   126

5부 정리(情理)적 인간론과 판소리 미학   133
판소리 서사문법의 특수성   135
정리(情理)적 인간과 그 미적 전유   138
전반적 정서 변이의 합리성 추구   141
    울리고 웃기의 교체 반복   142
    전반부의 울음과 후반부의 웃음   144
    개인정서에서 대동정서로   146
    병리적 정서 해소와 생리적 정서 생성   147
부분 정서에서 정리의 합리성 추구   149
    일면적 정서에 집중하면서 이에 얽매이지 않음   149
    연상되는 물정을 빠짐없이 표현함   151
정리에 합치하는 주제 도출   153
이론의 확장 가능성과 남은 문제들   155

6부 장부(臟腑)적 인간론과 흥부전의 인성 논쟁 — 161
흥부전은 인성 논쟁의 장 — 163
자본주의적 인간을 바라보는 시선 — 166
심성적 인간을 바라보는 시선 — 171
장부적 인간론과 흥부전 — 175
인성 논쟁의 향방과 그 의미 — 180
장부적 인간론의 가능성 — 184

7부 우리 설화에 나타난 아이의 형상 — 191
아이 이야기 — 193
우월한 아이 — 196
   지혜로운 어린아이 — 196
   신성한 어린아이 — 200
   겉은 열등하나 속은 우월한 어린아이 — 203
심각한 고난을 겪는 아이 — 205
   버려지는 어린아이 — 205
   쫓겨나는 어린아이 — 208
죽임을 당하는 아이 — 210
아이의 인간적 형상 — 212

8부 정약용의 인성론과 문학세계 — 219
정약용의 시경론 — 221
시경(詩經)과 정치 — 223
시의 정치적 기능 — 231
시와 정치의 접점: 인성 — 237
인간과 삶을 위한 문학 — 239

찾아보기 — 245

| 1 |
자기실현이론과 영웅서사

영웅과 자기실현

우리 서사문학사에서 영웅이야기는 매우 중요한 비중을 차지하고 있다. 건국신화와 서사무가, 전설, 고전소설 등의 우리 서사문학 전반에 걸쳐, 영웅이야기의 양상들은 매우 폭넓게 나타난다. 그러므로 이에 대한 선학들의 논의도 다각도에서 상당히 많이 축적되어 왔다. 그러나 누적된 기존의 논의들은 개별적인 작품이나 특수한 문학적 논점에 집중되었으며, 우리 영웅이야기의 전반적 성격과 그것의 인문학적 의미에 대한 포괄적 논의는 거의 이루어지지 못하였다.[1]

기존의 연구와는 다르게, 이 글에서는 보다 포괄적인 관점에서 우리 영웅이야기에 접근하고자 한다. 어느 연구자의 말처럼, 개별적인 연구의 집합이 곧 전체적인 연구는 아니기 때문[2]이다. 그리고 또한 우리 영웅이야기가 지닌 인문학적 의미에 대하여 검토해보고자 한다.

영웅은 흔히 그 인물의 성격상, 탁월하고 비범한 능력을 지녀야 하며, 그 생애는 특별한 고난을 돌파하여 극복하는 과정을 거쳐야 하는 것으로 여겨진다. 탁월한 능력이 있어도 특별한 고난을 겪지 않았거나, 특별한 고난을 겪어도 극복하지 못했다면 진정한 영웅이라 하기 어렵다. 그리고 탁월한 능력으로 특별한 고난을 극복했다고 하더라도 그러한 개인적 요건만으로 영웅이 될 수 있는 것이 아니다. 사회적으로 볼 때, 영웅은 사회적 가치를 실현하여 사회 성원들로부터 자발적 존경을 받는 사람이어야 한다.3

그런데 이러한 영웅들의 삶은 일정한 서사적 공식을 밟으며 전개된다. 그것을 '영웅의 일생'4이라고 한다. 기존의 연구에 의하면 우리 영웅이야기에 나타난 '영웅의 일생'은 다음과 같은 일곱 가지 공통점을 지니고 있는 것으로 밝혀졌다. 그것은 ①고귀한 혈통, ②비정상적 잉태나 출생, ③탁월한 능력을 타고남, ④버려짐(棄兒), ⑤구출·양육, ⑥위기와 고난, ⑦승리의 과정으로 나타난다는 것5이다. 또 다른 연구에 의하면, 우리의 영웅소설에 나타난 '영웅의 일생'은 ①출생 과정, ②시련 과정, ③결연 과정, ④입공 과정으로 나타난다6고 한다. 이러한 논의들은 영웅이야기가 지니고 있는 영웅의 삶의 방식에 대한 일정한 성찰을 보여준다.

이 글에서도 기존에 논의된 바 있는, 우리 영웅이야기의 '영웅의 일생'에 주목하고자 한다. 그러나 기존의 논의처럼 그것의 서사문학적 구조 자체에 중점을 두는 것은 아니다. 이 글에서 필자는 문학적 관점보다는 인문학적 관점을 견지하고자 한다. 물론 문학적 관점과 인문학적 관점이 엄격히 배치되는 개념일 수는 없다. 그럼에도 불구하고 필자가 인문학적 관점을 강조하는 이유는 그동안의 서사문학 연구가 문학의 본질을 밝히는 데 많은 기여를 해왔음에도 불구하고, 인간과 삶의 본질을 해명하는 데는 상대적으로 소홀함이 많았다고 보기 때문이다. 서사문학은 특히 그 자체가 인간이 세계와 대면하며 형성해가는 '인물의 형상'과 그 '삶의 방식'을 직접적으로 문제 삼는다. 이를 통해 '있어야할 인간'과 '있는 인간', '있어야 하는 삶'과 '있는 삶'의 사이에서 갈등하고 표류하는 인간의 모습을 형상화한다. 그러한 점에서 서사문학은 인간의 본질과 삶의 가치를 중요한 문제로 삼는다. 이 때문에 서사문학은 인문학의 본질에 매우 가까이 다가선 문학 형식이라고 할 수 있으며, 인문학적 성찰의 대상으로서 중요한 가치를 지닌다.

우리 서사문학의 중요한 유산인, 영웅이야기와 '영웅의 일생'도 인문학적 성찰의 대상으로서 중요한 의미를 지닌다. 특히 영웅은 '자기를 실현한 인간'을 형상화한 것[7]이다. 그리고 무엇보다도 '영웅의 일생' 그 자체는 인간이 자기[8]의 본질을 깨닫고 본질적인 자기로 나아가며 그것을 실현해가는 '자기실현의 과정'[9]을 온전하게 형상화하고 있는 것으로 여겨지기 때문이다. 이러한 점을 감안하여, 필자는 우리 서사문학 작품들에 나타난 '영웅의 일생'들을 전반적으로 재검토하면서 그 속에 나타난 '자기실현' 과정의 양상과 의미를 구명하고자 한다.

자료 제시

우리 서사문학사에는 상당히 많은 수의 영웅이야기가 전해지고 있다. 여기에서 그 많은 작품들은 모두 거론하기는 어렵다. 이 자리에서는 우리 서사문학사에서 영웅의 일생을 잘 보여주는 대표적인 작품들을 골라서 논의할 수밖에 없다.

건국신화 가운데에는 주몽(朱蒙)과 탈해(脫解) 이야기에 영웅의 일생이 전형을 이루며 잘 나타난다. 이들보다 후대에 나온 궁예(弓裔) 이야기는 신화의 성격이 많이 약화되고 전설화된 측면이 많지만 이 또한 영웅의 일생을 잘 보여 준다. 그러므로 건국신화에서는 이 세 가지만을 논의 대상으로 삼는다.

구전되는 서사무가에도 영웅의 일생을 노래한 것이 많다. 이들 가운데 여기에서는 바리공주와 궤내깃또 이야기만을 다룬다. 이 두 인물은 우리 서사무가를 대표하는 여성영웅과 남성영웅이라고 할 수 있으며, 영웅의 일생을 잘 갖추고 있기 때문이다.

고전소설 자료로는 홍길동(洪吉童), 유충렬(劉忠烈), 양소유(楊少遊), 홍계월(洪桂月)을 다룬다. 우리의 영웅의 일생을 다룬 고전소설은 매우 흔하고 매우 많은 대중적인 인기를 얻었다. 그렇지만 여기에서는 논의의 번거로움을 피하고, 영웅의 삶을 다룬 고전소설의 다양한 성격을 포괄할 수 있는 네 작품만을 논의 대상으로 한정했다.

각 자료는 편의상 인물명으로 지칭하도록 하고, 그 내역을 표로 제시하면 아래와 같다.

인물명	주자료	보조자료
주몽	이규보, 동명왕편	삼국사기, 삼국유사
탈해	삼국사기 본기	삼국유사
궁예	삼국사기 열전	
바리공주	바리공주(서울 배경재본)[10]	
궤내깃또	궤눼깃당본풀이(제주 이달춘본)[11]	
홍길동	홍길동전(경판 한남본)	
유충렬	유충렬전(완판본)	
양소유	구운몽(노존본)	
홍계월	홍계월전(회동서관본)	

위에서 제시한 아홉 인물의 일생은 여러 가지 차이점에도 불구하고 자기실현 과정과 관련하여 근본적인 공통점이 있다. 각각의 이야기들은 공통되는 단락을 지니고 있다. 그 공통적인 단락은 일곱 가지로 이루어진다. 그 가운데 어느 한 두 단락은 약화되어 없는 것처럼 보일 수도 있고

실제로 없을 수도 있다. 그러나 이외에 다른 단락을 더 지니고 있는 인물은 없다.

자기실현과 관련하여 영웅의 일생에 나타나는 공통된 일곱 단락을 제시[12]하면 다음과 같다.

A. 신성하게 잉태되고 신성하게 탄생한다.
B. 어린 시절에 버려져 죽을 고비에 이른다.
C. 구원자를 만나 구원을 받는다.
D. 자기 수련 과정을 거친다.
E. 배필을 만나 결연한다.
F. 특별한 경쟁자와 투쟁하여 특별한 사회적 고난을 극복한다.
G. 태평성대를 구현한다.

이러한 단락들이 여러 영웅의 일생에서 구체적으로 어떻게 나타나는지를 정리해 보면 다음과 같다.

주몽
A. 1. 천제의 아들 해모수와 하백녀 유화의 아들이다.
   2. 유화는 햇빛을 품에 받고 임신한다.
   3. 유화는 왼쪽 겨드랑이로 알을 낳는다.
B. 금와왕이 알을 버린다.
C. 말이 밟지 않고 온갖 짐승들이 보호했고, 흐린 날에도 알 위에는 햇빛이 항상 비쳤다.
D. 활쏘기를 익히자 신궁(神弓)이 된다.
E. 예씨와 혼인한다.

F. 1. 동부여를 탈출하여 왕이 된다.
　　2. 송양과의 싸움에서 승리한다.
G. 1. 하늘이 왕을 위해 성곽과 궁실을 지어주니 왕이 거처한다.
　　2. 재위 19년에 승천한다.

탈해

A. 1. 다파나국(삼국유사에는 용성국) 국왕과 여인국 왕녀의 아들이다.
　　2. 임신한 지 7년 만에 큰 알을 낳았다.
B. 1. 알을 궤짝에 넣어 바다에 버렸다.
C. 1. 붉은 용이 나타나 인도했다.
　　2. 해변의 노파가 궤짝 안에서 아이를 거두어 길렀다.
D. 학문에 정진하여 지리를 잘 알았다.
E. 남해왕의 딸 아효공주와 혼인했다.
F. 호공의 집을 빼앗았다.
G. 1. 왕이 되어 나라를 잘 다스렸다.
　　2. 동악의 신이 되었다.

궁예

A. 1. 헌안왕 또는 경문왕과 그 후궁의 아들이다.
　　2. 태어날 때 흰 빛이 무지개처럼 하늘로 뻗치고 단옷날에 태어났으며 태어날 때 이미 치아가 있었다.
B. 왕이 불길하게 여겨 죽이라 하니, 사자가 그를 누각 아래로 던졌다.
C. 유모가 구출하여 키웠다.
D. 절에 들어가 불도를 닦는다.
E.

F. 도적의 무리에 들어가 여러 고을을 복속하고 왕이 된다.
G.

바리공주

A. 1. 왕과 왕비의 일곱 번째 딸이다.
   2. 해와 달, 청룡, 황룡 등이 태몽으로 나타났다.
B. 1. 후원에 버린다.
   2. 옥함에 넣어 바다에 버린다.
C. 1. 후원에서는 까막까치가 보호한다.
   2. 옥함은 까막까치와 초목군생이 인도하고 금거북이 인도하여 바닷가에 닿는다.
   3. 석가세존이 비리공덕 할미 부부에게 데려다 기르도록 한다.
D. 상통천문 하달지리하고 육도삼략을 무불통지한다.
E. 무장신선을 만나 일곱 아들을 낳는다.
F. 저승에서 약수를 구해와 부모를 살린다.
G. 만신(萬神)의 왕이 되어 산 자와 죽은 자를 인도한다.

궤내깃또

A. 1. 무신(巫神)인 소천국과 백주또의 아들이다.
   2. 많이 먹고 무용이 뛰어났다.
B. 1. 아버지 없이 자랐다.
   2. 아버지를 찾아갔지만, 아버지의 수염을 잡아당기고 가슴을 짓누른 죄로 바다에 버려진다.
C. 동해 용왕국에 표류하여 구원을 받는다.
D.

E. 동해 용왕국의 셋째 딸과 혼인한다.
F. 강남천자국의 변란을 평정한다.
G. 높은 벼슬을 거절하고 귀국하여 마을신으로 좌정한다.

홍길동

A. 1. 홍판서와 시비 춘섬의 아들이다.
   2. 홍판서가 태몽으로 청룡 꿈을 꾼다.
D. 병법과 천문지리를 익힌다.
B. 1. 가족들이 자객을 시켜 죽이려 한다.
   2. 자객을 죽이고 집을 나간다.
C. 도적의 무리에 의탁하여 두령이 된다.
F. 1. 탐관오리들의 재물을 탈취하여 빈곤한 자들을 구제한다.
   2. 부형이 곤경에 처하자 입궐하여 병조판서가 된 후 조선을 떠난다.
   3. 율도국을 정벌한다.
E. 요괴를 물리치고 백룡의 딸을 구한 다음 백룡의 딸과 혼인한다.
G. 1. 율도국을 정벌하여 왕이 된다.
   2. 나라를 다스린 지 삼 년 만에 태평세계를 이룩한다.

유충렬

A. 1. 정언주부 유심이 그 아내 장씨의 아들이다.
   2. 남악 형산 산신에 빌어서 낳는다.
   3. 꿈에 청룡을 탄 천상선관을 만난다.
   4. 천상 자미원 대장성의 하강이다.
   5. 태어날 때 상서로운 빛이 가득하고 천상선녀가 내려와 과일을 바친다.

6. 기상이 특출하고 대명국 대사마 대원수라는 글자가 몸에 박혀 있다.
B. 1. 아버지가 귀양을 간다.
   2. 도망치다가 어머니를 잃는다.
   3. 충렬은 물속에 던져진다.
   4. 강승상이 투옥되자 그 집을 떠난다.
C. 1. 물에 던져졌으나 남경상인들이 구출한다.
   2. 강승상이 회사정에서 충렬을 거두어 양육한다.
   3. 집을 떠난 충렬을 백룡사 노승이 구원한다.
E. 강승상의 딸이며 옥황 선녀의 후신인 강소저와 혼인한다.
D. 노승으로부터 병서와 불서를 익히고 기이한 술법을 배운다.
F. 1. 간신 정한담과 외적이 결탁하여 황성을 차지하니 황제가 항복하려 한다.
   2. 충렬이 간신과 외적을 물리쳐 승리한다.
G. 1. 헤어졌던 가족이 다시 모인다.
   2. 고귀한 지위를 얻고 부귀를 누린다.
   3. 상하 인민이 송덕하는 소리가 천지를 진동하니 태평성대를 이룬다.

양소유

A. 1. 본래 신선인 양처사와 유씨의 아들이다.
   2. 유씨가 쉰이 넘어 잉태한다.
   3. 그는 전생에 남악 형산 연화봉에서 수도하던 성진이다.
B. 양처사는 신선이 되어 선계로 간다.
C. 홀어머니가 그를 키운다.
D. 문무와 음악을 익혀 통달한다.

E. 여덟 명의 천정배필을 만나 인연을 맺는다.
F. 외적과 싸워 승리한다.
G. 고귀한 지위에 이르러 부귀영화를 누리다가 연화봉으로 돌아간다.

홍계월

A. 1. 홍시랑과 부인 양씨의 딸이다.
   2. 상제에게 득죄한 선녀가 품속에 들어오는 태몽을 꾼다.
   3. 태어날 때 선녀가 내려와 옥병의 향수를 아이를 씻겨준다.
B. 1. 북방절도사 장시랑의 반란을 만나 아버지와 헤어지고 수적(水賊)
   을 만나 어머니와 헤어져 물에 던져진다.
C. 여공이 구출하여 자신의 아들 보국과 형제처럼 지내게 한다.
D. 곽도사에게 용병술과 풍운변화술을 배운다.
F. 과거에 급제하여 서쪽 땅과 남쪽 땅의 변란을 평정한다.
E. 보국과 혼인한다.
G. 태평성대를 이룩하고 부귀영화를 누린다.

영웅의 자기실현 양상

앞에서 제시한 자료에 대한 깊이 있는 논의를 위해, 2장에서 설정한 일곱 단락의 양상을 이야기별·단락별로 좀 더 세부적으로 검토해 볼 필요가 있다.

A단락은 영웅의 일생에서 잉태와 탄생 시기를 다루고 있다. 잉태와 탄생은 한 인간이 현세로 이입하는 사건으로서 자기 정체성이 일차적으로 형성되고 또 그것을 보여준다는 점에서 매우 중요한 단락이라고 할 수 있

다. 이 단락의 이야기는 ①부모의 고귀한 혈통, ②비범한 태몽, ③신성한 잉태, ④비범한 탄생의 네 가지 양상으로 나타난다.

'부모의 고귀한 혈통'은 분석 대상으로 다룬 아홉 가지 영웅이야기에서 공통적으로 나타난다. 영웅의 부모는 신(주몽, 궤내깃또), 왕과 왕비(탈해, 궁예, 바리공주), 고위 관료(홍길동, 유충렬, 홍계월), 신선(양소유)으로 고귀한 신분이다. 그들은 신분뿐만 아니라 대부분 훌륭한 인품과 덕성, 그리고 뛰어난 능력을 지닌 인물로 그려진다. 심지어 자기 딸을 버린 바리공주의 아버지도 왕으로서는 나라를 온전하게 잘 다스린다.

이렇게 처음부터 부모의 고귀한 혈통을 굳이 제시하는 이유는 그것이 앞으로 태어날 영웅의 정체성과 깊은 관련이 있기 때문이다. 앞으로 태어날 영웅이 우월한 유전자를 지닌 혈통에서 태어났기 때문에 그에 걸맞은 탁월한 능력을 지니고 있으며 또 그것을 보여줄 것이라는 것을 기대하게 하는 기능을 한다.

'비범한 태몽'은 바리공주, 홍길동, 유충렬, 홍계월의 경우에 나타난다. 이들은 주로 소설의 주인공에 해당한다. 신화보다 소설에서 태몽이 강하게 나타나는 이유는 무엇일까. 그것은 신화의 경우에는 굳이 신성한 태몽을 끌어들이지 않더라도 주인공의 신성한 탄생을 보여주기에 부족함이 없으나, 소설의 경우에는 그 서사적 배경이 주로 세속의 시공간으로 설정되면서 주인공의 탄생 과정에서 신성한 정체성을 강조하기 위한 보완적 장치가 필요했기 때문인 것으로 여겨진다. 태몽의 양상은 해와 달, 청룡, 황룡, 천상의 선관, 선녀로 나타난다. 해와 달은 태양(太陽)과 태음(太陰)이라고도 하는데 이것은 음양의 측면에서 우주자연의 생명의 정수를 의미한다. 용은 모든 생명의 근원이 되는 물의 신이며 그가 지니고 있는 여의주(如意珠)는 무한한 조화(造化)와 권능의 상징으로 알려져 있다.[13] 그리고 천상의 선관, 선녀는 주인공의 전생 신분을 의미하며 전생의 정체성을 보여준다. 유충렬의 경우 자미원(紫微垣) 대장성의 화신으로 나타나는데 이는 전생의 정체성이기도 하며 이생에서의 자기 정체성을 예시(豫示)하는 것이기도 하다. 자미원은 천자가 거주하는 곳(紫微垣太帝之坐, 天子之常居也.)[14]이고, 대장성은 태양수(太陽守)라고도 부르는데 천문학 관련 문헌에는 그 별의 정체성을 다음과 같이 서술하고 있다.

> 태양수는 대장 또는 대신의 상이다. 주로 무력의 방비를 베풀고 준비하여 예상치 못한 일을 경계하니 평상의 모습을 벗어나면 병란이 일어난다. 별이 밝으면 길하고, 어두우면 흉하며 자리를 옮기면 대신이 주살된다. 객성이나 혜성 또는 패성이 범하면 정권이 바뀌고 장군 또는 재상에게 근심이 생기며, 병란이 일어난다.
> 太陽守大將大臣之象. 主設武備以戒不虞, 非其常兵起, 明吉暗凶, 移徙大臣誅, 客彗孛犯爲易政, 將相憂, 兵亂[15]

이러한 별자리 설명처럼 유충렬의 현생도 그의 정체성을 구현하는 방향에서 천자를 수호하는 생애가 될 것임을 예상할 수 있다.

잉태 과정에서도 신성한 모습이 여럿 나타난다. 주몽은 유화가 햇빛을 받아 잉태하며, 유충렬은 그의 부모가 남악 형산의 산신령에게 기도하여 잉태하게 된다. 〈유충렬전〉에서 남악 형산은 천하에서 가장 신령한 산으로 묘사된다.[16]

탄생 과정은 더욱 비범하게 나타난다. 주몽과 탈해는 알에서 태어난다. 주몽의 경우 그 알에는 햇빛이 따라 다닌다. 여기서 알은 신성한 생명의 원천을 의미한다. 궁예는 태어날 때 흰 빛이 무지개처럼 하늘로 뻗치고, 유충렬과 홍계월은 태어날 때 천상의 선녀가 내려와 산후 수발을 한다. 또한 태어났을 때 유충렬의 몸에는 대명국 대사마 대원수라는 글자가 박혀 있었고, 궁예는 이미 온전한 치아를 가지고 있었다. 이러한 탄생 과정은 영웅들이 모두 신성한 생명의 근원으로부터 유래된 존재이며 그들 또한 신성한 존재임을 의미하는 것이다.

　B단락은 어린 시절에 여러 가지 이유로 버림을 받거나 부모와 헤어지게 되는 사연을 다루고 있다. 주몽과 탈해는 알에서 태어났기 때문에 버려진다. 주몽과 탈해가 모두 알에서 태어났지만, 주몽의 경우 알은 마구간에 버려졌다가 다시 산속에 버려지고, 탈해의 경우 알은 궤짝에 넣어져 바다에 버려진다. 궁예는 태어날 때 햇빛이 이상하고 이미 치아를 온전히 가지고 있다는 이유 때문에 아버지로부터 버려진다. 바리공주는 딸이라는 이유 때문에 후원에 버려졌다가 다시 궤짝에 넣어져 바다에 버려진다. 궤내깃또는 태어났을 때 이미 아버지가 없었다. 세 살 때 궤내깃또는 아버지를 찾아갔으나, 아버지는 자기의 수염을 잡아당기고 가슴을 짓눌렀다는 이유로 자기 아들을 무쇠 갑에 담아 동해 바다에 버린다. 홍길동은 서자로 태어났으나 왕후(王侯)의 기상을 타고났다는 이유 때문에 가족들에 의해 버림을 받아 자객의 칼에 죽을 고비를 맞게 되고 결국은 집을 떠나게 된다. 유충렬은 아버지 유심이 귀양을 가고 정한담이 보낸 무리의 습격을 받아 도망치다가 괴한들에게 잡혀 어머니와 헤어져 물속에 던져진다. 홍계월의 경우도 유충렬과 거의 유사하게 물속에 던져지는 경험을 하게 된다. 양소유의 아버지 양처사는 양소유가 어렸을 때 신선이 되어 속세를 떠나고 홀어머니가 양소유를 키운다.

　이러한 경우들은 대부분 주인공이 기존 세계의 질서를 위협할 만한 존재로 인지되면서 기득권 세력들에 의해 배척을 받고, 그 때문에 버림을 받으며 결국 죽을 지경에 이르게 되는 것으로 나타나고 있다. 또한 주인공을 버리는 주체는 아버지, 왕, 가족들, 아버지의 정적이나 기존 사회의 악인들로 나타난다. 아버지와 왕을 비롯한 버림의 여러 주체들은 기존의 강고한 구시대적 세계 질서를 의미한다. 이유야 어떠하든 영웅은 기존 세계의 질서로부터 배척을 당하고 이들로부터 버림을 받으며, 결과적으로 기존의 세계 질서로부터 이탈하게 된다.

그러나 버림받은 상태에서 죽고 만다면 결과적으로 그는 영웅이 될 수가 없다. C단락에서는 구원자가 나타나 주인공들을 구원하게 된다.

주몽의 경우 말과 온갖 짐승들이 버려진 알을 보호하자[18] 왕이 다시 거두어 기른다. 탈해의 경우 바다에 띄워진 알은 붉은 용이 나타나 인도하고 까치가 보호하였으며, 해안의 노파가 거두어 길렀다. 바리공주는 후원에 버려졌다가 다시 탈해처럼 바다에 띄워지는데, 까막까치와 초목군생이 인도하고 금거북이 인도하여 바닷가에 다다르니 석가세존이 비리공덕 할미 부부에게 데려다가 기르도록 한다. 궁예는 유모가 거두어 기른다. 궤내깃또는 용왕국에 이르러 용왕에게 구원을 받는다. 물속에 버려진 유충렬은 남경상인들이 구출한 후 강승상이 거두어 기르고 사위로 삼지만, 다시 강승상의 집이 화를 입자 백룡사의 노승이 구원한다. 물에 떠내려가던 다섯 살의 홍계월은 여공이 구원하여 자기의 아들인 보국과 함께 기르다가 일곱 살에 이르러 곽도사에게 맡긴다.

이들 이야기에서 도움의 주체는 말과 까치, 용과 거북 같은 동물로 나타나기도 하고, 구원의 주체는 바닷가에 사는 노파(또는 노인 부부), 강물을 따라 오가는 상인, 숨어 사는 도사와 처사, 노승, 퇴임 전직 관료, 유모, 용왕으로 나타난다. 이들은 모두 현실 세계의 기존 권력과 질서를 구성하고 있는 인물들이 아니다. 그러므로 기존의 권력과 질서로부터 배척당하고 버림받은 주인공을 수용하며 구원할 수 있는 주체가 되는 것이다.

D단락은 자기 수련 과정을 다룬다. 주몽은 활쏘기를 익혀 신궁이 되고, 탈해는 학문에 정진하여 지리에 통달하게 된다. 궁예는 몸을 숨겨 불교에 입도하며, 바리공주는 상통천문 하달지리하고 육도삼략의 병법을 무불통지하게 된다. 홍길동은 병법과 천문지리를 익히며, 유충렬은 병서와 불서를

익히고 기이한 술법을 배운다. 그리고 양소유는 문무(文武)와 음악을 익혀 통달하며 홍계월은 검술과 용병술, 풍운조화술(風雲造化術)을 익힌다.

이러한 것으로 볼 때, 영웅적 주인공들이 주로 익히는 것은 무예와 병법, 천문지리, 불법(佛法), 도술(道術), 음악 같은 것들이다. 무예와 병법을 익히는 것은 무덕(武德)을 연마하는 것으로 자신의 물리적인 힘을 배양하는 것이고, 천문지리는 시간과 공간에 관련된 우주적인 배경에 대한 지식을 익히는 것이라고 할 수 있다. 또한 불법과 도술은 참된 자기와 대면하여 자기의 본질을 발견하고 자기를 완성시켜나가는 것과 관련되며, 음악은 자기 정감의 표현과 소통 능력을 익히는 것과 관련이 된다.

그런데 이런 것들은 중세기에 관료 진출의 일반적인 경로라고 할 수 있는 문과(文科) 과거 시험과는 별로 관련이 없는 교과목이라는 점이 특이하다. 또한 이러한 것들을 주인공이 스스로 익히는 경우도 있으나 제도권 밖의 인물들인 도승이나 도사들에 의해 전수된다는 점도 특징적이다. 이러한 과정은 단순히 출세를 위한 자기 수련 과정이 아니라, 진정한 자기의 발견과 자기의 역량 강화를 위한 본질적인 수련 프로그램이라고 할 수 있을 것이다.

E단락은 배필을 만나 결연하는 문제를 다룬다. 주몽과 탈해의 경우에는 결연 과정이 그다지 비중 있게 다뤄지지 못하고 있으며, 궁예의 경우에는 그 과정이 생략되어 있다. 이들에 비해, 바리공주, 궤내깃또, 홍길동, 유충렬, 양소유, 홍계월의 경우에는 주인공의 결연 과정이 비중 있게 다뤄지고 있다.

바리공주는 무장신선, 궤내깃또는 용왕의 셋째 딸, 홍길동은 백룡의 딸 백소저와 조철의 딸 조소저, 유충렬은 강시랑의 딸 강소저, 양소유는 팔선녀, 홍계월은 여보국과 배필이 된다. 남자주인공의 배필로 등장하는 여성인물과 여자주인공의 배필로 등장하는 남성인물은 모두가 이상적인 여성상과 이상적인 남성상에 가까운 인물 형상을 지니고 있으며, 자기실현의 과정에서 만나는 '영혼의 동반자'로서의 성격[19]이 강하다. 그러므로 그들의 사랑과 결합에는 일반적으로 조금의 의혹도 없다.

궤내깃또의 무쇠함이 용왕국 산호나무 가지에 도착했을 때, 두 언니는 이를 발견하지 못했는데, 셋째 딸만 발견했고, 두 언니는 하지 못했지만, 무쇠함을 가볍게 내리고 또 그것을 쉽게 연 것도 셋째 딸이었다. 그리고 용왕이 사위를 삼기 위해 딸들의 방에 궤내깃또를 보냈을 때도 두 언니는 아무 반응이 없었지만 유일하게 셋째 딸만 반응을 보인다.

무장신선은 바리공주를 시험하고 결국은 생명수를 얻게 해주는 존재이다. 바리공주는 무장신선을 위해 물 긷고, 나무하고, 불 때는 일을 삼년씩 하다가, 일곱 아들을 낳아주고서 자신이 늘 긷던 물이 생명수이고 베던 나무가 살살이 뼈살이임을 깨닫게 된다. 그리고 유충렬에게 강소저[20], 양소유에게 팔선녀는 이미 전생으로부터 천정배필로 예정된 인물로 설정되어 있다.

F단락에는 궁극적 투쟁의 대상으로 특별한 경쟁자가 등장하며 그 경쟁을 통해 특별한 사회적 전란을 극복하고 이를 평정하는 내용이 나타난다.

주몽은 동부여를 탈출하여 나라를 세우고 비류왕 송양과의 싸움에서 승리하고 항복을 받는다. 송양은 신생국가 고구려와는 달리 기존의 토착적인 국가의 왕으로서 주몽과의 대결이 불가피했다고 볼 수 있다. 탈해는 호공(瓠公)과 경쟁하여 그 집터를 차지한다. 호공도 탈해처럼 바다를 건너온 사람이다.[21] 그러나 그는 이미 혁거세왕 때에 건너와 자리를 잡고 토착화된 세력을 형성하고 있었고, 탈해는 새롭게 이입한 이방인이라고 할 수 있다. 궁예는 도적 양길의 휘하가 되었다가 도리어 양길을 공격하여 승리한다. 바리공주는 죽음과 맞서 싸웠다고 할 수 있다. 저승에 가서 생명수를 얻어와 죽은 부모의 목숨을 살리고 산 자와 죽은 자를 인도하는 신이 되었다. 궤내깃또는 강남천자국에서 머리 둘, 머리 셋, 머리 넷 달린 오랑캐 장수를 죽여 변란을 평정한다. 그 후 고향에 돌아온 궤내깃또는 자신을 쫓아낸 아버지를 대신하여 마을의 새로운 신이 된다. 아버지와 아들이 서로 공존할 수 없었다는 점에서 궤내깃또와 소천국은 경쟁 관계를 형성하고 있다. 홍길동은 사회적으로 탐관오리, 요괴, 율도국 태수 김현충과 대결한다. 탐관오리들의 부정한 재물을 탈취하여 백성들에게 나누어주고, 요괴를 죽여 잡혀간 여인들을 구하며, 율도국 태수 김현충과 철봉산에서 싸워 격파한 후 율도국왕의 항복을 받아 율도국 왕이 된다. 유충렬은 전생으로부터 정한담과 경쟁 관계에 있었는데 현생에서도 경쟁 관계를 형성한다. 정한담은 최일귀와 함께 흉노의 선우, 북적, 서천 삼십육도의 군장, 남만, 가달, 토번이 합세하여 침공할 때 도리어 이들과 결탁하여 선봉이 된다. 그리고 천자를 죽이려 할 때에, 갑자기 나타난 유충렬에게 제압당한다. 양소유는 하북의 조, 위, 연나라의 역모를 절도사로 나가 다스리고, 토번왕이 침범해 오자 대원수가 되어 출전했다가 반사곡에서 동정용왕을 도와 그곳의 전란을 평정하고, 토번의 항복을 받는다. 홍계월은 서관과 서달, 오왕과 초왕의 전란을 평정한다.

영웅들은 경쟁자와 투쟁하면서 강하게 힘으로 굴복시키는 경우도 있고 부드러운 방식으로 상대방이 스스로 심복하여 항복하게 하는 경우도 있다. 어떠한 경우이든, 특별하고도 탁월한 경쟁자들은 영웅이 경쟁을 통해 자기를 실현하는 과정에서 궁극적이면서도 매우 중요한 역할을 한다.

G단락은 영웅이 활약한 결과 스스로는 부귀영화를 누리고 세상은 태평성대를 구가하는 내용을 담았다. 이러한 태평성대는 흔히 시화연풍(時和年風), 함포고복(含哺鼓腹), 격양가(擊壤歌)와 같은 요순시절이나 산무도적(山無盜賊), 도불습유(道不拾遺)[22]의 형상으로 표현된다. 시화연풍과 함포고복은 좋은 날씨에 농사가 잘 되어 잘 먹고 잘 사는 것을 말하며, 격양

가의 말미에는 정치권력의 존재가 감지되지 않는 무위의 세상을 말하고, 산무도적이나 도불습유는 인륜도덕이 잘 지켜지는 세상을 뜻한다.

영웅의 자기실현과 그 의미

앞에서 영웅의 자기실현 양상을 일곱 개의 공통 단락으로 나누어 검토해 보았다. 각 단계별로 그 양상이 다양하게 나타나기도 하지만 그것이 지니고 있는 공통적인 삶의 단계를 재확인할 수 있었다. 그리고 이러한 삶의 과정이 영웅의 '자기실현'과 각기 일단의 관련을 맺을 수 있다는 전제를 확인할 수 있었다.

여기에서는 앞의 논의를 이어받아, 영웅의 각 단계별 삶의 양상들이 자기실현과 어떠한 점에서 구체적인 관련을 맺고 있으며 그것이 어떠한 의미를 지니고 있는지를 더 깊이 논의해 보고자 한다.

A의 잉태와 탄생 과정은 선천과 후천 사이에서 생명의 시작으로서 자기 정체성의 양상들이 제시된다는 점에서 자기실현과 관련하여 중요한 의미를 지닌다. 앞에서도 잠시 언급했지만 '자기(self)'는 의식의 중심에 있는 자아(Ego)와는 달리 무의식과 의식이 하나가 된 전일성을 지닌 내 인격의 중심을 말한다.

그리고 자식은 부모를 닮기에 부모의 존재는 자식의 자기 정체성과 깊은 관련이 있다. 영웅이야기에서 영웅의 부모는 신이나 왕과 왕비, 고위 관료로 나타나는데, 부모들처럼 영웅들도 신이 되어 좌정하거나 왕이 되거나 고위관료가 되는 경우가 많다. 그러나 이들 영웅들은 그러한 지위를 순탄하게 상속받는 것이 아니라 특별한 고난을 극복하면서 주체적으로 획득해가는 과정들을 보여준다. 또한 이러한 신성한 왕이나 득도한 신선

은 예로부터 자기 원형의 상징으로 자주 거론되기도 한다.[23]

태몽도 영웅이야기에서 선천적인 자기 정체성을 설명하는 도구이다. 신화에서의 영웅은 천신의 후예로서 직접적으로 제시되기 때문에 태몽과 같은 부가적인 장치는 필요하지 않다. 태몽은 영웅의 삶을 다룬 소설들에서 특히 많이 나타나는데, 그런 점에서 태몽은 소설적인 도구라고 할 수 있다. 소설 속에서 영웅의 전생 신분은 천상의 선관, 선녀나 도승으로 제시된다. 그리고 경우에 따라 용과 같은 상징적 동물로 나타나는 경우도 있다. 어떠한 형태든 자기 원형의 상징을 통해 자기 정체성의 근원을 보여준다는 점에서 태몽은 중요한 기능을 한다.

그리고 영웅이 천신과 수신을 결합이나 햇빛을 받아 잉태되고, 명산의 산신에게 빌어 잉태하는 것도 영웅의 생명적 자기 정체성에 대한 기원을 우주적인 결합이나 천지조화(天地造化)의 결과로 설명하는 하나의 방식이다. 자기 정체성의 설명도구로서 이러한 신성한 잉태의 결과는 비범한 탄생과 연결되어 나타난다. 영웅적 주인공이 생명의 원천인 알에서 태어난다든가 햇빛이 따라 다닌다든가, 천상의 선녀가 나타나 산후수발을 든다는 것이 그러한 예이다.

이러한 양상들을 통해, A단락의 모든 서사적 정황(부모의 고귀한 혈통 계보, 비범한 태몽, 신성한 잉태, 비범한 탄생)들이 자기 정체성의 시원을 설명하며, 자기의 창조적 목적성을 발현하는 도구로 활용되고 있음을 확인할 수 있다.

B단락에서는 다양한 방식으로 나타나는 '영웅의 버려짐'을 다루고 있는데, 어린 시절 버림받지 않은 영웅은 진정한 영웅이 아니라고 할 수 있을 정도로 기아(棄兒)는 영웅의 서사적 삶의 과정에서 필수적인 요소이다. 버림받는 사건은 영웅이 자신의 페르조나(persona)로부터 탈피할 수 있는 계기가 된다는 점에서 특히 중요하다. 페르조나는 분석심리학의 용

어로서, 자아와 외적 세계를 매개하는, 외적이며 사회적인 인격을 말한다. 이 말은 원래 그리스의 가면극에서 쓰는 가면에 비롯된 말이다. 특정 배우가 이런저런 역할을 수행하기 위해서 이런저런 가면들을 쓰는 것처럼, 사회적 존재인 인간도 각기 사회적 역할과 기대에 따라 가면을 쓰고 살아간다는 것이다. 이렇게 집단이 개인에게 강요하는 가치관이나 행동 규범에 의해 형성된 외적 인격을 페르조나라고 한다. 그런데 이러한 페르조나는 남들의 기대에 맞추어 살아가고 있기 때문에 진정한 나, 즉 자기를 소외시키는 경향이 있다. 그러므로 자기와 직접적으로 대면하기 위해서는 외적 인격인 페르조나를 탈피해야 하며, 이렇게 페르조나를 탈피하는 것이 자기실현의 출발점이 된다.[24]

그런데 페르조나로부터의 탈피는 여러 가지 계기를 통해 나타나지만, 기본적으로 페르조나가 필요 없는 환경 속에 던져짐으로서 가능하다. 이것은 고통과 상실을 동반하고 버림받음과 버림을 통해서만 이루어진다. 영웅이야기에서 태어나자마자 버려지거나 아주 어린 시절에 가족과 헤어지게 되는데 이것은 기존 권력이나 기존의 집단적인 가치체제로부터 버려지는 것이기도 하다. 버림받음은 곧 페르조나를 탈피하여 자기와 직접적으로 대면하는 계기로 작용하게 된다. 이렇게 함으로써 영웅은 기존의 세계 질서와 객관적인 거리를 확보하게 되고, 기존 질서를 개혁하거나 새로운 질서를 창조하는 바탕을 마련할 수 있게 되는 것이다. 그러한 점에서, 새로운 세계 질서를 창조하기 위해 기존 질서로부터 버림받는 사건은, 영웅의 삶을 서사적으로 구성하는데 필수적인 요소로 작용한다.

C단락에서는 버려진 영웅이 다양한 형태의 구원자를 만나 구원을 받는 내용을 담고 있다. 앞의 영웅이야기들 속에 나타나는 구원자는 바닷가에 사는 노파(또는 노인 부부), 강물을 따라 오가는 상인, 숨어사는 도사와 처사, 노승, 퇴임 전직 관료, 유모, 용왕이다. 상인의 경우에는 확실치

않으나 이들은 대부분 '신성한 에너지를 지닌 인격'(mana personalities)[25]인 노현자(老賢者, wise old man / wise old woman)의 형상을 보여준다. 노현자는 흔히 자기 원형의 상징으로 거론[26]되기도 한다. 이들은 주인공으로 하여금 위기나 죽음에 직면한 자기를 발견할 수 있게 하고 주인공에게 현명한 조언을 해주는 인물이다.

탈해를 구원한 아진포의 할머니[27]는 탈해가 보통사람이 아님을 깨우쳐 주어 학문에 정진해야 한다[28]고 조언하며, 궁예를 구원한 유모는 놀기만 하는 궁예에게 은인자중하도록 권유하여 승려가 되게 한다.[29] 그리고 궤내깃또를 구원한 용왕은 궤내깃또를 강남천자국으로 보내 공을 세우도록 하고, 유충렬을 구원한 노승은 작품 속에서 '생불(生佛)'의 형상으로 나타나는데, 천문을 보아 유충렬에게 천자의 위태로움을 알리고, 유충렬에게 일광주(日光冑)와 장성검(將星劍)과 천사마(天賜馬)를 주면서 그가 대장성의 후신임을 깨닫게 하며 전쟁터로 보낸다.

이처럼 노현자들은 주인공보다도 더 주인공을 잘 알고 있는 인물이며 주인공들이 자기의 본질을 성찰하고 깨닫도록 하는 인물로 나타난다. 그러한 점에서 자기의 본질을 상징하는 자기 원형의 형상을 보여주는 인물이라고 할 수 있다. 이들은 또한 모두 현실 세계의 기존 권력과 기존 질서를 구성하고 있는 인물들이 아니다. 그러므로 의식세계의 영역보다는 무의식세계의 영역에서 말을 걸어오는 또 다른 자기의 형상이다. 이렇듯 자기실현의 과정에서 자기 원형을 만나고 자기 원형의 목소리를 깊이 청취하는 것은 매우 중요한 과정이며, 자기 원형인 노현자를 만나 도움을 받는 과정의 형상화는 자기실현과 관련하여 영웅이야기에서 중요한 의미를 지니는 대목이다.

D단락은 자기 수련 과정을 다루고 있는데, 이는 무의식의 나를 의식화하는 것과 긴밀한 관련을 맺고 있다.

앞의 절에서 살펴보았듯이, 영웅적 주인공들이 주로 익히는 것은 무예와 병법, 천문지리, 불법(佛法), 도술(道術), 음악 같은 것들이다.

동양에서 무예 수련은 외적으로는 자기를 지키기 위한 물리적인 힘을 기르기 위함이고 내적으로는 자기를 발견하고 수양하기 위한 것이다. 병법은 무예의 범위가 집단적으로 확대된 것이라고 볼 수 있다. 그리고 군대를 잘 지휘하기 위해서는 솔선수범하여 자기를 잘 관리하는 것이 필요하기 자기 수양의 문제와 긴밀한 관련이 있다. 천문지리는 시공과 관련하여 우주[30]의 본질을 탐구하는 것이다. 그런데 이러한 우주의 본질은 개체적 인간의 자기의 본질과 상통한다. 왜냐하면 동아시아인들은 대우주와 소우주가 서로 대응돼 있다고 생각했기 때문이다.[31] 그러므로 우주의 본질을 알면 알수록 인간은 자기의 본질을 더욱 명확히 알 수 있으며, 천문지리를 공부하는 이유는 우주 속에서 자기의 좌표를 설정하기 위함이다. 그리고 불법과 도술이야말로 참된 자기와 대면하여 자기의 본질을 발견하고 자기를 완성시켜나가는 것이 주된 과업이다. 또한 음악은 자기 정감의 표현과 소통 능력을 익히는 것으로 자기 수양의 문제와 관련이 깊다.

그러므로 이러한 수련 과정에서 달성해야하는 과업들은 바로 출세를 위한 과업이라기보다는 본질적으로 자기실현을 위한 과업이라고 할 수 있다. 그리고 영웅들의 스승으로 나타나는 도승이나 도사는 자기실현의 길을 밝혀주는 달인들로 표상화되어 있는 것이다.

E단락은 영웅들이 천정배필을 만나 결연하는 내용을 다루고 있다. 이는 자기실현 과정에서 내면의 상반된 이성, 즉 아니무스와 아니마를 의식화하는 것과 관련된다. 페르조나가 외적 인격이라면 아니무스와 아니마는 내적 인격에 해당된다. 그리고 아니마와 아니무스는 개인과 집단 무의식에 축적된 여성원형과 남성원형인 동시에 인류의 원초적이며 보편적인 여성성과 남성성을 말한다.[32]

바리공주는 무장신선, 궤내깃또는 용왕의 셋째 딸, 홍길동은 백룡의 딸 백소저와 조철의 딸 조소저, 유충렬은 강시랑의 딸 강소저, 양소유는 팔선녀, 홍계월은 여보국과 부부가 되는데, 앞의 절에서 살펴본 바와 같이, 남자주인공의 배필로 등장하는 여성인물과 여자주인공의 배필로 등장하는 남성인물은 모두가 각기 주인공들의 내면에 형성되어 있었던 이상적인 여성상과 남성상에 가깝다. 그러므로 그들의 만남 이후 결연 과정은 대부분 확신을 가지고 순탄하게 이루어진다. 다만 〈홍계월전〉의 경우에는 결연 과정에서 얼마간의 부침이 나타난다. 그것은 홍계월이라는 인물이 본래는 여성이지만 남장한 인물이고 사회적으로 남성의 성 역할을 수행하고 있기 때문에 내면의 남성성, 즉 아니마를 의식화하는 과정에서 약간의 장애가 나타나게 된 것으로 여겨진다. 그러나 홍계월과 여보국의 경우에는 성 정체성의 구현 과정에서 오는 혼란에 의해, 적지 않은 갈등을 노출하지만, 그 갈등이 각기 상반된 내면의 이성(異性)을 발견·의식하고 참다운 자기를 실현하는데 기여한다는 점에서 여전히 긍정적인 기능을 수행한다.

이처럼 영웅이야기들은 다소 정도의 차이는 있으나 대부분 천정배필을 만나 이성과 결연하는 과정을 통해 자기를 실현하는 하나의 과정을 구성하고 있다. 영웅적 주인공들이 만나는 배필들은 모두 자기의 목소리를 전하는 '영혼의 동반자'로서의 성격을 지닌다.

F단락은 영웅의 투쟁과 사회적인 고난 극복이 주된 사건으로 나타난다. 이것은 자기실현 과정에서, '그림자의 인식과 극복'을 통해 '의식세계의 혼란을 극복하는 것'과 일정한 관련을 맺는다. 그림자는 사람들이 의식적으로 그렇게 되기를 원하지 않는 어둡고 부정적인 인격을 말한다. 이것은 자아의 그늘진 어두운 면을 가리키며, 무의식의 측면에 있는 자아의 분신이라고 할 수 있다. 그림자를 의식화하여 자아와 올바른 관계를 설정

하는 것은 자기실현 과정에서 매우 중요한 과제이다.[33]

이러한 그림자는 영웅이야기에서 악인의 형상으로 나타나며, 악인과의 투쟁과 문제 해결은 바로 그림자와의 불화와 문제 해결을 의미한다.

주몽에게 불화와 경쟁의 대상으로 나타나는 인물은 동부여의 대소왕자와 비류의 송양왕이다. 그리고 홍길동에게는 이들이 인형과 율도왕으로 나타난다. 주몽과 길동에게 대소와 인형은 모국 내의 그림자이며 송양왕과 율도왕은 국외의 그림자라고 할 수 있다. 주몽이 금와왕의 서자라면 길동은 홍판서의 서자이다. 이에 반해 대소와 인형은 적자로서 기존 질서의 보호를 받는 인물이다. 주몽과 길동이 이주세력의 지도자라면 송양왕과 율도국왕은 기존 토착세력의 지도자이다. 주몽과 길동은 대소와 인형으로 상징되는 기존의 체제를 용납할 수 없고 대소와 인형도 서자를 동등하게 수용할 수가 없다. 국외로 나가서도 주몽과 길동은 기존의 토착세력에게 굴복할 수 없고, 송양왕과 율도국왕도 이민세력들을 수용할 수 없다. 그러므로 이들은 상대방에게 서로의 그림자가 된다. 길동에게는 탐관오리들도 혐오하는 그림자이기에 그들의 부정한 재산을 부정한 방법으로 빼앗는다.

갈등의 양상이 심각하다고 할 수는 없으나 탈해와 호공(瓠公)의 관계도 그러하다. 탈해는 이방의 이주자이며 호공은 토착화된 세력으로서 서로가 서로의 그림자가 되지만 탈해가 호공의 땅을 차지하고, 탈해는 호공을 대보로 등용하여 관계 설정을 새롭게 한다. 바리공주는 부모의 죽음을 용납할 수 없기에 그것은 그림자가 된다. 그러나 스스로는 죽음을 받아들여 죽음 건너 저승으로 가서 생명수를 획득하고 산 자와 죽은 자를 연결한다.

궤내깃또와 소천국은 부자 관계이지만 서로를 용납할 수 없는 그림자가 된다. 그러기에 소천국은 궤내깃또를 죽이려다가 버리고, 궤내깃또가 귀환하자 소천국은 쫓겨나간다. 궤내깃또가 강남천자국에서 대적한 머리

둘, 머리 셋, 머리 넷 달린 오랑캐 장수도 궤내깃또가 혐오하는 형상의 그림자라고 할 수 있다.

유충렬과 정한담의 관계는 더욱 그러하다. 유충렬은 천자를 보호하는 대장성의 후신이지만 정한담은 천자의 자리를 훔치려는 존재이다. 훔치려는 자와 지키려는 자로서 서로가 서로를 혐오하는 그림자가 된다. 결국 정한담에 의해 천자의 목숨이 위태로운 순간에 유충렬이 나타나 천자를 구원하고 정한담을 제압한다. 그밖에 양소유와 홍계월의 경우에도 정도의 차이는 있으나 주인공과 불화하는 경쟁의 대상이 나타난다.

G단락은 결말에 해당하는 부분으로, 영웅이 궁극적으로 자기를 실현함과 동시에 세상이 요순시절과 같은 태평성대가 되는 내용을 담고 있으며, 관습적으로 주인공의 죽음과 후손들의 현황도 밝힌다. 영웅이야기 속에 나타나는 이러한 결말은 의식세계의 혼란이 해소되고 자기실현이 완성된 경지를 상징적으로 반영하는 것이라고 할 수 있다.

한편 이러한 자기실현의 문제와 관련하여 궁예의 삶은 많은 것을 시사하고 있다. 궁예는 결국 자기실현에 실패하는 영웅의 모습을 보여주고 있기 때문이다. 궁예의 삶은 E단락, 즉 배필을 만나 결연하는 대목이 없다. 이것은 자기실현 과정에서 내면의 여성성, 즉 아니마의 의식화 과정을 거치지 못했다는 것을 의미한다. 결국 궁예는 무고한 자신의 왕비를 죽이게 되며 끝내 파탄에 이르게 되는데 이것이 그가 실패하게 된 중요한 요인이라고 할 수 있다. 또한 그는 까마귀가 바리에 떨어뜨린 상아 조각에 쓰인 '왕'이라는 글자를 보고 자못 자부하였으며 끝내는 왕이 될 수 있었으나 외부적인 권력에 강박적으로 몰두한 나머지 내면의 진정한 자기를 발견하는데 장애가 있었다. 이것 또한 궁예의 자기실현을 방해하는 요소였다고 할 수 있다.

영웅의 자기실현과 남은 문제들

지금까지 우리 서사문학 작품에 나타난 '영웅의 일생'들을 '자기실현'의 측면에서 재검토하여 보았다. 이제까지의 논의 내용을 요약하여 제시하는 것으로 결론에 대신하고자 한다.

우리의 서사문학에는 다양한 영웅이야기가 존재한다. 그중에서 주몽, 탈해, 궁예, 바리공주, 궤내깃또, 홍길동, 유충렬, 양소유, 홍계월 등 아홉 인물은 우리 서사문학사를 대표하는 영웅형 인물이라고 할 수 있다.

이들 영웅이야기는 자기실현의 문제와 관련하여, 대개 다음 일곱 가지의 공통된 서사 단락으로 구성되어 있다. 그것은 각기, 'A.신성하게 잉태되고 신성하게 탄생한다. B.어린 시절에 버려져 죽을 고비에 이른다. C.구원자를 만나 구원을 받는다. D.자기 수련 과정을 거친다. E.배필을 만나 결연한다. F.특별한 경쟁자와 투쟁하여 특별한 사회적 고난을 극복한다. G.태평성대를 구현한다.'는 것으로 나타난다.

이러한 서사 단락의 세부적인 양상은 각 작품별로 다양한 양상을 보여주면서도 자기실현의 문제와 관련하여 공통성을 지닌다.

그리고 이러한 일곱 가지 서사 단락은 자기실현의 문제와 관련하여 각기 다음과 같은 의의를 지닌다. A단락에서 영웅의 신성한 잉태와 탄생은, 자기 정체성의 시원을 제시하고 자기의 창조적 목적성을 발현하는 장치로 사용된다. B단락에서 영웅이 버림받는 사건은, 영웅이 페르조나와 분리함으로써 본격적인 자기실현의 길을 시작한다는 의미를 지닌다. C단락에서 버려진 영웅을 구원하는 노현자들은 자기 원형의 상징으로서 영웅을 자기실현으로 인도하는 영혼의 인도자들이다. D단락의 자기 수련 과정은 궁극적으로는 무의식의 나를 만나 이를 의식화하는 과정들을 반영한다. E단락의 결연 과정은 자기실현 과정에서 내면의 상반되는 이성인,

아니마와 아니무스를 의식화하는 단계로서 중요한 의미를 지닌다. F단락의 투쟁은 자기실현 과정에서 그림자의 인식과 극복을 다루고 있다. G단락에 나타나는 태평성대와 부귀영화는 자기실현의 궁극적 완성과 의식세계의 혼란이 해소되는 경지를 보여주는 것이다.

이러한 점에서 우리 영웅이야기들은 나름대로 자기실현의 방식을 잘 형상화하고 있음을 확인할 수 있다. 다만 이 글에서는 각 영웅이야기들 간의 세부적인 상이점보다는 공통점을 확인하는 데 중점을 두었다. 그러므로 우리 개별적 영웅이야기들 간의 세부적인 차이점에 대해서는 후속 논의가 필요하다. 그밖에 자기실현의 관점에서 우리 영웅이야기와 외국의 영웅이야기가 지닌 차이점에 대해서도 후속 논의가 있어야 할 것이다.

【주】

1 조동일의「영웅의 일생, 그 문학사적 전개」(『민중영웅이야기』, 문예출판사, 1992)는 영웅이야기에 대하여 포괄적이고 전체적인 관점을 제시했다는 점에서 그 예외가 되는, 매우 의미 있는 논의였다고 할 만하다.
2 조동일, 앞의 논문, 12쪽.
3 서대석,「영웅소설론」,『한국고전소설론』(새문사, 1990), 176~177쪽 참조.
4 일명 '영웅의 일대기'라고 하는 경우도 있다.
5 조동일, 위의 논문 참조.
6 서대석,「영웅소설론」,『한국고전소설론』(새문사, 1990), 178~181쪽 참조.
7 영웅은 '자기(self)의 신화적 모티프'라고 할 수 있다.(앤드루 새뮤얼(민혜숙 옮김),『융분석비평사전』, 동문선, 2000, 111~113쪽 참조.)
8 여기에서 말하는 '자기(Self)'는 '자아(Ego)'와는 다른 개념이다. 융에 의하면, 자기는 의식과 무의식을 통합한 전체인격, 전체인격의 중심, 대극과 그 합일을 말하며 이것은 만달라와 같은 상징으로 나타나기도 하고 무의식에서 신의 이마고로 나타나기도 한다.(이부영,『자기와 자기실현』, 한길사, 2002, 53~92쪽 참조.)
9 융에 의하면, 자기실현의 과정은 페르조나에서 자아를 분리하는 단계가 선행되어야 하며, 그 다음 무의식의 의식화단계를 거치며 이루어진다. 그동안 의식하지 못하고 있던 그림자를 인식하고, 아니마·아니무스를 의식화하며, 자기의 메시지에 자아가 깊이 성찰하여 자기전체로서의 삶을 구현해 나가는 방식으로 이해한다.
10 김진영·홍태한,『서사무가 바리공주전집』1(민속원, 1997), 117~149쪽.
11 현용준,「궤네깃당본풀이」,『제주도무속자료사전』(도서출판 각, 2007), 552~561쪽.
12 이 일곱 단락을 설정한 이유는 뒤의 절에서 논의를 전개하면서 자세하게 거론하도록 한다.
13 신월균,「한국설화에 나타난 용의 이미지」,『용, 그 신화와 문화 -한국편』(민속원, 2002) 참조.
14 이순지(김수길, 윤상철 공역),『天文類抄』(대유학당, 2006), 287쪽.
15 이순지(김수길, 윤상철 공역), 앞의 책, 304쪽.
16 『유충렬전』권지상 1a쪽: "천하 명산 오악지중의 남악 형산이 가장 신령흔 산이요."
17 이들의 왕이 모두 "사람이 새알을 낳은 것은 불길(人生鳥卵, 可爲不祥)"하고, "사람이 알을 낳은 것은 상서롭지 못하다(人而生卵也, 不祥也.)"고 보았기 때문이다.
18 『동국이상국전집』권지삼,〈동명왕편〉4b-5a: "置之馬牧中, 群馬皆不履, 棄之深山中, 百獸皆擁衛."
19 융은 이를 아니무스(Animus)와 아니마(Anima)로 지칭하기도 한다.

20 『유충렬전』 권지상 23a쪽: "부인 소씨 녀아를 나을 적의 일원 션녀 오운을 타고 나려와 소씨를 디ᄒᆞ야 왈, "소녀는 옥황선녀옵더니 연분이 자미원 디장셩과 ᄒᆞᆫ 가지로 잇다가 소녀를 강문의 보ᄂᆡ믹 왓ᄉᆞ오니 부인은 이휼ᄒᆞ옵소셔." ᄒᆞ거늘"
21 『삼국사기』 신라본기에 의하면 호공은 일본에서 건너온 사람이며 허리에 표주박을 차고 건너왔기 때문에 호공이라 하였다고 한다. 또한 호공은 혁거세의 사신으로 마한에 가서 진한과 변한의 소속을 놓고 마한왕과 다투었으며, 탈해가 왕이 되었을 때 대보(大輔)가 되어 보필했다고 한다.
22 〈홍길동전〉, 〈유충렬전〉의 말미는 이렇게 표상된다.
23 이부영, 『자기와 자기실현』(한길사, 2002), 80~92쪽 참조.
24 이부영, 『분석심리학』(일조각, 2001), 81~86쪽 참조.
25 앤드루 새뮤얼(민혜숙 옮김), 『융분석비평사전』(동문선, 2000), 148~149쪽 참조.
26 이부영, 위의 책, 116쪽 참조.
27 『삼국유사』에서는 阿珍義先으로 지칭된다.
28 金富軾, 『三國史記』 卷第一, 「新羅本紀」 第一, 〈脫解尼師今〉: "汝非常人, 骨相殊異, 宜從學, 以立功名."
29 金富軾, 『三國史記』 卷第五十, 「列傳」 第十, 〈弓裔〉 참조.
30 宇는 天地四方의 공간을 말하고 宙는 古往今來의 시간을 말한다.
31 유아사 야스오(이정배·이한영 옮김), 『몸과 우주』(지식산업사, 2008) 참조.
32 이부영, 『아니마와 아니무스』(한길사. 2001), 39~102쪽 참조.
33 그림자의 개념에 대해서는 이부영, 『그림자』(한길사, 1999), 71~85쪽; 이부영, 『분석심리학』(일조각, 2001), 71~80쪽; 앤드루 새뮤얼 외(민혜숙 옮김), 『융분석비평사전』(동문선, 2000), 226~228쪽 참조.

【참고문헌】

1. 자료
이규보, 『동명왕편』(한국문집총간본, 1990)
김부식, 『삼국사기』(한국학중앙연구원 역주 감교본, 1996)
일연, 『삼국유사』(한국불교전서 6 대교본, 1984)
미상, 『홍길동전』(경판24장본)
미상, 『유충렬전』(완판본)
미상, 『홍계월전』(회동서관본)
김만중, 『구운몽』(노존본)
김진영·홍태한, 「바리공주」(『서사무가 바리공주전집』 1, 민속원, 1997)
현용준, 「궤내깃당본풀이」(『제주도무속자료사전』, 도서출판 각, 2007)

2. 단행본
김열규, 『한국민속과 문학 연구』, 일조각, 1998.
서대석, 『군담소설의 구조와 배경』, 제이앤씨, 1984.
이부영, 『그림자』, 한길사, 1999.
이부영, 『분석심리학』, 일조각, 2001.
이부영, 『아니마와 아니무스』, 한길사, 2001.
이부영, 『자기와 자기실현』, 한길사, 2002.
이부영, 『한국민담의 심층분석-분석심리학적 접근』, 집문당, 1995.
이순지(김수길·윤상철 공역), 『天文類抄』, 대유학당, 2006.
아니엘라 야훼(이부영 역), 『C.G.Jung의 회상, 꿈 그리고 사상』, 집문당, 1989.
앤드루 새뮤얼 외(민혜숙 옮김), 『융분석비평사전』, 동문선, 2000.
유아사 야스오(이정배·이한영 옮김), 『몸과 우주』, 지식산업사, 2008.
조셉 캠벨 (이윤기 옮김), 『천의 얼굴을 가진 영웅』, 민음사, 2009.
토마스 카알라일 (박상익 옮김), 『영웅숭배론』, 한길사, 2003.

3. 논문
서대석, 「영웅소설론」, 『한국고전소설론』, 새문사, 1990.
신월균, 「한국설화에 나타난 용의 이미지」, 『용, 그 신화와 문화 -한국편』, 민속원, 2002.
조동일, 「영웅의 일생, 그 문학사적 전개」, 『민중영웅이야기』, 문예출판사, 1992.
조동일, 「영웅소설 작품구조의 시대적 성격」, 『한국소설의 이론』, 지식산업사, 2004.

| 2 |

성리학의 심성론과 천군소설

천군소설과 마음의 문제

천군소설(天君小說)은 심(心) 즉, 천군(天君)이 주요 인물로 등장하여, 그 아래에 많은 신하(四端七情)를 거느리고 온몸(百體)에서 일어나는 심통성정(心統性情)의 사건들을 관장하고 있는 것으로 사건의 배경도 천군의 나라이며 소재도 대부분 천군과 관계있는 것이고 주제도 천군과 관계되는 심법(心法)의 논리를 다루고 있는 일련의 소설들을 뜻한다고 알려져 있다. 천군소설에 해당하는 작품으로는 동강(東岡) 김우옹(金宇顒, 1540-1603)의 〈천군전(天君傳)〉, 백호(白湖) 임제(林悌, 1549-1587)의 〈수성지(愁城誌)〉, 동명(東溟) 황중윤(黃中允, 1577-1648)의 〈천군기(天君紀)〉, 국당(菊堂) 정태제(鄭泰齊, 1621-1669)의 〈천군연의(天君演義)〉, 창계(滄溪) 임영(林泳, 1649-1696)의 〈의승기(義勝記)〉, 문무자(文無子) 이옥(李鈺, 1760-1807)의 〈남령전(南靈傳)〉, 헐오재(歇五齋) 정기화(鄭琦和, 1786-1827)의 〈천군본기(天君本紀)〉, 소은(小隱) 유치구(柳致球, 1793-1854)의 〈천군실록(天君實錄)〉 등 8편이 알려져 있다. 이들 천군소설은 모두 작자가 뚜렷이 알려져 있고, 이에 따라 저작 시기도 비교적 확연하며, 많은 작품들이 문집에 당당히 실려 있어 우리 소설사에서 특별한 위상을 보여준다. 그리고 이러한 천군소설은 중국과 일본에서는 그 유래를 찾아보기 힘든 한국만의 독특한 문학 유형이며, 한국인의 이념적 성향을 잘 보여주고 있는 작품들이다.

'심성의인(心性擬人)'이라는 점에서 천군소설의 사상적 배경이 심성론(心性論)에 있음은 연구자들에 의해 이미 지적되어 왔다. 그래서 천군소설이, 첫째는, 사건면에서 심통성정(心統性情)의 사건을 다루고 있다는 점[3], 둘째는, 인물 형상 면에서 충신형 인물과 간신형 인물을 성(性)과 정(情)에 비유하고 이 둘의 대립갈등을 보여주면서, 인간이 정(情)을 배제하고 성(性)을 회복해야 한다는 심통성정의 주제의식을 반영한다는 점[4], 셋째는, 천군소설인 〈수성지〉의 사건 전개가 '원형─타락─회복'의 과정을 밟는다는 점[5]들이 거론된 바 있다.

그러나 ①심통성정이 과연 무엇이며, 심통성정(心統性情)으로 전개된 심성론이 과연 정을 배제하고 성을 회복하려는 것에 주목적이 있는 것인가 하는 점, ②성과 정이 과연 대립적 관계로 파악될 수 있는 성질의 것인가 하는 점, ③충신형 인물인 성성옹(惺惺翁), 즉 경(敬)이 과연 성정(性情) 중 성에 해당하는 인물인가 하는 점들은 논란의 여지가 있는 사안들이다. 그리고 ④'원형─타락─회복'의 3단구성이라는 점도 심성론과의 직접적인 관련 속에서 보다 면밀히 검토할 필요가 있다. 이를 통해 천군소설류 중에서도 독특한 성격을 보여주는 〈수성지〉가 다른 천군소설들과 공유하는 영역들이 좀 더 분명하게 드러날 수 있다. 이러한 여러 가지 문제들은 아직도 천군소설에서 심성론이 어떠한 의미를 지니고 있는지에 대하여, 온전하게 이해되지 못하고 있다는 점과, 이에 대한 전반적인 논의가 필요하다는 사실을 반증한다.

특히 위에서 논의한 ②·③의 문제는 등장인물의 성격을 파악하는 과정과, ①·④의 문제는 사건의 서사과정을 파악하는 과정을 거쳐야 해명

될 수 있는 문제들이다. 그리고 이러한 과정을 거친 후 천군소설의 주제의식과 심성론과의 관련성이 해명되어야 양자의 의미와 성격이 분명해질 수 있을 것이다. 그러므로 심성론과의 관련을 논의함에 있어 중시해야 할 천군소설의 서사문학적 요소들은, 등장인물의 성격, 사건의 서사과정, 주제의식 등이 될 것이다.

그런데, 천군소설에서는 심리적인 차원이 왕권국가라는 사회적 측면으로 서술되고 있으며, 마음의 거주기반이 되는 몸의 생물학적인 차원이 담배(〈南靈傳〉)와 술(〈愁城誌〉)의 연관 속에서 서술되기도 한다. 그러므로 심리학적 차원에서의 마음과 사회적 차원에서의 국가, 자연적 생물학적 차원에서의 몸에 대한 생리와 병리를 아울러 논의할 수 있는 개념적 전제가 필요하다. 그리고 이러한 개념적 전제는 천군소설의 성격과도 매우 긴밀한 관련이 있는 것이어야 한다.

이러한 개념적 전제로 제시할 수 있는 것이 '건강'이라는 개념이다. 건강은 인간의 심리적 건강뿐만 아니라 사회의 건강 및 자연물의 생태적 건강을 아울러 거론할 수 있는 논의의 기반을 제시해주기 때문이다. 더구나 성리학적 심성론의 목적도 결국은 마음의 건강을 이룩하는데 있으며, 천군소설이 제기하는 문제도 '마음의 건강을 어떻게 이룩할 것인가?'하는 점이며, 이에 따라 천군소설의 서사내용도 '건강한 마음의 나라가 이룩되기까지의 곡절'을 담고 있기 때문이다.

그러므로 본 논의는 '건강'이라는 개념적 전제 아래, 첫째, 천군소설에 등장하는 인물들의 성격을 살펴보고, 둘째, 사건 서사 과정의 측면에서 심성의 생리와 병리 양상을 검토한 후, 셋째, 심성론적 주제의식이라는 측면에서 천군소설의 건강 개념을 정리해 보는 순서로 전개하고자 한다.

그러나 심성론의 측면에서 천군소설의 성격이 해명된다 하더라도 여전히 문제는 남는다. 그것은 천군소설이 과연 문학적 형상화에 성공하고 있으며, 그것으로서 독자적인 가치를 가질 수 있는가 하는 점이다. 철학적 논의로서의 심성론과 문학적 담론으로서의 천군소설이 어떻게 같고 다르며, 서로 어떠한 관계를 맺고 있는가가 해명되어야 한다. 그렇게 해야만 굳이 심성론을 논의하는 의미를 밝힐 수 있다. 물론 이것은 심성론의 정체가 보다 정확히 파악된 후에 가능한 일이다. 그러므로 앞서 이루어질 심성론의 정체 확인 과정에 이어, 천군소설과의 거리를 검토하는 단계를 거치며 본 논의를 마무리하고자 한다.

등장인물의 성격

종래에 천군소설의 인물 형상은 천군을 중심으로 충간(忠奸)·성정(性情) 대립구조로 파악된 바 있다. 그러나 이러한 구분은 '심통성정의 구조'에 대한 모종의 오해6에서 비롯되었다. 심통성정에 대한 논의는 장차 뒷절에서 자세히 다루어지겠지만, 미발(未發)의 성(性)이 이발(已發)의 정(情)으로 발현될 때 심(心)이 작용하는 구조가 바로 심통성정임을 일단 지적해 둔다. 그리하여 심성의 문제에 있어서는 성이 정으로 발현되는 과정에서의 과불급(過不及), 즉 반중용(反中庸)을 중용으로 이끄는 심의 작용이 중요한 주제이며, 그 작용을 감당하는 것이 바로 경(敬)과 의(義)의 자세인 것이다. 이렇게 성이 정으로 발현될 때의 과불급이 마음의 건강을 해치게 되고, 중용을 회복하는 데에 마음의 건강을 회복하는 길이 있다. 그러므로 천군소설의 등장인물은 ①천군, ②마음의 건강을 해치는 인물, ②마음의 건강을 회복하는 인물로 나누어 논의하는 것이 그 주제의식에 접근하는데 더욱 용이하다.

천군의 풍모

많은 천군소설들이 등장인물 천군(天君)을 제목으로 삼고 있는데, 〈천군전(天君傳)〉·〈천군기(天君紀)〉·〈천군연의(天君演義)〉·〈천군본기(天君本紀)〉·〈천군실록(天君實錄)〉이 그것이다. 다만 〈남령전(南靈傳)〉은 천군의 나라 건강회복에 혁혁한 전공을 세운 남령장군(南靈將軍)을 제목으로 삼았다. 또 〈수성지(愁城誌)〉와 〈의승기(義勝記)〉가 천군 이외의 이름으로 명명을 하고 있다. 수성(愁城)은 '우울한 근심의 성'이며, '아픈 마음의 성'이다. 이로 볼 때, 수성지(愁城誌)는 문제 중심의 명명이다. 또 의승기(義勝記)는 '의(義)가 이기게 되기까지의 기록'이니 서사중심의 명명으로 볼 수 있다. 이러한 명명방식은 천군소설의 주요 등장인물, 중심문제, 서사구조들을 알려준다.

천군소설의 주인공은 역시 천군(天君)이다. 각 작품 속에 나타난 천군에 대한 구체적인 신상명세를 제시하면 다음과 같다.

1) 선대 인물: 건원제(乾元帝, 〈天君傳〉), 충막군(冲漠君, 〈天君本紀〉)
2) 천군의 고향: 건(乾, 〈天君傳〉), 격현(鬲縣, 〈愁城誌〉, 〈天君演義〉, 〈南靈傳〉, 〈天君實錄〉)
3) 천군의 나라: 유인국(有人國, 〈天君傳〉), 하(夏, 〈天君本紀〉)
4) 도읍지: 흉해(胸海, 〈天君傳〉), 단부(丹府, 〈天君演義〉), 제주(齊州, 〈天君本紀〉), 천부(天府, 〈天君實錄〉)
5) 등극했을 때의 연호: 태초(太初, 〈天君傳〉, 〈天君演義〉, 〈天君實錄〉), 강충(降衷, 〈愁城誌〉), 중화(中和, 〈天君本紀〉)
6) 이름: 리(理)·심(心)(〈天君傳〉), 주명(朱明, 〈天君演義〉), 심(心, 〈義勝記〉), 주태연(周泰然, 〈天君本紀〉), 단원(丹元, 〈天君實錄〉)
7) 호: 의제(義帝, 〈義勝記〉)

8)字: 정선(正先, 〈天君本紀〉), 수령(守靈, 〈天君實錄〉)

천군의 선대 인물로는 건원제(乾元帝, 〈天君傳〉), 인황씨(人皇氏, 〈天君演義〉), 충막군(沖漠君, 〈天君本紀〉) 등이 있다. 건원제(乾元帝)에서 건(乾)은 만물의 시초를 뜻하며, 원(元)은 시절로는 봄을 의미한다. 충막(沖漠)은 '깊고 아득한 것'을 의미한다. 충막군은 무극(無極)의 고을에서 태어났다(生于無極之鄕)하고 항상 혼연한 가운데 처(常渾然中處)하며, 하는 바도 하지 않는 바도 없었다(無所適莫)고 했다. 또 〈천군연의〉에서는 그의 조상이 인황씨와 더불어 함께 태어났으나 아득하고 간략하여 기록이 있기 이전은 상고할 수 없다고 했다. 이는 인간이 존재하면서부터 마음이 생겨났으므로 천군의 시조를 인황씨와 동시대로 설정한 듯하다.

천군의 고향은 건(乾, 〈天君傳〉), 격현(鬲縣, 〈愁城誌〉, 〈天君演義〉, 〈南靈傳〉, 〈天君實錄〉)으로 나타나 있다. 건(乾)은 앞에서도 말한 바 있듯이 만물과 뭇 생명의 시원을 의미한다. 가장 많이 언급된 고향인 격현(鬲縣)은 '몸속의 텅 빈 곳'을 말하는데, 이는 천군이 횡경막 위의 가슴 부분에 위치한다고 보았기 때문으로 여겨진다. 이러한 천군의 모태 이전 내력들에 관한 서술들은 마음이 천지 및 생명의 역사와 더불어 오래되었음을 보여준다. 그리고 마음은 사람의 몸에 의거하고 있음을 암시해 준다. 이점은 마음의 나라 이름과 도읍지 이름에 더욱 잘 나타나 있다.

천군의 나라이름은 유인국(有人國, 〈天君傳〉)과 하(夏, 〈天君本紀〉)로 나타나 있다. 유인국이란 이름은 마음의 나라가 곧 사람의 나라에 있음을 알 수 있게 한다. 또 하(夏)라는 이름은 장부(臟腑)로서 심(心)이 가진 속성이 화덕(火德)이므로 이에 속하는 여름철로 이름을 삼은 것이다. 이것도 마음의 나라가 몸이라는 생명시스템에 의거하고 있음을 밝혀주고 있다.

도읍지는 흉해(胸海, 〈天君傳〉), 단부(丹府, 〈天君演義〉), 제주(齊州, 〈天君本

紀), 천부(天府, 〈天君實錄〉)이다. 흉해(胸海)는 가슴을 말한다. 단부(丹府)는 단심(丹心) 또는 신경(神京)을 뜻한다. 제주(齊州)는 '중앙에 해당하는 고을' 또는 '허명계(虛明界)'를 의미한다. 이들 이름에서 심(心)은 심리조율 기능뿐만 아니라 중앙에서 생체시스템도 조율하는 장부임을 알게 한다.

가장 중요하다고 할 수 있는 천군의 본명은 리(理), 심(心)(이상 〈天君傳〉), 주명(朱明, 〈天君演義〉), 심(心, 〈義勝記〉), 주태연(周泰然, 〈天君本紀〉), 단원(丹元, 〈天君實錄〉)이다. 리(理)는 〈천군전〉 발단부의 첫 이름이며, 심(心)은 〈천군전〉에서 천군이 인간세계에 봉해지고 난 후의 이름인데, 〈의승기〉에 나타나 있는 이름이기도 하다. 주명(朱明)은 사람의 심장을 말하는데, 주(朱)는 심장의 붉은 빛, 명(明)은 이치의 옳고 그름을 밝게 판단한다는 것을 의미한다. 주태연(周泰然)은 '크게 그러함'이라 할 수 있는데 마음의 자연스러움을 강조하고 있는 것으로 보인다. 단원(丹元)은 심신(心神)을 말하는데 선가(仙家)적 의미를 지니고 있다. 호(號)로는 의제(義帝, 〈義勝記〉) 자(字)로는 정선(正先, 〈天君本紀〉), 수령(守靈, 〈天君實錄〉)이 쓰이고 있다. 의제(義帝)라는 호칭은 천군이 10년 동안 방랑하다가 성성옹(惺惺翁)을 만나 임금 자리에 다시 올랐을 때 불리어졌다. 이는 초나라 왕 의제(義帝)의 고사에서 비롯된 것(如項梁得楚王故事, 王之名又與楚王同, 遂號義帝)이다.

천군이 처음 등극했을 때의 연호는 태초(太初, 〈天君傳〉, 〈天君演義〉, 〈天君實錄〉), 강충(降衷, 〈愁城誌〉), 중화(中和, 〈天君本紀〉)이다. 이들 중 강충(降衷)은 '한쪽으로 치우치지 않는 바른 덕과 진심을 하늘로부터 부여받는 것'을 의미한다. 이는 작품 전개 후반부에 나타나는 '복초(復初)'라는 연호와 함께 작품 서사구조를 틀 짓는 구실을 한다. 이는 인간의 성정 수양이 '원형—타락—회복'의 세 단계를 거친다는 성리학적 복초론(性理學的 復初論)을 반영한다. 〈수성지〉의 강충(降衷)뿐만 아니라 태초(太初)라는 연호 또한 복초(復初)라는 서사구조와 긴밀한 상관관계를 가진 것으로 보인다. '복초'라는 말이 결국은 '태초'를 회복한다는 의미이기 때문이다. 또 중화(中和)라는 연호도 태초의 마음 상태를 의미하는 것으로 복초라는 서사구조에 상응한다고 볼 수 있다. 특히 '중화'는 성정이라는 개념과 긴밀히 관련되어 있으며, 마음의 중용에 비추어 건강한 원초적 심성을 의미한다.

천군소설의 최초 작품인 〈천군전〉에서 천군은 하늘에서 하강한 인물인데, 천군소설의 마지막 작품인 〈천군실록〉에서는 인간 중에서 유능한 인재가 천군으로 즉위하는 면을 보여주고 있는데, 여기에서 심성을 보는 세계관 변화의 일단을 알 수 있다.

심성의 건강을 해치는 인물들

〈천군실록〉에서 주인옹(主人翁)은 마음나라의 건강을 해치는 무리들을 내구(內寇)와 외구(外寇)로 나누어 천군에게 설명한다. 그 내용을 살펴보면 아래와 같다.

> 外亂이 일어나는 것은 반드시 內亂이 몰래 일어남에서 비롯되고, 外寇가 일어나는 것은 內寇가 몰래 치열해짐에서 비롯됩니다. 비유하자면, 간에 먼저 병이 나면 눈이 볼 수가 없으며, 신장에 먼저 병이 나면 귀가 들을 수 없으며, 심장에 먼저 병이 나면 혀가 말을 하지 못하며, 비장에 먼저 병이 나면, 입은 먹을 수 없습니다. 간과 신장과 심장과 비장의 병을 치료하지 않고 먼저 그 밖의 것을 치료한다면 비록 兪跗와 扁鵲의 신령한 의술과 華陀와 葛儇의 묘한 처방이라도 또한 장차 효과가 없을 것입니다. 하물며 내란을 평정하지 못하고 어떻게 외란을 평정하며, 내구를 제거하지 못했는데 어떻게 외구를 제거할 수 있겠습니까?

주인옹의 말대로 천군소설에서 마음나라의 건강을 해치는 인물은 크게 '내부의 적(內寇)'과 '외부의 적(外寇)'으로 나눌 수 있다. 그 대표적 인물들을 제시해 보면 아래와 같다.

1) 내부의 적
公子 懈, 公孫 傲(〈天君傳〉),
陶泓, 毛穎, 陳玄, 楮知白(〈愁城誌〉, 〈天君演義〉),
文藝(〈天君演義〉, 〈天君實錄〉), 慾生(〈天君演義〉),
七情(〈天君演義〉, 〈天君本紀〉, 〈天君實錄〉),
意・必・固・我(〈天君本紀〉, 〈天君實錄〉),
禾厶, 禾刀, 慾, 貪, 忿聲, 躁, 怒, 寶(〈天君實錄〉)

2) 외부의 적
華督, 柳跖, 群盜(〈天君傳〉),
屈原과 宋玉, 忠義門 안의 忠臣烈士(龍逢, 比干, 紀信, 諸葛亮등), 壯烈門 안의 壯烈志士(荊軻, 伍子胥, 楚霸王, 孫策, 李陵 등), 無辜門 안의 冤情을 품은 이들(長平의 趙卒[11], 新安의 秦卒[12] 등), 離別門 안의 생이별한 사람들(王昭君, 蘇武[13], 長信宮의 여인들[14] 등)(〈愁城誌〉),
越伯(妖女), 歡伯(술), 甘言, 黑話, 慾生, 百嬌, 百媽, 百媚, 百妙(〈天君演義〉),
盜賊(〈義勝記〉),
愁心・憂心(〈南靈傳〉),
聲・色・煖, 博・富・貴, 無形寇(〈天君本紀〉),
女戎, 麴氏兄弟, 麴蘗, 麴醇, 毒(〈天君實錄〉)

내부의 적들은 천군의 신하이면서 외부의 적들인 '마음의 병'을 끌어들인다. 내부의 적들은 대략 '게으름(懈)'과 '거만함(傲)', '문장놀이에 매몰됨(文藝, 陶泓, 毛穎, 陳玄, 楮知白)', '정(情)과 욕에 휘말림(七情, 慾)', '사사로운 마음과 이로움을 탐냄(禾麻, 禾刀, 意·必·固·我, 貪)', '화려한 음악과 부귀(聲·色·煖, 博·富·貴, 寶)', '분노(忿聲, 怒)' '모짐(毒)', '급함(躁)' '좁음(褊)', '시기(忮)'에 해당하는 마음이다. 이러한 마음들은 천군에게 복종하지 않고 몸과 마음을 아울러 황폐하게 하는 외부의 적들을 불러들인다.

외부의 적들은 내부의 적들과 내통하여 마음의 나라에 침범하는 '마음의 병'이다. 마음의 병은 범칭해서 '수심(愁心)과 우심(憂心)'이라는 말로 나타나 있다. 우심(憂心)의 '우(憂)'는 상(喪)과도 같은 의미이므로 '상심(喪心)'이라 말할 수도 있다. 〈수성지〉에서는 그 상심의 양상을 관성자(管城子, 붓)의 글을 통하여 자세히 보여주고 있다. 관성자는 네 가지 부류의 상심을 묘사하고 있는데 그 대상은, '충신열사의 한(龍逢, 比干, 紀信, 諸葛亮 등과 같은 忠臣烈士)', '장렬하게 죽은 장렬지사의 한(荊軻, 伍子胥, 楚霸王, 孫策, 李陵과 같은 壯烈門 안의 壯烈志士)', '무고하게 죽은 뭇 생명들의 한(長平의 趙卒, 新安의 秦卒등 無辜門 안에 있는 冤情을 품은 이들)', '생이 별한 사람의 아픈 마음(王昭君, 蘇武, 長信宮의 여인들 등과 같은 離別門 안의 사람들)'이다. 그리고 여색과 술도 마음을 병들게 할 수 있다고 보아 여색을 의미하는 월백(越伯)과 여융(女戎) 및, 술을 의미하는 환백(歡伯), 국씨형제(麴氏兄弟), 국양(麴襄), 국순(麴醇)을 제시하고 있다. 이러한 상심(喪心)은 인간의 본마음이 빼앗긴 상태를 의미한다 할 수 있다. 그리하여 단순히 마음을 빼앗아간다는 의미로 화독(華督)[15], 유척(柳跖)[16], 도적(盜賊), 군도(群盜)라는 이름을 사용하기도 한다. 〈수성지〉에서는 이러한 '마음의 병'을 대표하는 사람으로 굴원(屈原)을 제시하고 있다. 굴원은 주지하다시피 상심(喪心)한 마음을 회복하지 못하고 강물에 투신하여 죽은 인물이다.

이렇게 심성의 건강을 해치는 인물들은 성(性), 정(情) 중 정에 해당하는 인물들이다. 그러나 그들이 정을 표상하는 인물이라는 점에 문제가 있는 것이 아니라 그 정을 표현하는 방식에 과불급이 있었음이 문제가 되고 있음을 확인할 수 있다.

심성의 건강을 회복하는 인물들

마음나라의 건강을 회복하는 주요 인물로는 다음 인물들이 등장한다.

太宰 敬, 百揆 義, 公子 志, 大將軍 克己(〈天君傳〉),

公子 良(〈天君傳〉, 〈天君本紀〉),

主人翁(〈愁城誌〉, 〈天君演義〉, 〈天君實錄〉),

無極翁(〈愁城誌〉),

麴釀將軍(〈懼伯〉),

惺惺翁(〈天君演義〉, 〈義勝記〉),

志帥(〈天君演義〉, 〈天君本紀〉, 〈天君實錄〉),

惺翁(〈天君本紀〉),

惺惺子(〈天君實錄〉),

主一翁, 誠意伯(〈天君演義〉, 〈天君本紀〉),

肺, 脾, 精神, 大腸, 小腸, 魂氏, 魄氏, 有悔氏, 天理, 氣帥, 審悟(〈天君演義〉),

孟浩然(〈義勝記〉),

南靈將軍(〈南靈傳〉),

淳于善, 田知節, 收父, 子虛, 信臣, 彝, 敬夫, 愼氏, 公孫 慈(〈天君本紀〉)

천군소설에 등장하는 인물로서 천군 다음의 비중을 지니고 있는 인물은 경(敬)을 의인화한 인물이다. 〈수성지〉, 〈천군연의〉, 〈천군실록〉에 모두 등장하는 주인옹(主人翁)은 전전긍긍(戰戰兢兢)하고 여리박빙(如履薄氷)하며 존심(存心)하는 류의 태도를 천군에게 깨우치는 인물로서 경을 의인화한 것이다. 주희는 경(敬)의 작용에 대하여 다음과 같이 설명한 바 있다.

> 경건해지면 저절로 '하나에 집중되어 마음이 흩어지지 않으며(主一無適)', 저절로 '가지런하여 엄숙해지고(整齊嚴肅)' 저절로 '정신이 또렷또렷해(常惺惺)'져서, 그 마음이 수렴되어 (다른 사물에 대한 생각을) 한 가지도 받아들이지 않는다.[17]

이러한 주희의 설명에 의거하여 이외에도 주일옹(主一翁), 성성옹(惺惺翁), 성옹(惺翁), 성성자(惺惺子), 태재(太宰) 경(敬), 경부(敬夫) 등이 등장한다. 작품을 보더라도, 〈천군연의〉에서 주일옹(主一翁)의 본명이 경(敬)이라고 한 점으로 미루어 주일옹이 경(敬)의 의인물임을 알 수 있다. 성성옹(惺惺翁), 성옹(惺翁), 성성자(惺惺子)가 경을 의인화였다는 것은 〈천군본기〉에 보이는 "성(惺)의 자(字)는 주일(主一)이니"하는 기사를 통해 확인할 수 있다. 태재(太宰) 경(敬)에서, 태재는 남명(南冥)이 그린 〈신명사도(神明舍圖)〉의 「신명사명(神明舍銘)」에 나와 있는 총재(冢宰)와 같다. 「신명사명」의 '내총재주(內冢宰主)'와 『주역』 곤괘의 '경이직내(敬以直內)'라는 말에서 비롯되었다. 경부(敬夫)는 오관(五關) 밖에서 활수(活水)가 터졌을 때, 군사를 내어 긍긍업업(兢兢業業)하며 제방(堤防)을 이루어 오관의 백성들에게 칭찬을 받는 인물이다. 이렇게 경을 의인화한 인물들은 천군소설에서 천군 다음으로 중요한 인물이라 할 수 있다. '깨어있는 정신(惺惺翁, 惺翁, 惺惺子)'이라고도 번역할 수 있는, 이들은 혼미해진 천군을 깨우쳐 주면서, 작품 전개에 주도적인 역할을 하는 인물이다.

천군소설의 시원은 동강(東岡) 김우옹(金宇顒, 1540-1603)의 〈천군전〉에서 비롯되었고, 〈천군전〉은 남명(南冥) 조식(曺植, 1501-1572)의 〈신명사도(神明舍圖)〉에서 비롯되었다. 〈신명사도〉의 주축은 경(敬)과 의(義)이다. 경은 내정(內政)을 총괄하고(敬以直內) 의는 외정(外政)을 총괄하는 것으로 되어있다. 〈천군전〉에 등장하는 백규(百揆) 의(義)도 이러한 구조를 충실히 따르고 있다. 백규(百揆)는 외정(外政)을 총괄한다는 뜻이다. 〈신명사도〉의 '신명사명'에 나타난 '외백규성(外百揆省)'과 『주역』 곤괘의 '의로써 외적으로 옳게 대응한다(義以方外)'는 말에서 비롯되었다. 이외에도 의가 의인화된 인물로는 〈수성지〉와 〈천군실록〉에 등장하는 추관(秋官) 의(義)가 있다.

　위의 두 인물과 비슷한 중요성을 지니는 인물로 '성의백(誠意伯), 공자(公子) 지(志), 지수(志帥)'가 있다. 성의백(誠意伯)은 성의를 의인화한 것이다. 〈천군연의〉에서 성의백은 "성(姓)은 진(眞)이오 명(名)은 실(實)이오 자(字)는 무망(无妄)"으로 나타나 있다. 〈천군본기〉에는 성의백이 이름은 진무망(眞無妄)이고, 실(實)의 아들이며, 무식(無息)의 동생이라 했다. 공자(公子) 지(志)는 대장군 극기(克己)를 뒤에서 후원하는 대원수(大元帥)이다. 〈천군연의〉와 〈천군본기〉, 〈천군실록〉에 등장하는 지수(志帥)도 보통 대원수 역할을 한다. 그리고 나중에 성의백(誠意伯)에 봉해진다. 여기에서 성의(誠意)와 지(志)가 긴밀한 관계임을 알 수 있다. 이때에 '의(意)'나 '지(志)'의 의미는 '욕(欲)'과 상반되는 뜻을 가지고 있는 것으로 보이며, 각 작품 속에서 긍정적인 역할을 한다. 이때의 의지는 사사로운 욕망(人欲之私)과는 구별되는 보편적(天理之公)인 생명의지, 즉 생의(生意)에 가까운 것으로 볼 수 있을 듯하다. 그러나 이러한 생명의지는, 생명운화의 절주(節奏)에 합치시켜가는 정성스러움을 통해 실현될 수 있다. 일례로, 중용(中庸)에서는 이러한 정성스러움의 극치를 천지의 생명운화에서 찾고 있음을 볼 수 있다. 이러한 '생명의지의 정성스러운 생명운화 실현'과 관련하여, 다소 이질적으로 보이는 공자(公子) 지(志)·지수(志帥)와 성의백(誠意伯)이 긴밀한 관계를 가질 수 있었던 것으로 보인다. 이것은 성(性)이 정(情)으로 표현될 때, 희로애락의 중용태는 바로 성(誠)을 통해서 이루어지는 것이라는 중용의 주제와 밀접한 관련이 있다고 볼 수 있다.

또한 순선(淳善)의 의인인 순우선(淳于善), '인정이 절차에 맞음'을 의미하는 전지절(田知節), 신(信)이 의인화된 인물로 측은지사(惻隱之司), 수오지사(羞惡之司), 사양지사(辭讓之司), 시비지사(是非之司)를 다스리는 사람인 신신(信臣), 흩어진 마음을 거두는 것으로 수방심(收放心)의 의인화인 수부(收父), 후회하는 마음을 의인화한 유회씨(有悔氏), 지극히 크고 지극히 굳센 마음을 의인화한 맹호연(孟浩然), 떳떳한 마음을 뜻하는 이(彛) 등이 있다. 이들 이외에도 술을 의인화한 국양장군(麴醵將軍), 담배를 의인화한 남령장군(南靈將軍) 및, 신씨(愼氏), 공손(公孫) 자(慈), 기수(氣帥), 대장군(大將軍) 극기(克己), 공자(公子) 량(良), 무극옹(無極翁), 폐(肺), 비(脾), 정신(精神), 태양(大腸), 소양(小腸), 혼씨(魂氏), 백씨(魄氏), 천리(天理) 등 여러 인물들이 등장하여 마음의 나라 건강을 수복한다.

이들 중 특기할만한 인물은 국양장군과 남령장군이다. 앞에서 거론한 인물들이 무형물을 의인화한 것에 반하여, 이 두 인물은 유형물을 의인화한 것이다. 이는 마음의 병이 무형의 마음뿐 아니라, 유형의 외물에 의해서도 마음의 건강을 회복할 수 있다는 것을 시사해 주고 있다. 이는 여타의 천군소설들이 유형의 외물들을 단지 외부의 적들로 취급한 것과는 큰 차이를 보여주고 있다.

국양장군(술)과 남령장군(담배)은 유형의 외물이면서 인간의 성(性)보다는 정(情)과 긴밀한 연관을 맺는 인물이다. 이들이 외물로부터 비롯된 정의 과불급을 치료하는 모습에서, 정으로 정을 물리치는 모습을 볼 수 있는데, 이 점은 정이 무조건 배격되어야만 하는 존재가 아님을 시사한다.

심성의 병리와 생리

한의학에서는 질병의 원인(病因)을 크게 외인(外因)·내인(內因)·불내외인(不內外因)의 세 가지로 설명한다.[18] 외인(外因)은 주로 인체의 외부에 있으면서 질병의 원인이 되는 것이며, 풍(風)·한(寒)·서(暑)·습(濕)·조(燥)·화(火)와 같은 기후적 요인을 말한다. 내인(內因)은 주로 인체 내에 있으면서 질병의 원인이 되는 것이며, 희(喜)·로(怒)·우(憂)·사(思)·비(悲)·공(恐)·경(驚) 등 칠정(七情)이다.[19] 불내외인(不內外因)은 내인도 외인도 아닌 그 밖의 것, 즉 잘못된 음식물 섭취, 피로, 무절제한 성생활, 외상(外傷), 기생충, 중독 등 내외가 만나서 이루어지는 요인이다.

천군소설은 이들 중 심성과 직접 관련된 내인을 먼저 다루고 나아가 음주(飲酒)와 성생활(性生活) 같은 불내외인을 다루기도 한다. 하지만 외인을 다루지는 않는다. 내인과 관련하여 연상되는 것은 조선조에 유명했던 사단칠정논쟁(四端七情論爭)이다. 유의할 점은 성리학에서 말하는 칠정과 한의학에서 말하는 칠정은 차이가 있다는 점이다.[20] 성리학에서의 칠정은 희(喜)·로(怒)·애(哀)·구(懼)·애(愛)·오(惡)·욕(欲)이다. 한의학에서 말하는 칠정은 흔히 『황제내경』에서 비롯되었다고 하지만 실제로 확인해 보면 『황제내경』에 나타나 있지 않다. 성리학의 칠정은 본래 『예기(禮記)』「예운(禮運)」편에 나오는 것이라고 한다. 그러나 어떤 의미에서 사단칠정론이란 용어도 정확한 것은 아니다. 일곱이라는 숫자가 별다른 의미를 가지지 못하기 때문이다. 이른바 사칠논쟁에서는 정(情) 자체를 논할 뿐이지 칠정의 각 조목을 따져서 논쟁하는 경우는 없다. 실제로는 사단사정론(四端四情論)밖에 없다. 왜냐하면 사단칠정논쟁의 주장 모델이 『예기』가 아니라 『중용』이기 때문이다. 『중용』은 인간의 감정양태를 "희로애락(喜怒哀樂)"으로 보고 있으며, 이제마도 이에 따랐다. 그는 이를 다시 애로(哀怒)와 희락(喜樂)으로 나누었다. 애로(哀怒)라는 것은 좌절되었을 때 나타나는 오(惡)의 감정이고, 희락(喜樂)은 성취했을 때 나타나는 호(好)의 감정이다. 슬픔과 노여움은 구분이 잘되나, 기쁨과 즐거움은 구분하기 어렵다. 그런데 이제마는 희로애락이란 감정을 폐비간신(肺脾肝腎)이라는 장부(臟腑)에 배속시켰다. 즉 희(喜)는 간(肝)에 연결하고 락(樂)은 신(腎)에 연결했다. 간(肝)은 소화기능을 의미하고 신(腎)은 생식기능을 의미한다. 바꾸어 말하면 간(肝)은 생존의 기쁨을 상징하고 신(腎)은 번식의 즐거움을 상징한다. 이른바 동양에서 전통적으로 말하는 식색(食色)과 관련되는 감정이다.

천군소설에 나타나는 마음의 생리와 병리는 희로애락으로 표상되는 감정의 과불급(過不及) 및 중화(中和)와 밀접한 관련을 가지고 전개된다.

심성이 병을 얻는 방식

그렇다면 감정(情)은 왜 생기는가? 육신은 마음을 담는 그릇이며 토대이다. 마음은 육신의 한 기능이며 표현이다. 육신은 우리 마음이 근거하는 거처이다. 마음은 육신에 내재하면서 동시에 초월을 꿈꾼다. 마음은 육신과 불가분의 상관관계에 있으며, 육신의 감각기관을 통하여 외부 사물과 반응한다.

마음이 외부의 사물에 반응할 때(已發)는 정(情)이요, 작용(用)이다. 그러나 작용하기 이전(未發)의 상태가 심의 본체(體)이며 성(性)이 된다[21]. 다시 주자는 이를 다음과 같이 설명한다.

> 대개 우리의 마음이 아직 움직이지 않을 때는 性이 되고 이미 움직였으면 情인데 마음(心)은 이 두 가지를 모두 포함하여 통일한다. 욕망(欲)은 정이 작용하여 나온 것이다. 마음이 물과 같다면 성은 물이

고요한 때이고 정은 물이 흐를 때이며 欲은 파란이 일어날 때와 같다. 파란은 좋은 것도 있고 좋지 않은 것도 있다.[22]

그런데 마음의 작용인 정(情)은 화(和)를 이루어야 한다. 이 화는 중화(中和)로부터 비롯된다. 그렇다면 중화란 무엇인가? 이에 대해서는 『중용』 제1장에 잘 나타나 있다.

> 희로애락의 情이 작용하기 이전을 中이라 하고, 작용하여 절도에 맞는 것을 和라 한다. 중은 천하의 모든 행위가 이루어지는 큰 뿌리이며, 화는 천하에서 언제 어디서나 달성되어야 하는 길이다. 중과 화가 제대로 이루어지면, 천지가 제자리를 잡고 만물이 순조롭게 생육될 것이다.[23]

중(中)은 대본(大本)으로 본체론적인 체(體)의 세계이며, 화(和)는 달도(達道)로 현상론적인 용(用)의 세계이다. 본체미발의 중은 경(敬)을 통해서 함양하고 작용이발의 화는 의(義)를 통해서 구현한다. 안에서 경으로 곧게 함양하고 밖에서 의로운 생활을 지속하면 마음에 아무런 거리낌이 없는 저절로 뿌듯하고 확트인 호연지기가 마음 깊은 곳에서 저절로 생겨난다.

이는 〈천군전〉에서, 천군이 국정을 분담시키는 부분에서 재확인할 수 있다. 천군은 태제 경(敬)에게 "너는 강자 속에 살면서 나의 궁부를 엄숙하고 맑게 하라(汝宅腔子裏, 肅淸我宮府.)"고 명하며, 백규(百揆)[24] 의(義)에게 "만가지 일에 순응하여, 모든 뜻을 밝게 하라(順應萬務, 以熙百志.)"고 명령한다. 그렇다면 마음의 작용인 정(情)은 절도에 맞는 화(和)를 얻어야 하고 정의 화함은 의(義)를 통해서 구현된다. 마음의 과정인 성정(性情)이 중화

(中和)를 얻으면 생명의 활동운화 또한 원활해지고 중화를 얻게 된다.
마음이 작용하기 전에는 선악이 없다. 그러나 위에서처럼 마음이 작용하기 시작할 때 선악이 생긴다. 여기서 말하는 선은 화(和)로 가는 행위요 생리로 가는 행위이며, 악은 불화로 가는 행위요 병리로 가는 행위이다.
마음의 나라가 득병하는 것은, 희로애락의 감정(情)이 치우치게 나타나 경(敬)으로 중(中)을 함양하는 데 게을러지고, 천리의 공의(公義)로써 화(和)를 구현하기보다는 인욕의 사리(私利)로써 화(和)를 깨트리기 때문이다. 경건한 사람은 게으르지 않고 거만하지 않은 방식으로 천리의 공의를 실현하는 사람이다. 다음은 〈천군전〉에 나타나는 불화의 길과 병리의 길이다.

> 천군이 미행을 자못 좋아하여 드나듦이 때가 없어 군신들이 그 행방을 알 수 없게 되자, 태재가 매번 이를 그만 둘 것을 간하였다. 말년에는 아첨하는 신하 게으름(懈)과 거만함(傲)이 태재 경건함(敬)을 내쫓으니, 의로움(義)도 또한 불안하여 떠나고 말았다.[25]

대부분의 천군소설에서 병리의 시작은 이렇듯 경(敬)을 의인화한 인물이 배척되거나 쫓겨나면서부터 시작된다. 그러면 감정이 중화를 얻지 못하고 한곳으로 치우치게 된다. 그것은 희락(喜樂)의 호감에 함몰되기도 하고, 애로(哀怒)의 오(惡)감에 함몰되기도 한다. 희락에 함몰되는 경우로는 〈천군전〉·〈천군기〉·〈천군연의〉·〈천군본기〉·〈천군실록〉이 있고, 애로에 함몰되는 경우는 〈수성지〉와 〈남령전〉이 있으며, 〈의승기〉는 두 가지를 모두 가지고 있다.
희락 등의 호감에 함몰되는 대표적인 경우는 월백(越白)과 환백(歡伯)이 등장하는 〈천군기〉·〈천군연의〉와 여융(女戎)과 국씨형제(麴氏兄弟)가 등장하는 〈천군실록〉이다. 여기서 말하는 월백과 여용은 여색(女色)의 의인물이다. 〈천군연의〉에서 월백은 감언(甘言), 백교(百嬌), 백미(百眉), 백언(百嫣)을 심복으로 거느리고 천군의 감정을 락(樂)에 치우치게 한다. 또 환백과 국씨형제는 술의 의인물이다. 이들은 천군의 감정을 희(喜)에 치우치게 한다.

애로 등의 오감에 함몰되는 대표적인 경우는 〈수성지〉이다. 수성은 근심과 한이 모여 있는 곳(愁恨所聚)이다. 〈수성지〉에서 굴원(屈原)과 송옥(宋玉)이 천군의 나라 안에 수성, 즉 '근심과 한이 모여 있는 완고한 성'을 쌓고 용봉(龍逢)·비간(比干)·기신(紀信)·제갈량(諸葛亮) 등의 충신지사, 형가(荊軻)·오자서(伍子胥)·초패왕(楚霸王)·손책(孫策)·이릉(李陵) 등의 장렬지사, 장평(長平)의 조졸(趙卒)들과 신안(新安)의 진졸(秦卒)들 등 무고하게 죽은 자들, 왕소군(王昭君)·소식(蘇武)·장신궁(長信宮)의 여인들 등 생이별한 사람들의 무리들이 와서 살게 되면서 애로의 감정에 함몰되어 마음의 중화를 깨트리면서 마음에 병을 얻게 되었다.

심성을 치료하는 방식

그러면 어떠한 방식으로 마음의 병을 치료해야 할 것인가? 제일단계는 쫓겨났던 혹은 배척받던 경건함(敬)을 다시 불러들이고 받아들이는 것이다. 주자는 경의 중요성과 의의를 다음과 같이 말하고 있다.

> 敬이라는 글자는 성인 문하에서 가장 중요하다. 따라서 철두철미하여 한 순간도 단절이 있어서는 안 된다.[26]

> 경건해지면 저절로 '하나에 집중되어 마음이 흩어지지 않으며(主一無適)', 저절로 '가지런하여 엄숙해지고(整齊嚴肅)' 저절로 '정신이 또

렷또렷해(常惺惺)'져서, 그 마음이 수렴되어 (다른 사물에 대한 생각을) 한 가지도 받아들이지 않는다.²⁷

주자에 의하면 일이 없을 때 주체를 함양함에는 반드시 경(敬)으로써 해야 하며 구체적인 일이 있어 처리할 때는 의(義)로써 해야 한다(涵養須用敬, 處事須是集義). 결국 성리학자들이 도달한 결론은 '경으로써 내심을 바르게 하고 의로써 외적으로 옳게 대응한다(敬以直內, 義以方外)'는 것이다. 그러므로 경건함(敬)을 복귀시키는 것은 대부분의 천군소설에서 마음의 병을 회복하기 수순에서 제일 먼저 행해지는 과정이다. 〈천군전〉에서도 이를 다음과 같이 기술하고 있다.

경이 승하면 길하고 게으름이 승하면 망한다.²⁸

태사공이 평한 대목에서도

내가 보건대, 천군의 임금됨은 태재 경의 도움에 의지하였음이라. 그 잘 다스려진 것은 경을 재상으로 한 때문이요, 그 어려워진 것은 경을 버린 때문이며, 그 돌아온 것도 경을 다시 찾은 까닭이요, 상제에게 배합됨도 경 때문이었고, 그 만방을 통치함도 경으로써 하였으니, 첫째도 태재였고 둘째도 태재였다.²⁹

경이 제자리를 잡아야 마음이 중화를 회복하고 마음이 중화를 얻어야 감정에 과불급을 치유할 수 있는 기반을 잡을 수 있다.

그 다음으로 감정표현의 과불급을 해소해야 한다. 희락의 감정은 곧 호오(好惡)의 감정 중 호에 해당하는 감정이다. 기쁨과 즐거움 같은 양(陽)

적 호의 감정은 들뜨고 흩어지는 성질을 가진다. 애로의 음(陰)적인 오의 감정은 가라앉고 응결되는 성격을 갖는다. 그러므로 희락의 감정은 잘 단속하여 붙잡아야 하고, 애로의 감정은 잘 풀어서 날려 보내야 한다.

때문에 희락을 단속하는 데는 〈천군전〉·〈천군연의〉·〈천군본기〉·〈천군실록〉·〈천군기〉에서 처럼 극기(克己), 지수(志帥), 기수(氣帥), 성의백(誠意伯) 같은 장수들이 필요하고, 애로의 감정을 풀어버리는 데는 〈수성지〉와 〈남령전〉에서처럼 술(麴蘖將軍)이나 담배(南靈將軍)가 필요했다 할 수 있다.

그런데 작품 속에서는, 일반적으로 의(義)가 경(敬)에 비해 주도적인 역할을 하지 못하는 것으로 나타난다. 이것은 의가 실현되는 단계가 이미 마음의 건강이 회복된 상태를 의미하기 때문이다. 그러므로 〈천군전〉에서는 천군이 신명전에서 자리를 바로잡고 난 뒤에야 백규(百揆) 의(義)가 복귀하는 것으로 나타난다.

심성의 건강과 주제의식의 향방

생명이란 물(物)과 심(心)의 총체이다. 병이란 내가 내 생명운화에 저지른 죄의 현현이고, 마음의 병이란 마음이 내 생명운화에 저지른 죄의 현현이다. 생명운화는 기본적으로 중용이며 과불급(過不及)을 극복하고자 하는 활동이다. 육신은 마음의 집이며, 마음은 육신을 표현한다. 마음은 육신으로부터의 자유와 초월을 꿈꾸지만, 마음과 육신의 완벽한 분리는 이미 삶 밖의 것이 되고 만다. 희로애락의 감정이 과불급일 때 마음은 육신을 속이고 결국 생명운화에 죄를 짓고 결과적으로 병을 얻는다.

유학에서 인간 존재의 가장 핵심적인 문제는 '어떻게 하면 희로애락의 감정을 조절하여 중화를 실현해 가는 성인(聖人)을 만들 수 있는가?' 하는 것이다. 유가에서 보는 인간은 '항상 과불급(過不及)이 있는 존재'이다. 때문에 인간이 옳게 사는 방법은, 사물을 대처하거나 대인관계에서 희로애락이 발할 때 과불급이 없이 도에 맞도록 행동하면 된다. 유학자들은 희로애락의 감정조절을 잘함으로써 천지자연과 인류문명의 질서가 잡힐 수 있다고 보았다.

이러한 과불급이 곧 병리이며, 역동적 평형(dynamic equilibrium), 즉 중용(中庸)이 생리이다. 여기서 과불급을 조정하고 이러한 중용에 이르기 위해서 성리학자들은 다음과 같이 대처해야 한다고 생각했다. 즉, 구체적인 일과 부딪히기 전에 먼저 자기의 도덕 주체를 확립하고(無事時 涵養), 어떤 일을 할 때는 사태에 맞게 자세히 살펴(有事時 省察) 대처함으로써 인간은 건강하게 살아갈 수 있다고 여긴다. 이때 자기의 도덕 주체를 확립하는 역할을 하는 것이 경(敬)이요, 사태를 살펴 올바르게 대처하는 것이 의(義)이다. 이 문제는 성리학의 심성론인 심통성정론(心統性情論)의 주제이기도 하다.

성리학의 심성론은 성(性)과 정(情)과 심(心)에 대한 이론[30]이다. 이때 성(性)은 인간이 구현할 우주적 근원의 에너지를 가리키고, 정(情)이란 외적 자극에 대한 그 에너지의 구체적 경험적 발현을 가리키며, 심(心)이란 이 과정, 즉 잠재적 형태의 에너지(性)가 구체화(情)되는 조건을 결정하고 방식을 유도하는 정신신체적 구조를 가리킨다.[31] 이때 그 정신신체적 구조에서 중요한 방식으로 성(性)을 내면적으로 곧게 기르는(直內) 태도인 경(敬)과 정(情)으로 밖에 표현되었을 때 이를 바르게 성찰(方外)하는 의(義)가 중시되어 왔다. 이러한 심(心), 성(性), 정(情) 셋의 관계를 주희는 심통성정(心統性情)이란 말로 정식화시켰다.

그러므로 우리가 천군소설에 대해 이해한 것처럼, 심통성정으로 전개된 심성론이 정을 배제하고 성을 회복하려는 것에 주목적이 있는 것이 아닐 뿐더러, 그것이 천군소설의 주제의식일 수 없다. 또한 천군소설의 인물 형상이 성과 정의 대립적 관계로 파악될 수 있는 성질의 것이 아님을 알 수 있다. 왜냐하면 정은 성의 동적인 표현방식이기 때문이다. 그러므로 성정의 대립구조보다는 성(性)·정(情)에 대해 경(敬)·의(義)로 나타나는 심(心)의 개입과 역할이 중요하다고 할 수 있다. 그리고 충신형 인물인 성성옹(惺惺翁), 즉 경(敬)이 성정(性情) 중 성에 해당하는 인물일 수 없다는 점을 알 수 있다. 그는 성(性)과 정(情)에 소속되는 인물이라기보다는 심(心)의 정신신체적 구조를 만들어가는 심에 속한 인물이라고 할 수 있다.

천군소설은 마음이 득병하였다가 건강을 회복하는 과정을 다룬 소설이다. 그러므로 천군소설의 문제의식도 위에서 거론한 심성론적 문제의식과 다르지 않으니, 그것은 '어떻게 하면 마음의 중화를 이룩할 수 있느냐?' '어떻게 하면 감정의 중용을 이룩할 수 있느냐?'하는 점이다.

앞에서 우리는, 천군소설의 인물 형상을 검토하면서, 천군을 중심에 놓고 건강을 해치는 인물과 건강을 회복하는 인물로 나누어 보았고, 건강을 해치는 인물을 다시 내부의 적과 외부의 적으로 나누어 보았다.

이러한 인물들의 위상은 마음이 외부의 사물에 접하여 감정이 생기는 과정과 연관시켜 설명할 수 있다. 즉 외부의 적은 한의학적 병인(病因)으로 설명하면 불내외인(不內外因)에 속하고, 내부의 적은 내인(內因)에 속한다. 외부의 적으로 대표적인 인물은 술과 여색이 의인화된 인물과 고래로부터 상심한 사람들의 형상이다. 그러나 주제가 마음의 문제인 만큼 가장 중요한 적은 외부의 사물인 외부의 적, 즉 불내외인(不內外因)이 아니라, 내부의 적 즉, 내인(內因)이다.

내인, 즉 내부의 적은 마음이 외부의 사물과 접했을 때 작용하여 나타나는 감정(情), 즉 희로애락의 과불급이다. 희로애락의 감정은 다시 희락의 감정과 애로의 감정으로 나누어 볼 수 있다. 희락의 감정은 성취했을 때 느끼는 감정으로 양(陽)적인 호(好)의 감정이며, 애로의 감정은 좌절되었을 때 느끼는 음(陰)적인 오(惡)의 감정이다. 희락의 감정은 양적이므로 들떠서 흩어지는 감정이며, 애로의 감정은 음적이므로 가라앉아 응결되는 감정이다. 〈천군전〉·〈천군연의〉·〈천군실록〉·〈천군기〉등은 희락의 감정이 병인으로 등장하며, 〈수성지〉와 〈남령전〉은 애로의 감정이 병인으로 등장한다.

두 가지 병인(病因) 모두 희로애락의 감정을 중화(中和)하기 위해 경(敬)이란 인물의 재복귀가 기반이 되어야 한다. 그 기반 위에서 희락의 감정은 극기(克己)나 지수(志帥), 성의백(誠意伯) 같은 절제 단속하는 인물들에 의해 극복되고, 애로의 감정은 국양장군(麴醸將軍)과 남령장군(南靈將軍) 같은 풀어서 날려버리는 인물들에 의해서 극복된다. 그리고 의(義)이라는 인물은 마음이 건강을 회복했을 상태의 인물을 표상하는 것이다.

이러한 등장인물들의 활동을 통해, 천군소설의 서사구성은 3단계로 이루어지는데, 이른바 '원형—타락—회복'[32]이 그것이다. 이것은 동시에 '건강의 원형—건강의 상실—건강의 회복'을 의미한다. 천군이 처음 등극했을 때의 연호는 태초(太初), 강충(降衷), 중화(中和)이다. 이들 중 강충(降衷)은 '한쪽으로 치우치지 않는 바른 덕과 진심을 하늘로부터 부여받는 것'을 의미한다. 중화(中和)는 『중용』에서 이르는 바 희로애락의 미발과 희로애락이 이발하여 절도에 맞는 두 가지 양상을 말한다. 이는 곧 심성적 건강의 원형을 의미한다. 〈수성지〉의 강충(降衷)뿐만 아니라 태초(太初)라는 연호 또한 복초(復初)라는 서사구조와 긴밀한 상관관계를 가진다고 보인다. '복초'라는 말이 결국은 '태초'를 회복한다는 의미이기 때문이다. 희로애락에 과불급이 있다면 그것은 생명을 좀먹는 행위이며, 그것이 중용을 얻는다면 생명운화를 돕고 모시는 행위가 된다. 희로애락이라는 감정의 중용이 마음의 생리이며, 희로애락의 과불급이 마음의 병리이다. 천군소설에서 마음의 건강은 희로애락의 과불급을 극복하고 마음의 중화를 이루는 데서 이루어진다.

그러므로 천군소설의 주제는 성이 정으로 발현되는 과정에서 경과 의를 통해 심성의 건강을 회복해야 한다는 점에 있으며, 이것이 바로 심통성정의 심성론적 주제의식과 합치함을 알 수 있다.

심성론과 천군소설의 만남

앞에서 우리는 심성론의 문제와 관련하여 천군소설이 인물 형상과 사건 전개, 주제의식면에서 어떠한 양상으로 나타나고 있는지 논의해 보았다. 이 과정에서 심통성정(心統性情)의 의미를 다시 정리하고 천군소설과 심성론의 공통분모를 확인할 수 있었다. 이제 남은 문제는 천군소설이 과연 문학적 형상화에 성공하고 있으며, 그것으로서 독자적인 가치를 가질 수 있는가 하는 점이다. 이 점이 해명되어야만 우리가 지금 이 자리에서 심성론을 거론해야 하는 의의가 더욱 분명해 질 수 있다.

이 점을 논의하기 위해서는 문학적으로 형상화된 천군소설과 철학적 심성론 사이의 이질성을 거론하지 않을 수 없는데, 이를 거론하기에 앞서 남명 조식(曺植)(1501-1572)의 〈신명사도(神明舍圖)〉에 내재된 성격과 의미를 밝히는 작업이 우선 필요하다. 〈신명사도〉는 이론적 교양인보다는 실천적 지식인을 지향했던 남명(南冥)이 그의 수양론을 그림 하나로 요약하여 남긴 사실상 유일한 체계적 저술[33]이다. 그러므로 그가 별도로 〈신명사도〉를 마련한 뜻은 각별한 점이 있다고 보아야 한다.

그는 스스로 송대 성리학자들의 논의에서 이론적으로 더 보탤 것이 없다고 여겼으며, 도학이 지나치게 이론화되고 과도하게 경학화되어, 도학의 실천적 기풍이 소외되는 것을 지극히 경계했다. 그러면서 퇴계학파가 번쇄한 이론적 기풍을 중시하는 쪽으로 나아가는 것을 비판해 마지않았다.[34] 그러므로 그가 〈신명사도〉를 제작한 뜻은 이론적 깊이를 더하기 위한 것이 아니라, 도학을 번쇄한 논의에서 건져 간략화하고 실천적 방법을 집약하자는 데에 있다. 이러한 제작 의도는 조선 유학의 새로운 진전이라 할 수 있다.

〈신명사도〉에 나타난 심성론은 매우 간략하며 더불어 지극히 실천적이다. 또한 매우 치열하다. 〈신명사도〉에는 종래의 심성론에 나타나는 번쇄함을 찾을 수 없을뿐더러, 그 현장이 일종의 전쟁터로 형상화되어 비장한 감을 준다. 이러한 전쟁터에서는 무사가 칼을 쓰는 형태의 과단성 있는 실천력이 중시되기 마련이다. 이것이 이론적 교양과 붓을 통한 해결을 지향했던 당시 조선유학의 심성론과 위상을 달리 하는 〈신명사도〉의 면모이다. 당대 조선 사회의 심성논의가 숭문(崇文)적 기풍과 이론적 성향을 보여 준다면, 〈신명사도〉는 상무(尙武)적 기풍과 실천적 성향을 강하게 보여준다.

종래 심성론의 성향과는 다른 면모가 〈신명사도〉에 강하게 나타난다는 점은, 철학적 심성론과 문학작품 천군소설 사이에도 커다란 이질성이 개재되어 있음을 의미한다. 천군소설은 〈신명사도〉가 지닌 실천성과 상무적 기풍을 기본적으로 이어 받고 있다. 작품 속에서 작중인물이 행동하지 않으면 사태는 조금도 해결되지 않는다. 천군소설의 문제 해결 과정에서는 우연적 요소가 극도로 배제되는데, 이것은 여타 고소설에서는 찾아 보기 어려운 점이다. 그리고 내외의 적들과 건곤일척(乾坤一擲)의 대결을 벌이는 대목이 반드시 나타난다.

〈신명사도〉와 비교하면, 천군소설에는 위와 같은 공통점이 있다. 〈신명사도〉가 종래의 심성론에 실천적인 측면을 강화시켰음에도 여기에는 시간에 따른 변화양상, 즉 시간성이 개입하기 어려운 한계가 남는다. 그것은 공간성을 중심으로 형성된 그림이 가지는 본질적인 속성이다. 그러므로 이러한 시간성을 표현하기 위한 방법적 고민이 필요하였다. 이러한 요청에 부응하여 서사적 방법을 수용한 천군소설이 필요했고, 쉽사리 나타날 수 있었을 것이라는 점에 수긍이 간다. 그래서 천군소설은 편년체(編年體)나 기전체(紀傳體) 형식으로 서술되어 있다. 이렇듯 서사적 방법을 수용함으로서 변화무쌍한 마음의 시간을 보다 입체적으로 형상화시킬 수 있는 토대가 마련되었고 시간과 공간 속에서 구체적인 모습을 띠고 나타나는 마음의 다채로운 면모가 나타나게 되었다 하겠다.

 시간과 공간을 초월한 무형의 마음을 논의하던 철학적 심성론이 〈신명사도〉에 이르러 유형의 모습으로 구체성을 띨 수 있었고, 천군소설에 이르러 그 변화불측한 마음의 형상이 더욱 구체성을 확보하게 되었다. 여기에서 보편적 진리를 전파하고자 했던 중세적 담론 방식이 해체되는 징후를 발견할 수 있으며, 심성이 더 이상 시공을 초월하는 보편적 진리의 차원에서 관념적으로만 이야기할 수 없게 된 중세해체기의 현실을 보여주는 것으로 이해된다. 그러므로 천군소설은 관념화된 조선 사회의 퇴행적 징후를 반영하는 문학 형식으로 여겨지지 않는다. 오히려 문학적 고민을 통해 심성의 문제를 실천적인 장으로 이끌어내는 등, 발전적 징후를 보여주고 있는 것으로 보인다. 그리고 철학적 심성론과 주제적 공통점을 공유하면서도 나름대로의 문학적 독자성과 성취를 보여주고 있다는 점을 확인할 수 있다.

천군소설의 심성론적 의미

지금까지 심성론의 문제와 관련하여 천군소설이 인물 형상과 사건 전개, 주제의식면에서 어떠한 양상을 보이고 있는지 거론해 보고 천군소설의 문학적 성취 양상을 조명해 보았다.

이 과정에서 심통성정(心統性情)의 의미를 다시 정리했다. 이른바 '심통성정'이라는 것은 인간 내면의 성(性)이 외물과 만나 정(情)으로 발현되는 과정에서 그 조건을 결정하고 방식을 유도하는 정신신체적인 구조임을 확인했다. 이때 정(情)은 성(性)이 발현된 것이고, 정이 성의 발현태이므로 성과 정이 대립적인 양상을 띠는 것이 아니다. 이에 따라 천군소설에 등장하는 인물들의 주된 갈등은 성에 속하는 인물군과 정에 속하는 인물군의 갈등이 아니라, 성이 정으로 표현되는 과정에서 마음의 건강에 해를 주는 인물군과 마음의 건강을 회복시켜 주는 인물군 사이의 갈등이 문제가 된다.

그리고 사건 전개 과정에서도 마음이 병을 얻는 방식과 심성이 치료되는 방식이 중요한 문제임을 확인했다. 마음이 병을 얻는 과정은 인간의 내면미발의 성이 외면기발의 정으로 나타날 때 과불급의 양태에서 비롯되고, 마음이 치료되는 과정은 인간 내면미발의 성을 곧게 함양하는 경(敬)의 활동에서부터 시작되어 외면기발의 정이 절도에 맞게 표현될 때 의(義)가 서용되는 것으로 이루어짐을 알 수 있다. 그러나 천군소설 전반을 볼 때, 의보다는 경이 주도적인 역할을 수행하고 의는 경의 기반 위에서만 성립한다는 사실이 드러난다.

이러한 인물 형상과 사건 전개 과정을 통해, 천군소설의 주제의식이 마음의 건강을 회복하는데 있으며, 그 마음의 건강이 성정의 대립구조 속에서, 정을 배제하고 성을 회복하는데 있는 것이 아니라 본연의 성을 과불급 없이 정으로 발현되는데 있음을 알 수 있었다. 그리고 천군소설의 인물 형상, 서사구조, 주제의식의 모든 면에서, 심성론의 사상적 토대가 매우 튼실하게 자리 잡고 있음을 확인했다. 이렇게 천군소설의 인물 형상, 서사구조, 주제의식면에서 심성론의 기능과 의미를 확인하면서 천군소설의 공통적 사상기반으로 심성론이 작용하고 있음을 알 수 있었다.

그리고 철학적 심성론과 〈신명사도〉, 천군소설의 동질성과 이질성을 조명하면서 그것들이 각자 나름대로의 기능을 수행하면서 독자적인 위상을 점유하고 있음을 확인했다. 그리고 천군소설이 심성에 대한 중세적 담론 방식의 한계를 극복하면서 나타난 것임을 알 수 있었다.

본 논의는 심성론과 천군소설의 사상적 동질성을 파악하고 천군소설의 문학적 성취를 파악하는 데 중점을 두었다. 이 과정에서 천군소설 각 작품들이 지니고 있는 세부적 차이점을 제대로 거론하지 못했다. 천군소설 각 작품들의 심성론 계보를 주제별로 재정리할 필요가 있으나, 지면관계상 후일로 미룬다.

【주】

1 김광순, 「천군연의」, 『고전소설연구』(일지사, 1993), 912쪽과 김광순, 『천군소설연구』(형설출판사, 1986), 10쪽 참조. 천군류를 소설이 아닌 가전이나 교술장르로 보는 견해도 있으나, 이를 소설장르 속에서 논의하고 있는 것이 일반적 추세이므로 편의상 이러한 관행에 따르고자 한다.
2 『東岡集』 권21, 雜著
　『白湖集』 권4
　『滄溪集』 권16
　『薝庭叢書』 「梅花外史」
3 김광순, 「천군연의」, 『고전소설연구』(일지사, 1993), 912쪽 참조.
4 김광순, 『천군소설연구』(형설출판사, 1986), 참조
5 윤주필, 「愁城誌의 3단 구성과 그 의미」, 『한국한문학 연구』 13(한국한문학 연구회, 1990)과 「愁城誌」, 『고전소설연구』(일지사, 1993) 참조.
6 性情을 보는 유학자들의 시각은 학파별로 차이가 있을 수 있다. 특히 기호학파들은 일원론적인 견해를, 영남학파는 이원론적인 경향을 보여준다. 그래서 性을 볼 때에도 本然之性과 氣質之性을 나누어 본연지성은 선하나 기질지성은 악할 수 있다고 보았고, 情도 四端은 선하나 七情은 악할 수 있다는 견해들이 다양하게 나타난다. 그러나 內面未發의 性은 선악이 아직 발현되지 않은 상태이며, 外面旣發의 情으로 표현될 때 선악이 나타난다고 본 점에서는 일치한다. 그러므로 성과 정을 대립적 관계보다는 연속적 관계 속에서 이해했다고 볼 수 있다. 그리고 같은 영남학파라 하더라도 천군소설은 퇴계학파의 이념적 경향보다는 남명학파의 실천적 경향에 연원을 두고 있다는 점에 유의해야 한다. 특히 남명은 기질지성을 본연지성으로 돌이키기 위한 敬의 자세와 정을 올바르게 표현하는 義를 중시하면서 성정을 대립적으로 이해하지 않았다.
7 『白湖文集』 卷四 ; "愁恨所聚 故名之曰 愁城"
8 윤주필의 논문 「愁城誌의 3단 구성과 그 의미」, 『한국한문학 연구』 13(한국한문학 연구회, 1990)와 「愁城誌」, 『고전소설연구』(일지사, 1993)에서 이에 대한 논의가 이루어지고 있다.
9 자세한 논의는 3장에서 다루어진다.
10 김광순(역주), 『천군소설』(고려대 민족문화연구소, 1996), 133~134쪽. "外難之作 必由於內難之潛發, 外寇之興 必由於內寇之暗熾. 譬如肝先受病而目不能視, 腎先受病而耳不能聽, 心先受病而舌不能言, 脾先受病而口不能食也. 不治肝腎心脾之病 而先治其外 則雖兪扁之神術·華葛之妙方, 亦將無效. 何況內難未平而能平在外之難乎?"
11 秦나라 장군 白起가 장평에서 항복해온 조나라 병사 40만을 구덩이에 묻어 죽인 사건을 말함
12 항우가 항복해 온 진나라의 군사 20만을 신안성 남쪽 구덩이에 생매장시킨 일을 말한다.

13 漢나라 무제 때 사람으로 흉노에 사신으로 갔다가, 19년 동안 억류되어 있었다.
14 한나라 때의 궁실. 임금의 사랑이 끊어진 후궁들이 거처하던 곳이다.
15 중국 춘추시대 宋의 逆臣. 색을 탐하여 동료를 죽이고 임금까지 죽인 자이다. 흉악한 인물의 대명사가 되는 사람이다.
16 춘추전국시대의 유명한 도적인 盜跖을 말한다. 『莊子』에는 도척이 柳下惠의 동생이라 하였으므로 柳跖으로 표기했다.
17 『朱子語類』 권17, 371쪽; "若是敬時, 自然主一無適, 自然整齊嚴肅, 自然常惺惺, 其心收斂不容一物."
18 山田光胤·代田文彦(吳淡 옮김), 『東洋醫學』(논장, 1992), 161~176쪽 참조.
19 그러나 이제마는 喜怒哀樂만으로 인간의 모든 감정을 표상할 수 있다고 보았다.
20 아래의 논의는 김용옥의 『중용강의』(통나무, 1995), 113~118쪽의 내용을 참조 요약한 것이다.
21 『朱子語類』 권5, 89쪽; "性者, 心之理, 情者, 心之動."
22 『朱子語類』 권5, 93쪽; "性是未動, 情是已動, 心包得已動未動. 蓋心之未動則爲性, 已動則爲情, 所謂心統性情也. 欲是情發出來底. 心如水, 性猶水之靜, 情則水之流, 欲則水之波瀾, 但波瀾有好底, 有不好底."
23 『中庸』 1장; "喜怒哀樂之未發, 謂之中, 發而皆中節, 謂之和. 中也者, 天下之大本也, 和也者, 天下之達道也. 致中和, 天地位焉, 萬物育焉."
24 百揆는 '모든 것을 헤아린다는 뜻'이다. 곧 헤아려서 절도에 맞게 한다는 것으로 義를 표상한다.
25 『東岡集』 卷之二十, 「天君傳」; "君頗好微行, 出入無時, 群臣莫知其鄕. 太宰每諫止之. 末年, 佞臣公子懈公孫傲等用事, 逐太宰敬, 百揆不安位而去."
26 『朱子語類』 권12, 210쪽; "敬字工夫, 乃聖門第一義, 徹頭徹尾, 不可頃刻間斷."
27 『朱子語類』, 권17, 371쪽; "若是敬時, 自然主一無適, 自然整齊嚴肅, 自然常惺惺, 其心收斂不容一物."
28 『東岡集』 卷之二十, 「天君傳」; "敬勝則吉, 怠勝則滅"
29 위의 책, 같은 곳, "子觀天君之爲君也, 其賴太宰敬之輔乎. 其治也, 以相敬, 其亂也, 以去敬, 其還也, 以復敬, 其配上帝也, 以敬, 其統萬邦也, 以敬, 一則太宰. 二則太宰."
30 그래서 性情論, 혹은 心性情論으로 불리기도 한다.
31 한형조, 「주자학. 생명, 인간, 그리고 선상」, 『왜 농양철학인가』(문학동네, 2000), 188쪽.
32 윤주필, 「愁城誌의 3단 구성과 그 의미」, 『한국한문학 연구』 13(한국한문학 연구회, 1990)과 「愁城誌」, 『고전소설연구』(일지사, 1993) 참조.
33 한형조, 「남명, 칼을 찬 유학자」, 『남명 조식』(청계출판사, 2001), 77쪽.
34 한형조, 위의 논문, 참조.

【참고문헌】

1. 자료
김광순, 『천군소설』, 고려대민족문화연구소, 1996.
김창룡, 『한국가전문학선』, 정음사, 1985.
이제마, 『格致藁』, 신흥인쇄소(함흥), 1940.
이제마, 『東醫壽世保元』, 을유문화사, 1986.
정학성, 「임백호문학 연구」, 서울대 박사학위논문, 1985.
조식, 『남명집』, 경상대 남명학연구소, 1995.
황중윤, 『黃東溟小說集』, 대동인쇄소(대구), 1984.
程敏政, 『心經附註』, 보경문화사, 1986.
朱熹, 『朱子語類』, 中華書局, 1999.

2. 단행본
김광순, 『천군소설연구』, 형설출판사, 1986.
김광순, 『한국의인소설연구』, 새문사, 1987.
김용옥, 『중용강의』, 통나무, 1995.
윤주필, 「수성지」, 『고전소설연구』, 일지사, 1993.
미우라 쿠니오(김영식·이승연 옮김), 『인간 주자』, 창작과 비평사, 1996.
아라키 겐고(荒木見悟; 심경호 옮김), 『불교와 유교』, 예문서원, 2000.
山田光胤·代田文彦(吳淡 옮김), 『東洋醫學』, 논장, 1992.
오하마 아키라(大濱皓; 이형성 옮김), 『범주로 보는 주자학』, 예문서원, 1997.

3. 논문
권순긍, 「愁城誌의 알레고리와 諷刺」, 『고전문학 연구』 제13집, 1998.
김동협, 「황중윤소설연구」, 경북대 박사논문, 1990.
김수중, 「유가의 인간관」, 『인간이란 무엇인가』, 민음사, 1997.
임형택, 「이조 전기의 한문학」, 『한국문학사의 시각』, 창작과 비평사, 1984.
정연교, 「생물학적 인간관」, 『인간이란 무엇인가』, 민음사, 1997.
한형조, 「주자학: 생명, 인간, 그리고 건강」, 『왜 동양철학인가』, 문학동네, 2000.
한형조, 「남명, 칼을 찬 유학자」, 『남명 조식』, 청계출판사, 2001.

| 3 |

심성을 이야기하는 두 가지 방식

도설과 소설

　마음이란 본시 눈에 보이는 것이 아니다. 그러하기에 허령하다. 그러나 그 허령하여 '보이지 않는 마음'에 대하여 사람들은 지대한 관심을 기울여 왔고, 그 관심들은 다양하고도 무수한 표현물을 낳았다. 이러한 과정들을 통해 본시 '무형한 마음'은 다양한 형상을 확보하면서 형상화되고 물질화되는 과정을 밟아왔다.
　한국사에서 마음에 대한 심오한 상상력과 사유를 가장 활발하게 보여주었던 시기는 조선시대이다. 성리학자들에 의해 풍부하게 전개된 심성 논의는 그 대표적인 사례이다. 이 시기에 마음에 대한 사유가 정교한 관념 언어를 통해 깊이 있게 전개되어 가다가 그것이 구체적인 형상을 획득하면서 심성도설이 만들어지고 여기에서 다시 심성우언소설(心性寓言小說)이 산출되는 과정은 '물질화된 사유'와 '물질화된 상상력'을 통해 예술이 형성되어가는 과정 전모를 비교적 온전하게 보여준다는 점에서 매우 주목할만한 현상이다. 특히 '천군소설(天君小說)'로 지칭되는 일군의 심성우언소설들은 외국에서는 그 유례를 찾아보기 힘든 사례이며, 한국의 문학적 특성을 잘 보여주는 중요한 작품들이다.

그러나 그동안 심성우언소설은 주목받는 자료가 되지 못했다. 문학과 철학과 역사[1], 그리고 미술적 도상이 얽혀있는 그 자리에 접근하는 것이 용이하지 않았을 뿐만 아니라 그 문학적 성취에 대한 평가에 있어서도 회의적이었기 때문이다. 심성우언소설은 '천군소설'로 처음 소개되면서 각 작품들의 소재와 현황이 파악[2]되기 시작하였고 여러 작품들에 대한 번역·주석[3]이 이루어 졌으며, 우언적 기법의 활용 방식에 대한 검토[4] 및 그 사상적 배경이 되는 심성론과의 관련에 대한 논의[5]가 이어졌다. 그럼에도 불구하고 심성우언소설 형성에 가장 중요한 영향을 끼친 것으로 언급되는 심성도설과의 구체적인 관련 양상에 비교연구가 아직도 이루어지지 못한 상태이다.

이 글에서는 우선 심성도설의 의미와 심성우언소설의 관련성을 구체적으로 검토해 본 다음, 심성우언소설이 지니는 문학적 가치와 위상을 철학 및 도상학과의 관련 속에서 조명해 보려고 한다. 이를 통해 문학과 철학과 역사, 그리고 미술적 도상이 복잡하게 얽혀 있는 곳에 수립된 심성우언소설의 위상을 밝히고 그 관계 양상들을 살펴 조금이나마 정리하여 보고자 한다.

도설의 전통과 심성도설

도(圖)와 도설(圖說)은 가장 간명한 형식을 통해 번쇄한 이론의 핵심을 제시하고, 그 근원적 의미를 밝히기 위해 강구되었던 방식이다. 그러한 방식을 통해 학문의 요체를 일목요연하게 가시화시키는 기능을 담당해 왔다.

한국에서 도와 도설들이 나타나기 이전에, 중국에는 이미 하도(河圖)·낙서(洛書)와 그것을 토대로 한 무수한 도설들이 있었다. 한위진(漢魏晋)을 거치면서 나타난 도가의 태극도(太極圖)와 연단도(練丹圖)가 유명하고, 송대에 이르면 주돈이(朱敦頤)의 태극도설(太極圖說)을 필두로 소옹(邵雍)의 육십사괘방위도(六十四卦方位圖), 경세연역도(經世衍易圖), 경세육십구괘수도(經世六十九卦數圖), 경세일원소장지수도(經世一元消長之數圖) 및 경세사상체용지수도(經世四象體用之數圖)가 작성되었으며, 주희는 『역학계몽(易學啓蒙)』에 많은 도(圖)를 추가했고, 이후 원대에는 정복심(程復心)의 심학도설(心學圖說)이 유명하다.

한국의 도설은 신라의 승려 의상(義湘)이 광대한 화엄의 세계를 7언 30구 210자로 요약한 〈화엄일승법계도(華嚴一乘法界圖)〉(670년)로부터 그 전통이 시작된다. 이후 이 법계도의 도상을 풀이한 이른바 법계도기(法界圖記)들이 다수 출현하게 된다.

성리학자들은 마음의 문제에 많은 관심을 두고 두루 천착하였는데, 그들이 그린 도설의 기원은 권근(權近, 1352-1409)의 〈입학도설(入學圖說)〉(1390년)에서부터 비롯한다. 그 후로 정지운(鄭之雲, 1509-1561)이 제작한 〈천명도설(天命圖說)〉이 나타났고, 이황(李滉, 1501-1570)이 제작한 〈성학십도(聖學十圖)〉(1568년)와 조식(曺植, 1501-1572)이 그린 〈신명사도(神明舍圖)〉 및 〈학기도(學記圖)〉가 이어졌다. 고응척(高應陟, 1531-1605)도 〈신명사도(神明舍圖)〉를 남겼는데 조식의 〈신명사도〉와는 많은 차이점을 발견할 수 있다. 그 후로도 이이(李珥, 1536-1584)의 〈심성정도(心性情圖)〉와 〈인심도심설(人心道心圖說)〉, 한원진(韓元震, 1682-1751)의 〈퇴율심성정도(退栗心性情圖)〉와 〈미발기질변도설(未發氣質辨圖說)〉을 비롯한 수많은 도설류들이 우리 역사 속에 등장한다. 그 외에 양명학파 정제두(鄭齊斗, 1649-1736)의 〈양지도(良知圖)〉와 같은 것들이 나타나기도 했다.

조선 성리학이 전체적인 체계를 나름대로 확립하는 과정에서 중요한 구실을 했던 저술들이 여러 가지가 있으나, 필자는 그중에서도 이황의 〈성학십도(聖學十圖)〉, 이이의 〈성학집요(聖學輯要)〉, 조식의 〈학기유편(學記類編)〉을 가장 중요한 저술로 꼽는다. 이 세 저술이 나온 후 조선 성리학은 전체적인 체계를 확립하였고, 이를 넘어 미시적이고 세부적인 문제에 대한 논의를 진전시킬 수 있었다. 그런 점에서 이 세 사람은 조선 성리학의 체계를 확립하는데 가장 크게 이바지한 성리학자라고 할 수 있다. 그런데 이들이 모두 도설의 방법을 애용했으며, 도설을 남기고 있다는 점에 주목할 필요가 있다. 이황은 자신이 평생 동안 축적한 학문적 성과를 성학십도로 정리했고, 이이는 심성정도와 인심도심도설을 그렸으며, 조식은 〈신명사도〉 외에 24가지 학기도를 작성했다. 이러한 점은 도설을 통한 담론 방식이 조선 성리학의 체계를 확립하는 데 중요한 역할을 담당했다는 점을 반증하는 것이다.

유학자들은 주로 성리학의 요체를 설명하기 위해서 도설을 작성했다. 비록 마음의 구조를 다루는 심성론이 성리학의 요체를 이루기는 하지만, 성리학자들의 모든 도설들이 심성론과 관련되는 것은 아니다. 심성론은 심(心)·성(性)·정(情)을 중심으로 인간의 존재 양상을 다루는 성리학 이론이다. 조선의 심성 논의는 이황과 기대승의 도덕감정·일반감정(四端·七情)논쟁을 비롯한 여러 논의들을 거치면서 극성기를 보낸다. 이것은 성리학의 존재론인 이기론(理氣論), 수양론인 거경궁리설(居敬窮理論)과 밀접한 관련을 지닌다. 위에서 제시한 많은 도설들 중에서, 심성론의 주제들을 다룬 도상을 '심성도(心性圖)'라 하고, 그 심성도에 도상학적 설명을 보탠 것을 '심성도설(心性圖說)'이라고 지칭하면서 본 논의를 전개한다.

한국의 심성도설로서 대표적인 것을 들자면 권근의 〈입학도설〉 중 천인심성합일지도(天人心性合一之圖)와 천인심성분석도(天人心性分釋圖), 정지운의 〈천명도설(天命圖說)〉[9], 이황의 〈성학십도〉 중 6도에서 10도에 이르는[10] 심통성정도(心統性情圖), 인설도(仁說圖), 심학도(心學圖), 경재잠도(敬齋箴圖), 숙흥야매잠도(夙興夜寐箴圖), 조식의 〈학기도〉 중에서는 심통성정도(心統性情圖)·임은정씨복심역유일도(林隱程氏復心亦有一圖), 천도도(天道圖), 천명도(天命圖), 인설도(仁說圖), 충서일관도(忠恕一貫圖), 경도(敬圖), 성도(誠圖), 성현론심지요도(聖賢論心之要圖), 부동심도(不動心圖), 심위엄사도(心爲嚴師圖), 기도(幾圖) 및 이들을 종합하여 응축한 〈신명사도(神明舍圖)〉가 있으며, 그 외에도 이이의 〈심성정도(心性情圖)〉, 〈인심도심도설(人心道心圖說)〉을 주목할 만하다.

〈신명사도〉의 도상학적 의미

앞에서 살펴본 것처럼 심성론의 요체를 그린 심성도와 심성도설들은 매우 많은 수가 남아 있다. 또한 다루고 있는 세부적인 주제들도 다양하며 동일한 주제라고 하여도 도상으로 표현하는 방식에는 작성자들에 따라 나름대로 적지 않은 차이점을 보여주고 있다. 그러므로 이 모든 심성도설들의 도상학적 의미에 대하여 깊이 있는 이해와 총괄적인 견해를 표명하기 위해서는 한권의 저술로도 감당키 어려운 바가 있다.

사정이 이러하므로, 이 글에서는 심성우언소설을 촉발하는 직접적인 계기[11]가 되었던 남명 조식의 〈신명사도〉에 주목하여, 그것의 도상학적 의미를 설명하는 것으로 이를 대신하고자 한다. 심성우언소설을 촉발했다는 점 외에도, 추상적인 도형에서 끝난 것이 아니라 구체적인 형상으로 표현하여 형이상학적 관념들을 이미지화하는데 성공한 거의 유일한 도상이라는 점, 그리고 조식 자신과 종래 성리학자들의 세부적인 심성 논의를

한 장의 도면으로 응축하는 데 성공한 대표적인 도상[12]이라는 점에서, 〈신명사도〉는 그 도상학적 의미를 검토해볼 만한 가치가 충분하다.

〈신명사도〉의 도상학적 의미에 온전히 접근하는 방법으로는 3가지 정도를 제시할 수 있다. 첫째 조식이 지은 신명사명(神明舍銘)을 통해 접근하는 법, 둘째 조식이 작성한 여타 학기도(學記圖)를 통해 접근하는 방법, 셋째 신명사도명(神明舍圖銘)에 대한 후대 학자들의 논의[13]를 통해 접근하는 방법이 그것이다. 이러한 세 가지 점에 유념하면서 〈신명사도〉의 의미에 접근한다면 일면적인 이해를 너머 보다 온전한 이해에 이를 수 있다.

'〈신명사도〉'에서 '신명사(神明舍)'는 '마음'을 의미한다. 주희는 "마음은 신명의 집이며, 한 몸을 주재하는 것"[14]으로 이해했다. '신명'이라는 것은 본래 '천지신명(天地神明)'의 신명에서 유래된 것으로 신명은 인간의 영역에 있는 것이라기보다는 자연과 우주, 즉 천지(天地)의 영역에 속하는 것이었다. 하늘과 땅은 끊임없이 만물을 생성시키는 작용을 하는데, 그 지극히 신령스럽고도 분명한 생명의 작용을 지칭하는 말이 천지신명이다. 하늘과 땅의 생명작용은 지극히 신(神)령스러우면서도 어긋남이 없이 명(明)백하고 완벽한 그 무엇으로 이해되었다. 본래 신명은 하늘과 땅이 영위하는 지극하고도 완벽한 생명의 공능(功能)을 지칭하는 말이었지만, 후대로 가면서 이러한 신명스런 생명의 공능은 비단 하늘과 땅에만 한정되는 것이 아니라 인간도 타고나는 것으로 이해되었다. 여기에서 '사람의 신명(人之神明)'이라는 말이 생겨났다. 그리고 그 '사람의 신명'이 바로 '마음'에 거처한다고 보았던 것이다. 이와 같이 '신명사'는 마음인 동시에, 사람의 신명이 사는 곳을 의미한다.

이러한 인간 이해에 기반을 둘 때, 인간이 그 생명성을 완전하고 지극하게 유지하기 위해서는 '마음을 어떻게 가지고 어떻게 써야 하는가?' 하는 문제가 매우 중요한 문제로 대두된다. 역으로 말하자면 '인간이 어떠한 마음씨를 가지고 또 어떠한 마음 씀으로 살아야 하늘로부터 부여받은 생명성을 온전히 향유할 수 있는가? 하는 문제에 대하여 고민한다. 심성론은 이러한 문제의식에 기반을 두고 심성정(心性情)을 중심으로 인간의 존재 양상을 다룬다. 그리고 〈신명사도〉도 '(인간이) 하늘로부터 부여받은 성(性)을 바르게 존양(存養)하고 또 그것을 정으로 바르게 발현하는 것'을 주제로 삼고 있다. 이것은 심성론에서 말하는 '심통성정(心統性情)의 과정을 어떻게 영위할 것인가? 하는 점과도 맥락을 같이 한다. 여기에서 성(性)은 '자아가 하늘로부터 부여받은 내면의 본질적인 생명 에너지'라고 할 수 있으며, 정(情)은 '인간 내면의 본성(자아)이 외부의 사물과 대면할 때 나타나는 반응의 모든 양상'[15]을 말한다. 이러한 점에서 성리학적 인간론의 요체는 정을 느끼고 표현하는 존재로서 '심성적 인간'[16]에 있다. 그러므로 인간의 타락도 심성의 문제에서 비롯되고 인간의 구원도 본질적으로 심성의 문제에 달려있다고 하는 견해를 지닌다.

〈신명사도〉도 이러한 심성적 인간의 마음 풍경을 형상화하고 있다. 〈신명사도〉에 나타난 마음의 전체적인 풍경은 성벽을 경계로 하여 안팎으로 나누어진다. 성벽의 안쪽에는 신명사라는 현판이 붙은 건물(즉 明堂) 한 채가 있고, 거기에 태일군(太一君)이 남면(南面)하여 거처하며, 경(敬)이 총재(冢宰)로서 만기(萬機)를 주재하고 있다. 그리고 성벽에는 이목구(耳目口) 세 개의 관문이 동, 서, 남쪽으로 안팎을 매개하고 있다. 구관(口關)이 중심이 된, 세 관문의 밖에서는 대장기(大壯旂)가 기미에 따라 펄럭이며 서있는 가운데, 의(義)를 의미하는 대사구(大司寇)와 백규(百揆)가 사물의 정(情)을 다스리거나 살피고 있다. 이러한 작용을 통해 이를 곳을 알아 이르고(知至至之) 마칠 곳을 알아 마치면서(知終終之), 지어지선(至於至善)의 상태에 머무르는 모습을 보여준다.

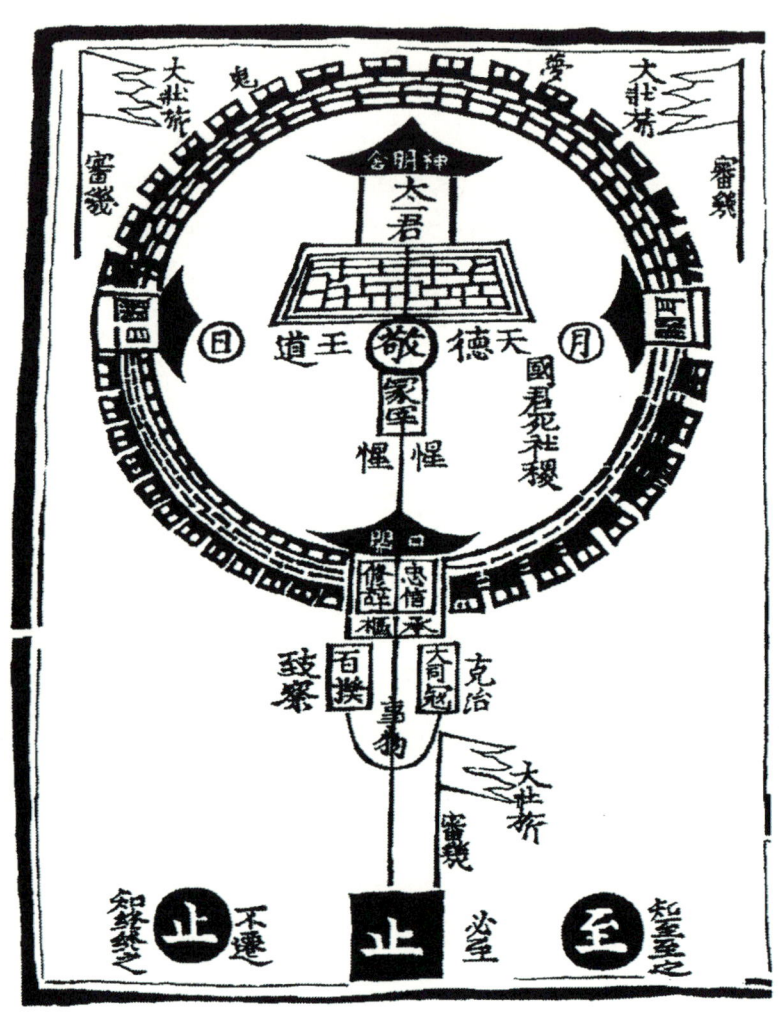

〈신명사도(神明舍圖)〉

성벽 안쪽을 좀 더 세부적으로 살펴보면, 태재 경이 태일군을 대신하여 총재의 역할을 담당하고 있다. 총재는 원래, 군왕이 삼년상을 마치는 기간 동안 군왕을 대신하여 섭정하는 재상을 말한다. 그러므로 그림에 나와 있는 '태일군'은 상징적인 '마음의 군왕(天君)'일 뿐 실질적인 권력을 행사하는 존재는 아니다. '태일'은 '마음의 본체'를 의미하며 역에서 말하는 태극과 같은 것[17]이다. 경 옆에 '천덕(天德)'과 '왕도(王道)'가 있는데, 천덕은 대학(大學)에 등장하는 '명명덕(明明德)'의 대상이 되는 것이며, 왕도는 '신민(新民)'을 의미하는 것이다. 경은 명덕과 신민의 요체가 되는 것이라고 보아 명덕과 왕도를 경의 양쪽에 배치[18]했다.

더 바깥쪽에는 해(日)와 달(月)이 있는데, 해와 달은 천지신명을 주재하는 것으로 사람의 신명을 주재하는 경의 광휘가 되기 때문에 제시된 것[19]이다. 〈신명사명〉에 "총재는 왕을 대신하여 안에서 주재한다(內冢宰主)."고 하였는데, 이것은 주역 곤괘의 "경으로 안을 바르게 한다(敬以直內)"는 말에서 연유된 것이며, "의로 밖을 반듯하게 한다(義以方外)"는 말에 대비되는 것이다. 그리고 그 아래에 있는 '성성(惺惺)'은 '집중력을 잃지 않으면서(主一無適) 늘 깨어있는 마음의 상태'를 말하는 것으로, 경의 의미를 설명한 것이다. 남명 조식이 평소에 '성성자(惺惺子)'라는 방울을 차고 다니면서 '경'의 상태를 늘 유지하고자 한 것도 바로 이러한 점과 관련이 있다. '국군사사직(國君死社稷)'은 "나라의 군주가 사직을 위해 죽고자 하는 마음이 없으면 그 나라를 보존하기에 부족하고, 학자가 도에 죽고자 하는 뜻이 없으면 그 마음을 보존하기에 부족하다"[20]는 점을 표시한 것이다.

성벽의 안팎을 연결하는 관문은 눈, 귀, 입의 관(關)이다. 이 세 개의 관문 앞에는 기미 판단의 척도가 되는 깃발이 펄럭이는데 그 이름이 대장기(大壯旂)이다. 이것은 주역 대장괘(大壯卦)의 상을 설명하는 말, "우레가 하늘에 있는 것이 대장이니, 군자는 이것을 보고 예가 아니면 행하지 않는다(雷在天上, 大壯, 君子以, 非禮不履)."에서 연유한 것이다. '예가 아니면 행하지 않는다.'는 것은 성색(聲色)을 받아들이고 말을 하는 각 관문에서 '예가 아니면(非禮) 듣지 않고(勿聽), 보지 않고(勿視), 말하지 않는다(勿言)'는 극기복례(克己復禮)를 의미한다. 그리고 강한 것으로는 '자기를 이기는 것(克己)'보다 강한 것이 없으므로 '대장(大壯)'이라는 말이 사용된 것이다. 또한 물(勿)자가 '깃발의 끝 모양과 닮았기 때문에 이를 깃발로 표시한 것'[21]이라고도 한다. 세 개의 관문 중에서 중심이 되는 것은 입의 관문(口關)이다. 귀의 관과 눈의 관은 성색을 받아들이는 수동적인 기능만을 수행하는 데 비하여 입의 관은 출납을 함께 수행하기 때문이다. 입의 관에서는 충과 신으로 말을 다스리고(修辭), 안으로 왕명을 이어 추기(樞機)를 나타내야 한다는 점을 표현했다. 여기에서 구관의 '충신'과 '수사(修辭)'는 성(誠)과 연결된다. 조식은 그의 〈학기유편(學記類編)〉「성도(誠圖)」에서 충신을 실심(實心)이요 성(誠)이라 하고, 수사는 실사(實事)요 성(誠)을 세우는 것(修辭立其誠)으로 이해하고 있다.

성벽의 바깥쪽에서는 의(義)를 뜻하는 백규와 대사구가 사물의 정을 '극진히 살피거나(致察)' '능히 다스리는(克治)' 모습을 보여주고 있다. 성 북쪽 바깥 면의 사각 지역에는 귀(鬼)와 몽(夢)이 자리 잡고 있다. 귀는 '사람(人)'에 상반되는 것으로 사람답지 않은 행실을 말하며, 몽은 '각(覺)'에 상반되는 것으로 밝지 않고 혼란스러운 행실을 말한다. 이것은 성 남쪽 바깥 면에서 마음이 바르게 실현되고 있는 지(止)의 양상과 상반되는 의미[22]를 갖는다. 그러므로 이것들은 잘 경계하지 않으면 안 되는 대상이다.

이렇게 내면 미발의 성을 경을 통해 함양(敬以直內)하고 외면 기발의 정을 의를 통해 구현(義以方外)할 수 있으면 이르러야할 곳을 알아 그곳에 이를 수 있고 끝내야할 곳을 알아 그곳에서 끝낼 수 있게 되어서, 인간이 지선(至善)의 경지에 이를 수 있다는 점을 도상의 아래쪽에 큰 글자들로 표시하고 있다. 전체적으로 볼 때 성의 안쪽에서는 '경'이, 바깥쪽에서는 '의'가 가장 중시되었으며, '성(誠)'이 중간에서 이 둘을 매개하고 있는 형상을 보여준다. 그리고 인간 내면의 선천적인 생명에너지라고 할 수 있는 성을 외면의 정으로 표현하는 과정을 감안한다면, 마음의 풍경에서 내부적으로는 성을 함양하는 문제, 외부적으로는 정을 처리하는 문제가 가장 중요한 문제꺼리가 된다.

심성도설과 심성우언소설의 거리

〈신명사도〉의 영향을 받아, 김우옹(金宇顒)이 〈천군전(天君傳)〉을 창작(1566)한 이래로 〈수성지(愁城誌)〉, 〈천군연의(天君演義)〉, 〈천군본기(天君本紀)〉 등을 비롯한 다수의 심성우언소설들이 산출된다. 그렇다면, 심성도설을 대표하는 〈신명사도〉와 이러한 심성우언소설들 사이에는 어떠한 연관성이 있는가? 먼저 그 공통점을 살펴보자.

첫째, 마음의 풍경이 살벌한 전쟁터로 나타난다는 점[23]이다. 〈신명사도〉에서 마음은 견고한 성벽에 의해 안팎으로 나누어져 있다. 조식은 그의 〈신명사도〉를 설명한 〈신명사명〉에서 이러한 전장의 풍경을 "(적의 사악한) 낌새가 있자마자 즉시 나아가 시살토록 한다.(動微勇克, 進敎廝殺)"는 결연한 의지의 말로 표현한다. 이렇듯 〈신명사도〉에 그려진 세상은 적을 죽이지 못하면 내가 죽을 수밖에 없는, 생사가 걸린 전쟁터이다. 여기에는 칼을 숭상하는 상무적 기풍이 강하게 나타난다. 이것은 성리학 제반의 심성 논의들이 붓으로 상징되는 숭문의 기풍을 짙게 풍긴다는 것과 크게 변별되는 점이다. 이것은 "안에서 (마음을) 밝히는 것은 경이요, 밖에서 (행동을) 결단하는 것은 의이다.(內明者敬, 外斷者義)"라는 구절을 칼에 새기고서, 늘 그 칼을 차고 다녔던, '칼을 찬 선비' 남명 조식의 기풍에서 연유하는 것이기도 하다.

　모든 심성우언소설들 속에는 이러한 전쟁터의 풍경[24]이 잘 나타나고 있는데, 마음의 천하를 두고 건곤일척의 대결을 벌이면서 피 흘리며 처절하게 결사 항전하는 전쟁 장면들이 생생하게 형상화되어 있다. 그러므로 전쟁 장면이 형상화되어 있지 않은 것은 심성우언소설로 인정할 수 없다고 해도 과언이 아니다. 심성우언소설 작품 속에서 전쟁을 치르지 않고 평화적인 방법이나 요행을 통해 문제가 해결되는 경우는 나타나지 않는다. 우리의 마음을 처절한 전쟁터로 이해했다는 점에서 공통점을 보여주지만 이것은 남명 조식의 〈신명사도〉에서만 볼 수 있는 풍경이고 다른 심성도설에서는 발견되지 않는 현상이다.

　둘째, 〈신명사도〉에서처럼 심성우언소설에서도 문제 해결 과정에서 경과 의의 실천적 역할이 중시된다는 점이다. 〈신명사도〉에 등장하는 태일진군(太一眞君)을 심성우언소설에서는 '천군(天君)'이라 지칭하는데, 문제 해결에 실질적인 힘을 발휘하지 못하고 다만 상징적인 인물로만 존재한다는 점에서 〈신명사도〉의 경우와 동일한 역할기능을 보여준다. 실질적인 문제 해결은 경과 의에 의해 이루어지며, 이들은 마음 안팎의 전란을 해결하는 두 자루의 칼과도 같은 역할을 한다. 이들 소설 속에서 '경(敬)'은 '태재 경', '주인옹(主人翁)', '성성옹(惺惺翁)', '성옹(惺翁)', '성성자(惺惺子)', '주일옹(主一翁)', '경부(敬夫)'라는 인물로 형상화되어 나타난다. 한편 '의'는 '백규 의', '추관(秋官)[25]의(義)', '의(義)'라는 인물로 나타난다. 그 외에 성(誠)을 의인화한 '성의백(誠意伯)'과 같은 인물도 중요한 역할을 담당한다. 소설 속에서 여전히 성과 경을 의인화한 인물이 주도적인 역할을 담당하기는 하지만, 양자를 역할을 비교하면 양자의 역할이 대등하게 나타나는 〈신명사도〉와는 다르게 경을 의인화한 인물의 역할이 의를 의인화한 인물보다 압도적인 것으로 나타난다.

셋째, 인간의 감정 에너지, 즉 정(희로애락)을 잘 처리하여 마음의 건강에 이르는 것을 목표로 한다는 점[26]이다. 이점은 인간을 감정을 느끼고 표현하는 '감정적 존재'로 이해하는 성리학의 '심성론적 인간' 이해와 긴밀한 연관이 있다. 심성론에서 바라보는 인간은 '생각하는 존재'이기보다 세계와 대면하여 관계를 형성하면서 '정을 느끼고 표현하는 존재'이다. 즉 '생각하기 때문에 존재하는 인간'이 아니라 '정을 느끼고 표현하기 때문에 존재하는 감성적 인간'이라 할 수 있다.[27] 그러므로 바로 그 정(희로애락)을 처리하는 문제가 중요한 과제로 제기된다. 인간은 현실적으로는 늘 희로애락의 과불급 속에서 사는 존재이지만 마음의 건강을 이룩하기 위해서는 희로애락을 중용에 맞게 수용하고 발현할 줄 아는 존재가 되어야만 한다. 그러므로 성리학이 지향하는 인간적인 이상은, 자신에 대해서는 '중용에 맞게 성(性)을 정(情)으로 표현할 줄 아는 인간'이 되고, 타인에 대해서는 '감정의 과잉과 결핍이 병리적으로 나타나는 문제를 건강하고 원활하게 해결할 수 있는 인간'이 되는 데에 있다. 즉 '감정 처리와 교류의 달인'을 만드는 데 있다고 할 수 있다. 그러므로 안으로 정을 수용할 때는 자신의 감정(희로애락)이 정당한가를 늘 성찰하여야 하고 밖으로는 정을 표현할 때는 자신의 본성을 중용에 맞게 정으로 표현하지 않으면 안 된다. 인간은 희로애락을 통해 타락할 수도 있고 또한 구원을 얻을 수 있다고 여긴다. 이것은 희로애락의 정을 배제함으로서 구원을 얻으려하는 불교적 구원관과 비교할 때 근본적으로 다른 점이라고 할 수 있다. 또한 시공을 초월한 절대적인 신에 의탁하여 구원을 얻으려 하는 기독교적 구원관과도 다른 점이다. 성리학의 심성적 구원관은 시공간의 현실 속에서 일상적 희로애락을 수용하고 조절함으로서 인간 구원에 이를 수 있다는 내재적인 초월을 추구한다.

심성우언소설에서도 이러한 심성적 인간 이해에 바탕을 두고 정의 문제에 대응하여 이를 처리하는 것이 가장 중요한 사건으로 등장한다. 〈천군전〉에 등장하는 화독(華督)과 유척(柳跖), 〈수성지〉에 등장하는 충신열사·장렬지사·무고원인(無辜冤人)·생이별자들, 〈천군연의〉에 등장하는 월백(越白)과 환백(歡伯), 〈남령전〉에 등장하는 추심(秋心), 〈천군본기〉에 등장하는 편(褊)과 기(忮)·오관(五寇)·이호(二豪)·칠탕(七蕩), 〈천군실록〉에 등장하는 여융(女戎)과 국씨(麴氏)형제 등이 모두 조절이 필요한 과불급 상태의 정과 관련된 인물들이다.

넷째, 불가시적이면서 추상적인 마음이 새로운 표현 방식을 통해 구체적인 형상을 확보하여 물질화되었다는 점이다. 예술적으로 물질화된 상상력을 발휘하고 있다. 중세기는 경전을 중심으로 삼고서 시공간을 초월한 보편적인 진리를 추구하는 경학적 담론이 주도하던 시기였다고 볼 수 있다. 그러한 측면에서 볼 때, 시공간 속에서 구체적인 형상을 지니고 있는 대상을 표현하기 위해 주력하기 보다는 시공간을 초월한 관념적이고 추상적인 대상을 표현하는 것에 주력했던 시기였다고 하겠다. 조선시대에 이루어졌던 심성론도 보이지 않는 마음에 대하여 추상적이며 관념적으로 논의하던 경학적 담론의 연장선상에 있는 것이다. 그런데 〈신명사도〉와 심성우언소설은 그러한 경학적 담론의 자장이 점차 균열되면서 나타난 것이라 할 수 있다. 〈신명사도〉와 같은 심성도설들은 본시 '보이지 않는 마음'을 도면이라는 시각적 공간 속에서 구체적인 형상으로 물질화하여 표현하는 새로운 시도를 보여주었다. 이를 통해 종래에 보편성을 지향했던 경학적 담론들은 화면 공간 속에서 구체적이며 물질적인 형상을 획득함으로서 표현이 전이되는 새로운 경험을 할 수 있었다. 여기에서 한 걸음 더 나아가, 심성우언소설은 시간의 변화에 따라 구체적인 사건을 형상화하여 서사적으로 서술하는 모습을 보여주었다는 점에서 한층 진전된 면모를 보여주었다. 시시각각 변모하는 마음의 양상을 표현하기 위해서는 이러한 방법이 매우 필요했고 볼 수 있다. 이렇게 종래에는 관념적으로 논의되던 마음이 그림과 소설이라는 각기 다른 형식이지만 공간과 시간을 확보하고 그 속에서 구체적인 형상화를 추구하였다는 점에서 공통점을 지니고 있다.

그럼 양자의 차이점은 어디에 있는가? 여러 가지 측면에서 바라볼 수 있겠으나 대략 다음의 네 가지로 설명할 수 있다.

첫째, 심성도설은 시각을 매체로 하여 공간적인 표현을 지향하는 반면 심성우언소설은 시간적 변이에 따른 서사적인 표현을 지향한다는 것이 가장 큰 차이점이라 할 수 있다. 심성도설들은 공간을 확보하면서 시각을 통해 구체적인 형상을 확보할 수 있었지만, 그 도상에 시간을 표현하는 데에는 심각한 한계가 있었다. 심성우언소설은 크게 보면, '원형—타락—회복'[28] 또는 '득병—치유—회복'[29]의 순서로 서사과정이 전개되는 것을 알 수 있다. 그리고 각 단계마다 다양한 인물들이 등장하며 사건의 양상이 복잡하게 나타나면서 보다 입체적인 형상화를 이룩하고 있다. 또 그 시간 서술 방식은 전통적 역사 서술 방식인 기전체(紀傳體)나 편년체(編年體)를 모델로 하고 있다. 그리고 작품의 말미에는 대부분 사평(史評)에 의한 포폄의식(襃貶意識)이 제시된다는 점도 전통적인 역사 서술 방식에서 차용한 것이다. 이에 비해 심성도설은 공간적 구성을 한눈에 파악할 수 있다는 장점이 있지만 시간변화에 따라 다채로운 사건 양상을 구체화시키는 데는 많은 어려움이 있다. 마음은 활물(活物)이라 시시각각으로 변하며 그 변모의 양상도 단순치 않고 매우 복잡하고 미묘하다. 그러므로 이러한 표현영역의 확대는 인간이 마음에 관심을 집중할수록 긴요하게 요청되는 것이라 하겠다.

둘째, 심성도설과는 다르게 심성우언소설에서는 마음의 문제를 해결하는 데에 마음 이외의 도구로 해결하는 방법을 발견했다는 점이다. 심성론과 심성도설에서는 마음의 문제는 마음을 통해 해결하는 방법을 제시한다. 그것은 일반적으로 경이나 의와 같은 마음의 기제들을 통해 문제들을 해결하는 것이며 그 성과에 대해 의심하지 않는다. 심성우언소설들도 마음의 질병은 경과 의를 의인화한 인물들을 통해 극복하는 경우가 대부분이다. 〈천군전〉, 〈천군연의〉, 〈천군본기〉와 같이 제목에 '천군'이 등장하는 소설들이 모두 그러한 방식으로 마음의 문제를 해결한다. 그러나 〈수성지〉, 〈남령전(南靈傳)〉에서는 마음의 기제가 아닌 '술(麴醸將軍)'이나 '담배(南靈將軍)'와 같은 외물로 마음의 질병을 치유한다. 마음의 병을 마음의 기제로 치료하는 전자의 작품들은 그 마음의 병이 주로 외물인 주색이나 여타 방심한 마음으로부터 시작된다. 이것은 마음의 병이 주로 희락(喜樂)과 같은 호감(好感)의 과잉에서 비롯된 경우이다. 이에 비하여, 마음의 병을 마음 이외의 도구로 치료하는 후자의 작품들은 마음의 병이 노애(怒哀)와 같은 오감(惡感)의 과잉에서 비롯된 경우이다. 이러한 현상은 마음의 문제를 마음만으로 해결하는 것이 현실적으로 매우 지난한 일이라는 인식을 반영한다. 어떻게 보면 호감(好感)을 제어해야 하는 입장에 처한 사람들은 행복한 경우라고 할 수 있으며, 또한 그 일은 마음의 기제를 조절함으로서 해결될 수 있을지도 모른다. 그러나 현실 속에서 억압받고 상처받는 사람들에게는 오감(惡感)을 처리하는 것이 더 시급하고도 심각한 문제였다고 볼 수 있다. 그들에게는 한가하게 마음을 수양할 수 있는 정신적 여유가 허락되지 못했고 현실의 물리적 고난을 물리적으로 극복하는 것이 급선무였다. 이러한 점에서 심성우언소설은 심성도설에 비해 더욱 확장된 현실인식과 문제 해결 방식을 보여주고 있다.

셋째, 심성도설은 교훈성과 실천성을 중시하지만, 심성우언소설은 이 두 가지를 중시하면서도 한편으로 흥미성을 아울러 추구한다는 점이 다르다. 특히 전쟁화소와 애정화소를 적절히 활용하면서 심성도설에서는 느낄 수 없는 새로운 흥미를 유발한다. 심성도설에서도 성벽이 있는 풍경을 보여주며 언젠가 있을 전쟁을 예상케 하고는 있지만, 치열한 전쟁 상황이 구체적으로 표현되어 있는 것은 아니다. 그나마 조식의 〈신명사도〉에서만 전쟁의 분위기를 예상할 수 있을 따름이다. 그러나 심성우언소설에는 각종의 격문과 진법 등으로 긴박한 전쟁의 상황과 과정이 핍진하게 묘사하고 있다. 또한 전쟁 장면에 비할 정도의 비중은 아니지만 남녀 간의 애정사도 제법 실감 있게 다루고 있다. 전쟁과 사랑은 서사문학에서 가장 보편적으로 활용되어온 흥미소라고 할 수 있는데 심성우언소설에서는 이를 적절히 활용하여 흥미를 유발하고 있다.

그리고 심성도설과 심성우언소설이 모두 우의(寓意)의 기법을 활용하고 있지만, 심성우언소설의 경우에는 우의 기법과 함께 풍자 기법을 추구하는 모습도 발견할 수 있다. 〈수성지〉와 같은 작품이 그러한 사례[31]라고 할 수 있다.

넷째, 심성도설에 비해 심성우언소설은 의인의 기법을 더욱 심화하고 있다. 그나마 조식의 〈신명사도〉를 제외하면 의인의 기법을 활용한 심성도설을 찾아볼 수 없다. 〈신명사도〉의 경우에도, 태일군, 총재, 대사구와 같은 직책으로 표현하고 있어 온전한 의인화라고 보기 어렵다. 〈신명사도〉에서도 그 외에는 의인화한 사례를 발견할 수 없다. 의인화 기법이 부분적으로 활용되고 있는 심성도설에 비하여, 심성우언소설들의 의인화는 본격적이며 전면적으로 활용되고 있다. 우리 서사문학과 수선에서는 하나의 작품군을 형성할 정도로 심성의인 기법이 널리 활용되었다. 이렇게 심성의인 기법이 널리 활용된 사례를 외국에서는 찾아보기가 어렵다[32]는 점에서 풍부한 심성우언소설은 우리 고전소설의 중요한 특성을 보여주는 현상이라고 할 수 있다.

심성 담론의 소설적 변용

지금까지 심성도설의 역사적 사례들을 살펴보고 심성도설의 의미와 함께 심성도설과 심성우언소설의 관련 양상을 검토하면서 심성우언소설의 문화적 위상을 점검해 보았다. 논의된 내용을 정리하면서 아울러 새로운 과제들을 몇 가지 제시하면서 이 글을 마무리하고자 한다.

동아시아에서 도와 도설이라는 이름으로 나타난 도상은 매우 오랜 전통을 지니고 있다. 유가, 불교, 도교에서 각기 도와 도설을 활용하여 번쇄한 이론의 핵심을 제시하고, 그 근원적 의미를 밝혀 일목요연하게 가시화하는 기능을 수행해 왔다. 우리나라에서도 이러한 전통이 불교적인 도설에서부터 시작되어 그 흔적들이 풍부하게 남아있다. 특히 심성의 문제를 다룬 심성도설들은 성리학의 심성론이 심화발전하면서 더욱 활발하게 나타났다.

성리학에서 바라볼 때, 인간의 본질적 문제는 '심성의 문제'이며, 인간은 본질적으로 '심성적 존재'이다. 심성적 존재인 인간은 내부적으로 본래적인 생명에너지(性)를 타고나는데 이를 잘 존양해야 하며, 외부적으로는 다양한 관계 속에서 중용에 맞게 정(情)을 느끼고 표현해야만 하는 숙명을 지닌 존재이다. 그러므로 안으로 본래적인 생명에너지를 잘 함양하고 밖으로 감정 처리와 교류의 달인이 될 때 인간은 구원에 이르게 되며, 그러하지 못할 때 타락하게 된다. 경우에 따라 심성은 인간을 타락으로 이끌기도 하고 구원으로 이끌기도 하는 양면성을 지니고 있다. 심성도설들은 이러한 인간 이해에 바탕을 두고 여러 가지 심성의 문제와 구조들을 그림으로 간명하게 표현하고 있다.

많은 심성도설들 중에서 조식의 〈신명사도〉는 심성우언소설을 촉발하는 직접적인 계기가 되었고, 추상적인 마음의 관념들을 구체적인 형상의 이미지로 표현하는 데 성공한 거의 유일한 도상이며, 번쇄한 심성논의를

한 장으로 응축하는 데 성공한 대표적인 도상이므로, 특히 주목할 만하다. 〈신명사도〉는 성곽이 둘러선 비장한 전쟁터로 마음의 풍경을 표현하고 있다. 성의 안쪽에서는 경(敬)이, 바깥쪽에서는 의(義)가 주로 활동하며 성(誠)이 중간에서 이 둘을 매개하고 있는 모습을 보여준다. 그리고 내부적으로는 성(性)을 함양하고 외부적으로는 정(情)을 처리하는 것이 가장 중요한 사안이 된다.

심성우언소설들은 이러한 심성론과 심성도설들을 바탕으로 하여 탄생하였다. 그러므로 심성도설을 대표하는 〈신명사도〉와 심성우언소설은 여러 가지 면에서 공통점을 보여준다. 마음이 살벌한 전쟁터로 묘사되어 있다는 점, 경과 의의 실천적 역할이 중시된다는 점, 인간의 정을 잘 처리하여 마음의 건강에 이르는 것을 목표로 한다는 점, 불가시적인 마음을 구체적인 형상으로 표현하는 물질화된 상상력을 발휘하였다는 점이 그것이다. 또한 심성우언소설은 심성도설이 가지고 있는 표현의 한계성을 극복하면서 심성담론의 지평을 새롭게 확대하였다. 심성도설이 지닌 공간적 표현의 한계를 시간적 변이에 따른 서사적인 표현을 통해 극복했다는 점, 마음의 문제를 해결하는 데에 경(敬)·의(義)와 같은 심성적 기제뿐만 아니라 술·담배와 같은 비심성적 기제를 활용하였다는 점, 교훈성과 실천성에 한정하지 않고 새롭게 흥미성을 추구하고 있다는 점, 의인의 기법을 더욱 심화하고 있다는 점이 그것이다.

심성론과 심성도설, 심성우언소설은 모두 인간을 심성적 존재로 이해하고 인간의 타락과 구원에 대한 문제를 다루었다. 심성론은 경학적 논변, 심성도설은 시각적 도상, 심성우언소설은 서사의 방식을 통하여 이를 표현했다고 볼 수 있다. 이를 통해 심성론에서는 정밀한 사유를 전개하였고, 심성도설은 실천의 지침을 마련하였으며, 심성우언소설은 그 교훈·실천과 더불어 흥미를 유발하였다. 이들이 제시하는 인간 타락의 원인과 그 구원의 가능성은 모두 마음에 있으며, 인간 구원의 길은 '타고난 성(性)을 중용에 맞게 정(情)으로 표현할 줄 아는 삶을 영위하는 것'에 놓여있다. 사회적 관계 속에서 '감정 처리와 교류의 달인'이 되는 것에 달려 있다고 할 수 있는데 그 길은 '마음의 성인(聖人)'이 되는 길이라 할 수 있다.

이 글에서는 구체적으로 논의하지 못했으나 심성우언소설은 '마음'을 다스리는 차원과 '나라'를 다스리는 차원을 중층적으로 제시하여 텍스트를 이중적으로 독해할 수 있는 가능성을 제시하고 있다. 마음의 성인이 다스리는 나라는 마음의 정치가 이루어지는 나라이기도 하다. 마음의 정치는 군주 자신의 마음뿐만 아니라 백성들의 마음을 어루만져 백성들의 마음을 건강하게 만드는 정치이고 백성들의 마음에서 부정적인 감정의 앙금을 온전히 걷어내어 백성들이 마음으로 납득할 수 있게 만드는 정치여야 한다. 이것은 도구적인 합리성을 극단적으로 추구하면서 국민들의 정서에 위배하는 정책을 서슴없이 추진하는 현대 국가들의 정치문화와 비교할 때 중요한 논의거리가 될 수 있다.

또한 마음의 성인이 되어 구원에 이르는 구원 방식은 서구적인 구원 방식과는 매우 이질적이다. 그러한 점에서 구원의 문제를 다루고 있는 영국의 소설 〈천로역정(天路歷程)〉을 비롯하여 여타 외국의 유사 작품들과 자세히 비교연구해 볼 필요가 있다. 천로역정의 구원은 태어난 고향과 현세를 떠나 무수한 공간 이동을 통해 천국에 이르러야만 이룰 수 있는 구원이다. 그리고 모르기는 하여도 신학(神學)적 또는 경학(經學)적인 담론이 도상학적 담론으로 전이되었다가 서사우언 담론에 이르는 과정을 〈천로역정〉도 밟아 온 것은 아니었던가 하는 의구심을 품어 본다. 그렇지 않다 하더라도 서구문학사의 전통에서도 신학적 담론이 도상학적 담론을 경유하여 서사우언 담론에 이르고 있는 인류문화사의 보편적 전개 과정을 확인해 볼 수 있으리라는 희망을 아울러 가져 본다.

【주】

1 심성우언소설은 傳, 本紀, 實錄, 演義와 같은 역사 서술 방식을 차용하고 있으며, 주제 면에서도 역사의식을 강하게 표방한다.
2 김광순, 『천군소설연구』(형설출판사, 1980)과 김동협, 『黃東溟小說集』(문학과 언어연구회, 1984)을 중심으로 이루어 졌다.
3 김광순, 『천군소설』(고려대학교 민족문화연구소, 1996)
4 윤주필, 「愁城誌의 3단구성과 그 의미」, 『韓國漢文學硏究』 13집(한국한문학연구회, 1990)과 권순긍, 「수성지의 알레고리와 풍자」, 『한국고전문학 연구』 13집(한국고전문학연구회, 1998)에서 거론되었다.
5 허원기, 「天君小說의 心性論的 意味」, 『古小說硏究』 제11집(한국고소설학회, 2001).
6 이점에 대해서는 후속 논의가 있어야 할 것이다. 고응척의 〈신명사도〉는 『杜谷集』권5에 수록되어 있다.
7 이러한 논의들로는 인간성의 두 측면(本然之性・氣質之性)에 대한 논의, 마음의 본성이 드러나는 구조(心統性情)에 대한 논의, 인간 본성과 생물 본성의 같고 다름(人物性同異)에 대한 논의, 人心과 道心에 대한 논의, 마음이 드러나기 전과 후(未發旣發)에 대한 논의, 세계를 인식하는 밝고 맑은 마음(知覺)에 대한 논의 등이 다양하고 깊이 있게 전개되었다.
8 인간의 마음 안에서 하늘과 인간이 어떻게 만나고 있는지를 형상화하였다.
9 인간의 마음에 천명이 어떻게 나타나고 있는 지를 형상화하였다. 이 도상은 후에 퇴계와의 토론을 거쳐 수정되는데, 그 수정된 내용에 대하여 논란이 일어난다. 이것이 사단칠정 논쟁의 발단이 되었다.
10 이황은 숙흥야매잠도 말미의 설명에서 "제6도에서 제10도까지는 심성에 근원을 둔 것으로, 그 요령은 일상생활에서 힘써야 할 공경하고 두려워하는 마음을 높이는데 있는 것(以上五圖, 原於心性, 而要在勉日用, 崇敬畏.)"이라고 하였다. 제1도에서부터 5도까지는 천도(天道)로 성학(聖學)을 설명하고, 제6도부터 10도까지는 심성으로 성학을 설명한 것이라 할 수 있다.
11 심성우언소설의 최초 작품이라 할 수 있는 〈天君傳〉(1566년)은 남명 조식이 직접 김우옹에게 전을 지으라고 하여 지어진 것("南冥先生作神明舍圖, 命先生作傳, 蓋先生少時也." 『東岡先生文集』 卷16, 「雜著」〈天君傳〉)으로 알려져 있다.
12 그런 점에서 〈신명사도〉에는 조식이 그린 24가지 學記圖에서 세부적으로 표명되었던 심성론의 요체가 결집되어 있다.
13 이러한 대표적인 저술로는 許愈(1833-1924)의 「神明舍圖銘或問」(『后山集』소재), 崔琡民(1837-1905)의 「與許退而(己丑)」(『溪南集』), 鄭載圭(1843-1911)의 「答許后山」(『老栢軒集』소재), 曺垣淳(1850-1903)의 「神明舍銘集解」・「神明舍銘考證」・「答許后山(己丑)」

(각각 『伏菴集』 소재) 등이 있다.
14 朱熹, 『朱子語類』 권제98, 「張子之書一」: "心是神明之舍, 爲一身之主宰."
15 이러한 정에는 喜怒哀樂과 같은 일반적인 감정과 四端과 같은 도덕감정이 있다. 희로애락은 상황에 맞느냐 그렇지 않느냐에 따라 선하기도 하고 악하기도 한 감정으로, 사단은 선한 감정으로 이해되었다.
16 심성적 인간에 대해서는 필자가 쓴 일련의 논문들(「신재효의 세 가지 발언」, 『판소리연구』 제12집, 2001; 「판소리 미학의 사상적 세 층위」, 『판소리연구』 제15집, 2003; 「판소리 서사기법의 정리적 합리성」, 『국제어문연구』 제29집, 2003)에서 그 개요를 거론한 바 있다.
17 許愈, 『后山集』 권2, 「神明舍圖或問」: "太一者, 心之本體,, 易所謂太極是也." 曹垣淳, 『復菴集』, 「神明舍圖銘解」: "太一, 太極也, … 太極之體, 眞實無妄, 而具於一心, 至尊至貴, 無以加焉, 故謂之太一眞君." "마음이 태극(心爲太極)"이라고 한 소강절의 말에서 근거하는 것이기도 하다. 한편 太一眞君은 도교에서 北極太和元氣의 신이기도 하다. 이점 때문에 남명 조식의 사상은 퇴계학파로부터 비판을 받기도 하였다. 그 내력에 대해서는 이상필교수의 논문, 「후산 허유의 남명학 계승과 그 의의」, 『남명학연구』 제19집, 2005.에서 다루어진 바 있다. 우리나라 태일신앙의 내력에 대해서는 안동준 교수의 논문, 「북방계 신화의 신격 유래와 도교 신앙」, 『도교문화연구』 제21집, 2004.에서 전반적으로 논의된 바 있다.
18 許愈, 『后山集』 권2, 「神明舍圖或問」: "天德王道, 卽大學所謂明德新民是也. 明德新民, 其要只在敬, 此所以夾敬而書也."
19 許愈, 『后山集』 권2, 「神明舍圖或問」: "日月者, 天地神明之主也, 敬者人心神明之主也, 此日月, 其敬者之光輝乎!"
20 許愈, 『后山集』 권2, 「神明舍圖或問」: "國君無殉事之心, 不足伊保其國, 學者無殉道之心, 不足以保其心." 이 다섯 글자에 대해서는 이를 삭제해야 한다는 측과 삭제를 반대하는 측 사이에 많은 논란이 일어났다. 그 논란의 전말에 대해서는 曹兢燮(1873-1933)의 「神明舍圖五字辨」(『深齋集』 권15)에 잘 나타나 있다.
21 許愈, 『后山集』 권2, 「神明舍圖或問」: "勿字似旅脚"
22 曹垣淳, 『復菴集』 권4, 「神明舍圖銘解」: "知其所止則覺也, 不能知止則夢也, 知其所止則人也, 不能知止則鬼也, 夢鬼二字, 爲日月之反也."
23 〈신명사도〉 이외의 심성도설류에서는 마음의 풍경이 전쟁터로 나타나지는 않는다.
24 〈천군연의〉에서는 이를 '마음의 성(心城)'으로 지칭하고 있다.
25 여기에서 추관은 〈신명사도〉에 나타난 '대사구'와 같은 직책을 의미한다.
26 심성론에서 마음은 性情으로 구성되는데, 성은 본래 선한 것이므로 잘 보존하기만 하면 되고, 情 중에서도 도덕감정인 四端은 선하므로 큰 문제꺼리가 되지 않으나, 일반감정인 희로애락은 중용에 맞게 발현되지 않으면 악하게 될 소지가 있으므로 늘 주의하지 않으면 안 되는 것이기 때문이다.

27 이러한 인간 인식은 일상적인 인간의 삶을 볼 때, 인간 존재에 대한 보다 온당한 이해로 생각된다. 근대적 인간 이해가 '생각하는 사람'에서 비롯되고 있으나, 그것이 인간의 삶에서 항상적인 것은 아니다. 생각을 하게 된다는 것은 무언가 비상한 사태에 직면했을 때 주로 필요한 것이다. 일상적인 삶에서는 그 다지 생각이 필요하지 않고 삶의 리듬에 무의식적으로 스스로를 맡겨도 사는 데 큰 지장이 있는 것은 아니다. 이에 반하여, 인간은 일상적이든 비일상적이든 세계와 대면하며 사는 한, 늘 무엇인가를 느끼거나 느낌을 표현하면서 산다. 심지어는 꿈속에서조차 그런 삶을 영위하고 귀신조차도 그러한 속성을 지니고 있다고 여긴다. 특히 인간에게는 울음과 웃음이 정교하게 발달했는데, 이것은 정을 느끼고 표현하는 수준이 다른 동물과 비교할 수 없을 정도로 섬세함을 의미한다.

28 윤주필, 「愁城誌의 3단 구성과 그 의미」, 『한국한문학 연구』 13집, 1990. 참조.

29 허원기, 「천군소설의 심성론적 의미」, 『고소설연구』 11집, 2001. 참조

30 술은 歡伯, 麴氏兄弟로 미인은 越伯, 女戎으로 의인화되어 나타난다.

31 권순긍, 「수성지의 알레고리와 풍자」, 『한국고전문학 연구』 13집, 1998.에서 이 문제를 다루었다.

32 마음을 의인화한 외국의 소설로는 17세기 인도의 작가 와즈히(Wajhi)가 지은 『본질(Sab Ras)』과 17세기 영국의 작가 존 번연(John Bunyan)이 지은 『천로역정』이 알려져 있다.(2005년 2월 '제1회 동아시아 우언연구 국제회의'에서 발표된 조동일 교수의 논문 「우언의 시대적 성격 비교론」에서 언급된 바 있다.)

[참고문헌]

1. 자료
김광순(역주),『천군소설』, 고려대학교민족문화연구소, 1996.
曹植, 「神明舍圖」,『(교감국역)南冥集』, 경상대학교 남명학연구소, 1995.
曹植, 「神明舍銘」,『(교감국역)南冥集』, 경상대학교 남명학연구소, 1995.
許愈, 「神明舍圖銘或問」,『后山先生文集』, 경인문화사, 1994.
曹垣淳, 「神明舍銘集解」,『伏菴集』, 규장각소장본.
曹垣淳, 「神明舍銘考證」,『伏菴集』, 규장각소장본.

2. 단행본
금장태,『聖學十圖와 퇴계 철학의 구조』, 서울대학교출판부, 2001.
금장태,『한국유학의 心說』, 서울대학교출판부, 2002.
김광순,『천군소설연구』, 형설출판사, 1980.
한국사상사연구회,『圖說로 보는 한국유학』, 예문서원, 2000.
한국사상사연구회,『조선 유학의 개념들』, 예문서원, 2002.
허권수,『남명 조식』, 지식산업사, 2001.
오하마 아키라(大濱晧; 이형성 역),『범주로 보는 주자학(朱子の哲學)』, 예문서원, 1999.

3. 논문
권순긍, 「수성지의 알레고리와 풍자」,『고전문학 연구』제13집, 한국고전문학회, 1998.
김충렬, 「神明舍圖·銘의 새로운 考釋」,『남명학연구논총』제11집, 남명학연구원, 2002.
안동준, 「북방계 신화의 신격 유래와 도교 신앙」,『도교문화연구』제21집, 한국도교문화학회, 2004.
이상필, 「后山 許愈의 南冥學 繼承과 그 意義」,『남명학연구』제19집, 경상대학교 남명학연구소, 2005.
정순우, 「남명의 공부론과 처사의 성격」,『남명 조식』, 청계출판사, 2001.
정순우, 「后山 許愈의 神明舍圖或問 硏究」,『남명학연구』제19집, 경상대학교 남명학연구소, 2005.
조동일, 「우언의 시대적 성격 비교론」,『제1회 동아시아 우언연구 국제회의 발표논문집』, 2005.
최석기, 「남명의 〈신명사도〉·신명사명에 대하여」,『남명학연구』제4집, 경상대학교 남명학연구소, 1994.
한형조, 「남명, 칼을 찬 유학자」,『남명 조식』, 청계출판사, 2001.
허원기, 「天君小說의 心性論的 意味」,『古小說硏究』제11집, 한국고소설학회, 2001.
허원기, 「판소리 미학의 사상적 세 층위」,『판소리연구』제15집, 판소리학회, 2003.

4

인물성동론(人物性同論)과 연암(燕巖) 소설의 접점

인물성동론과 연암 박지원

　인물성동론(人物性同論)은 '인간과 동물의 본성이 같다'고 하는 의론이다. 이것은 '인간과 동물의 본성이 다르다'고 하는 인물성이론(人物性異論)과 논쟁을 벌였다. 이것을 사상적으로는 인물성동이논쟁(人物性同異論爭)이라 하고, 역사적인 논쟁 주체를 기준으로 할 때는 호락논쟁(湖洛論爭)이라 한다. 인물성동이논쟁은 우리 사상사에서 매우 중요한 사상 논쟁의 하나로 취급되고 있다.

　이러한 인물성동이논쟁은 우리 문학사와도 일정한 관련을 맺고 있는 것으로 여겨진다. 특히, 우리 문학사에서 중요하게 다루어지고 있는 담헌(湛軒) 홍대용(洪大容)과 연암(燕巖) 박지원(朴趾源)은 노론 낙론계의 인물들로 인물성동론으로부터 깊은 영향을 받았고 이를 발전적으로 계승한 흔적들이 나타난다. 뿐만 아니라 인물성동론이 〈의산문답(毉山問答)〉이나 〈호질(虎叱)〉에 사상과 주제 면에서 각기 일정한 관련을 맺고 있음이 논의된 바 있다.[1]

　그러나 기존에 논의되어 온 것처럼, 인물성동론과 연암 문학의 관련성이 비단 〈호질〉 한 작품에만 한정되는 것으로 보기는 어렵다. 인물성동론의 가치와 의미가 연암 문학의 중요한 구조를 형성하는 그 무엇이 아니라 〈호질〉 한 작품에만 한정되고 마는 것이라면, 연암의 문학을 거론하면서 애써 인물성동론의 의미를 논의해야할 필요가 없을 것이다.

그리고 인물성동론은 단순히 인간과 동물의 본성을 논의하는 데에 한정되는 것이 아니라 자연관과 인간관, 그리고 세계관을 형성하는 중요한 기반이 되는 것이기도 하다. 홍대용은 의산문답에서 인성과 물성의 문제를 논하면서 이것을 화이론(華夷論)과 연결시켰고, 박지원도 〈호질〉을 수록하고 나서 그 후미에 화이의 문제를 함께 거론하고 있다.

원래 인물성동이논쟁은 남당 한원진과 외암 이간으로부터 본격적으로 시작되어있는데, 그때의 주요 논점은 인성과 물성의 같은가 다른가, 미발심체(未發心體)는 원래 선한 것인가 악한 것인가, 성인(聖人)과 범인(凡人)은 같은가 다른가 하는 문제[2]였다. 이러한 여러 가지 점들로 미루어볼 때, 인물성동론이라는 것은 자연관, 인간관, 그리고 세계관의 의미 전반에 관한 문제와 전방위적으로 연관되어 있음을 알 수 있다. 그러므로 인물성동론을 보다 거시적인 관점에서 새롭게 검토하고 그것과 관련하여 연암 문학 전반의 성격과 의미에 대한 해석가능성을 더욱 넓게 열어둘 필요가 있다.

필자는 이러한 문제의식에 기반을 두고, 이 글에서는 인물성동론이 지니는 동물과 자연에 대한 관점, 인간에 대한 관점, 세계에 대한 관점들이 각기 연암의 문학작품과 삶에 어떤 연관을 맺고 나타나는지에 대하여, 보다 거시적인 관점에서 심도 있는 논의를 전개해보고자 한다. 이를 통하여 연암의 문학사상 일면을 더욱 밝게 드러낼 수 있을 것으로 예상한다. 다만 이 글에서는 연암의 모든 작품을 다루지는 않고 소설에 한정하여 다루고자 한다.

동물과 자연을 바라보는 시선

인물성동이논쟁에서 중요한 쟁점이 된 것은 역시 동물(넓게는 자연 생물)과 인간의 본성을 어떻게 파악하느냐는 문제였다. 동론자들은 인간 본성과 동물 본성의 동질성에 중점을 두고, 이론자들은 그 이질성에 무게를 둔다. 잘 알려져 있듯이 북학파로 알려진 담헌과 연암은 동론의 입장을 견지하고 있다. 그러나 이들의 인물성동론이 기존의 인물성동론을 그대로 답습하고 있는 것은 아니다.

기존의 인물성동론이 주리(主理)의 관점에서 인간과 동물의 동질성을 거론하였다면 담헌과 연암은 주기(主氣)의 관점(無氣則命絶矣, 性安從生[3])에서 인간과 동물의 동질성을 다루고 있다. 또한 성(性)을 '생명의 존재 원리(生之理)'로 이해하고 있다는 것도 다른 점이다.

종래에 성(性)이라고 하는 것은 흔히 인의예지(仁義禮智)로 설명되었다. 그러나 이들에게 이르러서 인의예지라고 하는 성은 다르게 해석되고 있음을 발견할 수 있다. 담헌은 인과 의의 단서가 되는 측은지심(惻隱之心)과 수오지심(羞惡之心)을 각기 "비나 이슬이 내리고 나서 싹이 돋는 것(雨露旣零, 萌芽發生者, 惻隱之心也)"이나 "서리나 눈이 내리고 나서 나뭇잎이 떨어지는 것(霜雪旣降, 枝葉搖落者, 羞惡之心也)"로 설명한다.[4] 연암도 성을 "심의 덕이며 생의 리(性者, 心之德而生之理也)"로 이해하고 그 심덕은 "청명순수(淸明純粹)"하며, 그 생의 리는 "공정영활(公正靈活)"한 것[5]이라고 하였다.

담헌에게 있어 성의 문제는 자연계의 생명의 원리와 다르지 않으며, 연암의 경우에도 성은 생명의 존재 원리인 것이다. 그리고 이러한 생명의 원리는 그것 자체로서 영험하며 선한 것으로 이해된다. 그리고 이러한 생명의 선한 본성은 인간과 동물이 다르지 않다고 본다. 그러므로 연암은 다음과 같이 말한다.

만물 가운데 생명을 품은 것은 선하지 않음이 없다. 그 천을 즐기고 그 명을 따르는 것은 물과 내가 다르지 않으며, 그것이 천명지성이다.
萬物之含生者, 莫不善也. 樂其天而順其命, 物與我無不同也, 是則天命之性也.
(『燕巖集2』, 「答任亨五論原道書」)

물에서 나를 보면 나도 또한 물의 하나이다. 그러므로 물에서 체득한 바를 내 몸에 돌려 탐구하면, 모든 물이 나에게 갖추어져 있다. 나의 성을 다함이 물의 성을 다함이 된다.
卽物而視我, 則我亦物之一也. 故體物而反求諸己, 則萬物皆備於我. 盡我之性, 所以盡物之性也.
(『燕巖集2』, 「答任亨五論原道書」)

이러한 주기적 관점과 성에 대한 새로운 해석뿐만 아니라, 이를 통해 세계에 대한 관점을 상대화·객관화[6]하는 것도 담헌과 연암의 인물성동론이 보여주는 새로운 점이라고 할 수 있다.[7]

인간의 본성과 동물(禽獸)의 본성이 기본적으로 같거나 다르다고 생각하는 관점은 각기 현실의 삶 속에서도 서로 상이한 행동 지침을 형성하게 만든다. 인물성이론에서 주장하는 것처럼, 인간의 본성과 동물의 본성이 다르다고 여긴다면 어떤 일이 일어나겠는가? 여기에서 다르다하면 동등한 입장에서의 다름을 말하는 것이 아니라, 천과 인의 관계 그리고 천과 물의 관계에서의 우열을 말하는 것으로, 그 관계에서 인이 우월하고 물이 열등하다는 전제를 깔고 있다. 즉 천을 구현하는 수준이 인간에게서 우월하게 나타나고, 금수와 같은 자연물에서는 열등하게 나타난다는 것이다. 이것은 인간중심주의라 할 수 있다. 이러한 생각이 지나치면 자연과 동물은 인간이 문화로 교화하고 정복해야 할 대상이며, 아울러 자연과 동물은 인류문명의 발전을 위해 봉사하며 희생해야할 의무가 있다는 생각에 이르기 마련이다.

  그러나 연암은 이러한 생각을 거부한다. 인간과 동물의 생명적 동질성을 중시하면서, 동물에 대한 차별적 시선에 바탕을 둔 인간중심주의를 긍정적으로 바라보지 않는다. 이러한 연암의 생각은 관념적으로만 유지되었던 것이 아니다. 이러한 태도는 아래와 같은 일상에서 삶의 흔적으로도 남아있다.

> ○ 선군은 사사로이 도살한 고기를 드시지 않으셨는데, "고기 맛도 좋지 않다" 하셨다. 연암협에 계실 때 그 고장 습속이 기러기 고기를 잘 먹었다. 굽거나 국을 끓여 드렸는데 선군은 좋아하지 않으시면서, "사람들이 형제를 일컬어 안항(雁行)이라 한다. 나는 매번 기러기 나는 것을 보고 매우 사랑스럽게 여기는데, 먹을 수 있겠는가?" 하시고, 물려서 드시지 않으셨다. ○ 일찍이 진지를 올렸는데 마침 두 마리 까마귀가 집안의 나무에 앉아 있는 것이 보였다. "너희들, 반포(反哺)를 하러 왔느냐" 하시고, 몇 조각 고기 살점을 떼어 뜰아래에 던져 주시자 그 가운데 한 마리가 과연 입에 물고 머금은 채로 있었다. 이를 보시고 한참을 처연히 계셨다. ○ 집안에 개 기르는 것을 허락지 않으셨다. "개는 주인을 사랑할 줄 아는데다 기르면 잡지 않을 도리가 없으니, 잡는 것은 차마 할 수가 없는 일이다. 그러니 애초 기르지 않느니만 못하다" 하셨다. ○ 일찍이 타던 말이 죽자 종을 시켜 장정을 모아 묻어주게 하였는데, 종 등이 서로 공모해서 도살하여 나누었다 다시 문하의 사람을 점검하여 거두어들여 묻어주게 하고 그 종을 벌주셨다. "사람이 짐승과 아무리 차이가 있다지만 이 말은 너와 함께 수고하였다. 어찌 차마 이럴 수가 있느냐" 하시고, 마침내 쫓아내셨다. 그 종은 문밖에서 대죄한지 여러 달 만에야 비로소 용납되었다.[8]

이러한 일상의 행적들은 동물들도 본성의 측면에서 인간과 다르지 않은 보편적 생명의 원리를 지니고 있으며 그러한 면에서 선하다고 보았기에 가능한 일이다.

동물과 자연을 바라보는 이러한 태도와 관점은 그의 소설작품에도 잘 나타난다. 이러한 태도는 역시 동물인 범을 주인공으로 내세운 〈호질〉에 잘 나타난다. 〈호질〉의 첫머리가 범의 본성을 서술하는 말로 시작된다는 점이 흥미롭다. 범의 본성에 대한 서술은 '예성문무(叡聖文武)'라는 말로 시작된다. 이 '예성문무'라는 말은 성군(聖君)을 지칭할 때 관용적으로 사용되는 말이다. 여기에서부터 이미 금수에 지나지 않을 범은 성군과 동격으로 지칭되고 있다. 인물성동론의 관점에서 볼 때, 참으로 절묘한 포석이 아닐 수 없다.

이 작품은 전반적으로 볼 때, 자연의 동물을 대표하는 범과 문명의 인간을 대표하는 북곽선생이 중심을 이루고 있다. 작품 속에서 자연의 공간은 산으로, 문명의 공간은 동리자의 집으로, 자연과 문명이 만나는 중간지대는 들녘으로 설정되어 있다. 중간 지대인 들녘에서 동물을 대표하는 범과 인간을 대표하는 북곽선생이 만나게 된다. 그 시간이 음과 양이 교차되는 해 뜰 무렵이라는 점도 서로 이질적인 존재의 만남을 의미한다는 점에서 중요하며, 이것은 죽은 인간인 창귀와 동물인 범이 만나는 시간이 해 질 무렵이라는 것과도 상응하는 것이다. 이러한 시공간 설정 속에서 자연과 문명, 동물과 인간, 즉 범과 북곽선생의 만남이 이루어진다. 〈호질〉에서의 만남은 시간의 경과와 공간의 이동에 따라,

범—창귀 〈1〉
북곽선생—동리자—다섯 아들 〈2〉
범—북곽선생 〈3〉

북곽선생—농부들   〈4〉

로 나타나며 각기 문답형식의 대화를 중심으로 하여 담론이 전개된다. 담론의 성격으로 보면 자연중심주의와 인간중심주의의 충돌이라고 할 수 있다. 그러한 점으로 보면, 이중에서 가장 중요한 만남은 인(人)·물(物)의 만남인 북곽선생과 범의 만남이다. 〈1〉의 만남은 범이 문명세계를 이끌어가는 선비라는 인간에 대해 간접적으로 인지하는 단계에서 이루어지고, 〈2〉의 만남은 문명세계의 선비를 대표하는 북곽선생과 여중군자 동리자의 실상을 직접적으로 보여주는 단계이며 1단계에서는 예상치 못한 충격적인 모습을 보여준다. 〈3〉의 만남에 이르러서야 직접적인 인·물의 만남이 이루어지며 인·물의 직접적인 대화가 허락된다. 우리의 소설 중에서 동물이 인간과 거의 대등한 입장에서 대화할 수 있는 여건이 허락된 것으로는 〈호질〉이 최초라고 할 수 있다. 이러한 배경에는 동물과 인간의 본성을 동등하게 바라보는 인물성동론이라고 하는 연암의 사상적인 관점이 잘 반영되어 있다. 범은 북곽선생의 아첨에 반발하면서, 먼저 동물과 인간이 본성의 측면에서 동등하다고 선언한다.

　　대개 천하의 이치는 하나다. 범의 성품이 악하다면 인간의 성품도 악할 것이요, 인간의 성품이 착하다면 범의 성품도 착할 것이다.
　　夫天下之理一也 虎性惡也 人性亦惡也 人性善 則虎之性亦善也[9]

그러나 〈호질〉의 문면을 더 따라가 보면, 작품 속에서 인물성동론의 관점을 평면적인 방식에 따라 도식적으로 준수하고 있는 것 같지는 않다. 굴각은 인간에 대하여 다음과 같이 말한다.

뿔짐승도 날짐승도 아니며, 머리는 검은 것이, 눈 가운데 지척거리
는 발자취를 남기고, 꼬리를 보니 머리에 있어, 꽁무니를 가리지 못합
니다.

匪角匪羽 黔首之物 雪中有跡 彳亍疎武 瞻尾在腦 莫掩其尻[10]

여기서 인간은 어딘가 생물의 보편적 형태를 벗어난 기형적인 짐승으
로 표현된다. 굴각은 사람을 객관적으로 보는 듯하면서도, 사람의 긍지를
나타내는 상투를 짐승의 꼬리와 동일시하면서 웃음거리로 만들고 있다.
이러한 서술은 기존의 강고한 인간중심주의를 해체하기 위한 충격적인
방편으로 활용되고 있는 것이라고 할 수 있다.

범도 북곽선생과 그가 대변하고 있는 인간의 문명을 신랄하게 질타하
고 있다. 범은 인간을 오히려 금수보다 못한 존재로 비판하고 있음을 알
수 있다. 또한 한편에서 북곽선생은 범을 성군처럼 떠받든다. 어찌 보면
물성을 인성의 우위에 놓고 인물성이론을 주장하는 것처럼 여겨지기도
하고, 인간중심주의보다 자연중심주의 주장하는 것처럼 보이는 측면이
있다. 범은, 제 것 아닌 걸 취하는 것을 도(盜)로, 생물을 죽이고 해치는
것을 적(賊)으로 정의(夫非其有而取之, 謂之盜, 殘生而害物者, 謂之賊)[11]하는데, 인
간의 문명이라는 것이 결국은 도적의 문화에 지나지 않는다고 여긴다. 그
러나 이것이 〈호질〉을 통해 연암이 궁극적으로 지향했던 담론의 전략이
었다고 보기는 어렵다. 연암이 동물을 인간보다 우위에 있는 존재로 파악
했다기보다는 인간을 우위에 두는 기존의 인물성이론을 타파하기 위한
충격적인 장치로 이러한 설정을 활용했다고 보는 것이 옳을 것이다.

전체적으로 보아, 연암의 소설 〈호질〉에는 인물성동론의 입장에서 동
물과 자연을 바라보면서 이들을 차별적으로 바라보는 인간중심주의의 강
고한 시각을 타파하고 해체하기 위해 강력한 풍자를 활용하고 있음을 알

수 있다. 특히 풍자는 문명의 기계성을 조롱하고 비웃으면서 생명적인 것을 회복하게 하는 속성을 지니고 있다.12 이것은 기존의 논의와는 달리 인간과 동물의 성을 기의 차원과 생명적 차원으로 이해한 연암의 새로운 인물성관과도 맞닿아 있는 것이다.

인간을 바라보는 시선

인물성동이논쟁에서 인간 자체에 대한 논의는 성인(聖人)과 범인(凡人)이 본질적인 차이가 있는가 없는가 하는 문제와 연결된다.13 인간에게도 동물, 즉 금수를 닮은 인간이 있고, 참으로 사람 이외에는 아무것도 아닌 온전히 사람다운 인간이 있을 수 있기 때문이다. 동물적인 본성을 탈피하지 못하고 살아가는 사람들이 평범한 범인(凡人)이라면, 순전한 인간성을 온전히 구현한 사람들이 성인(聖人)이다. 이것은 성인과 범인이 서로 본질적으로 구분이 되는 종자를 타고나는가 아니면 동질적인 종자를 타고나는가 하는 문제를 다루고 있는 것이다.

인물성이론 쪽에서는 인간의 미발심체에도 선악의 종자가 함께 심어져 있으므로 성인과 범인, 현인(賢人)과 우인(愚人), 요순과 도척, 군자와 소인 나아가 양반과 상놈이 본질적으로 다를 수밖에 없다고 여긴다. 이런 식으로 인간의 심체와 명덕에 개인차를 두게 되면 신분과 계급에 의한 억압과 착취의 구조가 정당화 될 수 있기 때문에, 지식인 사대부가 하층민을 억압하고 착취하며, 남성이 여성을 억압할 수 있는 사상적 토대가 성립될 수 있다.

그러나 인물성동론 쪽에서는 인간의 미발심체에는 악의 종자가 심어져 있지 않고 그 명덕(明德)에는 차이가 없기 때문에 인간은 본질적으로 차이가 없다고 본다. 그러므로 성인을 닮은 사람이든 금수를 닮은 사람이든, 양반이든 상놈이든 누구나 인격적으로 동등하고 인간으로서 완성 가능성을 지녔다고 보게 된다. 이와 함께 상층지식인의 하층민 지배, 남성에 의한 여성의 억압을 부정할 수 있는 사상적 토대를 확보하게 된다.

연암도 물론 인물성동론에 바탕을 두고 후자의 입장에서 인간을 바라보고 이해한다. 실제의 삶을 보아도, 연암은 권력으로부터 소외된 서얼 지식인들과 활발하게 교류하였으며, 그밖에 시정의 일반 서민들이나 하층민, 여성들의 삶에 대해서도 적극적인 관심을 기울이는 등 매우 개방적인 자세를 보였다.

연암이 지식인으로서 활발하게 교류한 사람들 중에는 서얼들이 많았으며, 서얼소통을 청하는 상소[14]를 올리기도 한다. 그 상소는 다음과 같은 말로 시작된다.

> 하늘이 재능을 내리는 것이 그토록 다르지 않습니다. 그러므로 쓰러진 나무의 싹과 한데 붙은 기형의 나뭇가지라 할지라도 고루고루 비와 이슬에 젖고 썩은 나무 그루터기나 더러운 두엄에서도 많은 영지가 나며, 성인이 태평한 치세를 이룰 때에는 귀하고 천한 선비가 따로 없었습니다.
> 天之降才, 非爾殊也. 故顚蘖騈枝, 均霑雨露, 朽株糞土, 蒸出菌芝, 聖人致治, 士無貴賤.)

또한,

> 대저 군자와 야인은 지위를 들어 말한 것입니다. 그렇지만 '명덕을 지녔으면서도 비천한 처지에 있는 사람을 천거하라고 한 것'은 요 임금의 관리 임용이며, '어진 이를 기용하는데 출신을 따지지 않은 것'은

탕 임금이 추구한 정치였습니다. 이것으로 본다면 하·은·주의 삼대에도 군자와 소인의 구별이 있었으나 인재를 천거할 때는 본디 귀천의 차별을 두지 않았고 어떤 부류인지도 묻지 않았던 것입니다.

夫君子野人, 以位言也, 而明明揚側陋, 帝堯之官人也, 立賢無方, 成湯之求治也, 繇是觀之, 三代之時, 已有君子小人之別, 而擧人之際, 故無間乎貴賤, 不問其彙類.)

라고 하면서 신분의 귀천에 상관없이 인간은 본질적으로 평등하고 누구에게나 하늘로부터 받은 재능이 있다는 것을 밝히고 있는데, 이것은 인물성동론에서 말하는 성인과 범인이 본성적으로 다른 종자를 타고난 것이 아니라는 생각의 발현이다.

이러한 관점은 새로운 우도론(友道論)[15]으로 나타나기도 한다. 널리 알려져 있듯이, 그는 상하존비나 노소남녀의 수직적인 관계 윤리보다는 신분과 차별을 넘어 인간의 선한 동질성과 보편적 우정에 바탕을 둔 수평적 관계 윤리를 중시한다. 인물성동론에서 전제하는 바와 같이, 인간과 동물이 같은 본성을 지니고 있다면 인간과 동물(禽獸)도 서로 벗이 될 수 있다. 인간과 동물이 벗이 될 수 있다는 것을 인정한다면, 인간과 인간이 벗이 되는 것은 그리 어려운 일이 아니다. 성인 같은 사람도 금수 같은 사람이 벗이 되지 못할 하등의 이유가 없으며, 상하존비나 노소남녀가 모두 인간으로서의 보편적인 우정을 나누고 벗이 될 수 있는 것이다. 이러한 생각은 〈마장전〉과 〈예덕선생전〉을 통해 특히 잘 나타난다. 〈마장전〉은 상층 양반사대부들의 편협한 교우관계를 비판하고 풍자하며, 〈예덕선생전〉에서는 새로운 우도의 모습을 제시하고 있다.

〈마장전〉과 〈예덕선생전〉의 사례에서 볼 수 있듯이, 인간을 바라보는 연암의 이러한 관점은 개념적 서술에 의한 논설의 방식보다는 경험적 세계를 형상화한 소설의 방식을 통해 더욱 극명하게 나타난다. 이것은 2장에서도 언급한 바 있듯이, 연암의 인물성동론이 기존의 인물성동론과는 달리 경험적인 기의 차원과 그 생명적 본질을 중시하기 때문이다.

연암의 소설에 등장하는 인물들은 훌륭한 덕과 재능을 지녔으면서도 권력으로부터 소외된 인물인 경우이거나, 그렇지 않은 경우에는 상층의 신분이면서도 위선과 허세로 가득한 인물일 때가 많다. 〈허생전〉의 허생, 〈우상전〉의 이언적, 〈예덕선생전〉의 엄행수, 〈민옹전〉의 민유신, 〈광문자전〉의 광문 등이 전자에 해당하는 인물이며, 〈호질〉의 북곽선생이나 현재 그 내용을 자세히 알 수는 없지만 〈역학대도전〉이나 〈봉산학자전〉에 등장하는 주인공 등이 후자에 해당하는 인물이라고 할 수 있다. 후자에 해당하는 인물들은 주로 풍자와 비판의 대상이 된다. 그밖에 〈양반전〉에 나타나는 양반이라는 신분, 〈마장전〉에서 염량세태를 보여주는 양반사대부들의 사귐도 풍자와 비판의 대상으로 나타난다.

전반적으로 볼 때, 명목상 성인(聖人)의 도(道)를 추구한다고 하는, 권세 있는 양반사대부들이 오히려 도적 같은 인물로 형상화되어 있다. 앞서 2장에서 살펴보았듯이, 〈호질〉에서 범은 인간의 문명을 '도(盜)'와 '적(賊)'이라는 말로 표현한다. 이것은 그 인간의 문명을 이끌어가는 북곽선생 같은 선비들이 바로 도적의 수괴임을 의미하는 것이기도 하다. 또한 〈양반전〉에서 정선부자는 증서에 수록된 양반이 지켜야할 행실들을 알고 나서 "그만 두오. 그만 두오. 참으로 맹랑하군요! 장차 나를 도적으로 만들 셈인가요?(已之. 已之. 孟浪哉! 將使我爲盜耶?)"[16]라고 말한다. 결국 그에게 있어 양반의 모든 행실이라는 것이 도적의 행실로 결판나고 만다. 〈마장전〉, 〈역학대도전〉, 〈봉산학사전〉에서 다루는 양반사대부의 행실도 이와 크게 다르지 않다. 양반사대부들은 권세와 명예, 이익을 훔치고 선량한 사람들과 온전한 도를 잘 해치는 것으로 나타난다.

이들에 비하여 시정에서 짐승처럼 간난신고를 겪으며 거친 환경에서 살아가는 인물들 중에 오히려 성인의 품성을 지닌 이들이 연암의 소설에는 많이 등장한다. 〈예덕선생전〉의 엄행수는 인분을 치우며 짐승처럼 누추하게 여항에서 살아가지만, 선귤자는 엄행수의 인간적 경지를 다음과 같이 말한다.

> 그 마음속에 도둑질할 뜻이 없는 사람이라면 엄행수를 생각하지 않을 수 없을 것이네. 그의 마음을 미루어 확장한다면 성인의 경지에도 이를 수 있을 것이네.
> 苟其心, 無穿窬之志, 未嘗不思嚴行首, 推以大之, 可以至聖人矣.[17]

선귤자의 말을 빌리자면 엄행수는 성인의 품성을 지닌 사람으로 지칭되고 있다. 〈허생전〉의 허생도 겉으로 보기에는 시정의 몰락 양반에 지나지 않지만 도탄에 빠진 민중들을 구원할 새로운 사대부상으로 부각되고 있다. 그밖에 〈우상전〉의 이언진은 겉보기에 한낱 역관에 지나지 않지만 '둘도 없는 국사(國士無雙)'[18]로 칭송되고 있으며, 〈민옹전〉의 민유신은 시정의 이야기꾼에 지나지 않지만 '도를 배워 용과 같은 사람(學道猶龍)'[19]으로, 〈광문전〉의 광문은 시정의 거지이지만 의인으로, 〈김신선전〉의 김홍기는 시정에 숨어사는 청정한 자로 형상화되고 있다.

재야에서 짐승처럼 간난신고를 겪으며 거친 환경 속에서 살아가는 평범한 인물들이 오히려 선량하며 성인의 풍모를 지닌 인간으로 그려지고 있다. 짐승과 같아야 할 사람들이 오히려 성인(聖人)과 같고, 성인(聖人)과 같아야 할 사람들이 실은 짐승과 같은 형상으로 나타난다. 연암의 소설작품 속에서는, 요순이 도척이 되고 도척이 요순이 되는 존비귀천의 자리바꿈이 활발하게 일어나고 있는 것이다. 이러한 활발한 자리바꿈은 인물성동론에서 바라보는 바와 같이, 요순이나 도척이나 그 본래의 심체와 명덕에는 근본적인 차이가 없기 때문에 나타날 수 있는 것이다. 인물성동론의 관점에서 보면, 인간의 사회적인 위치나 신분은 중요한 문제가 되지 못한다. 성인도 본래의 심체를 잘 간직하고 명덕을 구현하지 못하면 순식간에 도척이 될 수 있고, 도척도 심체를 잘 보존하여 명덕을 구현한다면 요순이 될 수 있다. 중요한 것은 심체의 보존과 명덕의 구현이기 때문이다.

연암의 소설에 등장하는 인물들은 하나의 신분 계층에 한정되지 않으며 매우 다양하다. 몰락한 양반이나 서얼, 하층의 여러 인물 형상들이 잘 나타난다. 허생은 사(士)의 신분만을 고루하게 고수하면서 대부(大夫)의 신분을 적극적으로 추구하는 인물이 아니며, 농공상을 포함한 현실의 실무에 밝은 새로운 지식인의 모습을 잘 보여주고 있다. 연암의 소설에서는 여성들도 또한 자주 다루어진다. 양반전에 등장하는 정선 양반의 처, 허생전에 나타나는 허생의 처, 〈호질〉의 동리자, 광문자전에 나타나는 기생 운심, 열녀함양박씨전의 노과부 등은 모두가 생동하는 인물 형상으로 나타난다. 정선 양반의 처와 허생의 처는 무능력한 남편을 거침없이 구박하며, 동리자는 존경받는 수절과부이면서도 정욕을 부정하지 않으며 밤에 대담하게 남자를 끌어드리는 모습을 보여준다. 운심은 한양의 콧대 높은 기생으로 나타나고, 노과부는 수절과부의 애환을 잘 보여주는 인물로 그려지고 있다. '여중군자'라는 말이 보여주는 것처럼, 여성은 흔히 성인군자가 되기 어려운 열등한 존재로 여겨졌다. 이것은 인물성이론의 관점에서는 더욱 그러할 수밖에 없었다. 그러나 여성에 대한 억압적이고 차별적인 시선이 연암의 소설작품에서는 점차 거두어지면서 새로운 여성상을 만들어 내고 있음을 알 수 있다. 이 또한 인물성동론의 인간관과 관련하여 주목할만한 사실이 아닐 수 없다. 특히 이러한 인물성동론의 인간 이해가 개념적인 서술로 전개되는 의론 형식의 글들을 통해서가 아니라, 소설이라고 하는 문학적인 글을 통해 구체적이고 생동하는 인물 형상들을 창조했다는 점에서 매우 중요한 의미를 지닌다.

세계를 바라보는 시선

　인물성동이론자들이 바라보는 세계는 화이관(華夷觀)의 문제와 필연적으로 연결되어 있다. 화이관은 중세의 동아시아인들이 공통적으로 파악하고 있었던 세계관의 전형이었다. 화는 중화(中華)의 세계이고 이는 이적(夷狄)의 세계이다. 중화는 성인의 교화를 받은 선진 문명의 세계로, 이적은 성인의 교화가 미치지 못한 야만의 세계로 인식되었다. 세계의 모습을 문명 세계와 야만 세계로 파악했던 것이다.
　인성과 물성의 관점에서 보자면, 중화세계는 인간이 그 본성을 온전하게 잘 구현할 수 있도록 하는 문화 공간이고, 이적세계는 인간이 그 본성을 잘 드러내지 못하게 하여 동물의 본성이 지배하는 야만공간이다. 그러므로 이적의 문화는 인간의 문화라고 할 수가 없는 인간보다 못한 금수(禽獸)를 닮은, 문화 이하의 문화로 종종 비유되기도 한다. 또한 중화의 문화는 인성을 수호하는 주체로서 천명을 부여받았다고 여기며, 이를 수행해야할 권리와 의무가 있는 문명으로 인식되기도 한다. 그러므로 짐승과도 같은 이적의 세계를 교화해야할 사명이 있으며, 여의치 않을 경우 금수와도 같은 이적의 문화를 정벌할 수도 있어야하는 것이다. 이러한 견해에 따르자면, 국가 간의 억압과 착취가 필시 정당화될 수밖에 없다.
　연암이 살던 시대는 이러한 중화와 이적의 관념에 일종의 혼란이 있었던 시기였다. 당시의 조선 사회에서는 중원을 지배하고 있던 청나라를 중화로 보아야 하는가 아니면 이적으로 보아야 하는가 하는 점이 중요한 논란거리였다. 청나라를 어떻게 바라보느냐에 따라 외교 방식에 근본적인 차이가 생겨나게 된다. 청나라가 진정 중화의 문명이라면 청 문명의 교화를 적극적으로 받아드려야 할 것이고, 청나라가 이적의 문명이라면 중화가 사라진 천하에서 소중화인 조선이 중화를 대신하여 그들을 교화하고 나아가 정벌해야하는 천명을 수행해야 한다. 연암의 시대에는 이러한 인식에 바탕을 두고, 청나라의 문화를 적극적으로 배워야 한다고 보는 북학론(北學論)의 입장과 청나라의 문화를 교화하고 정벌해야한다는 북벌론(北伐論)의 입장이 함께 제시되었던 시기였다.

인물성동론의 입장에서 본다면, 성인의 가르침을 존중하는 중화의 문명이나 짐승처럼 살아가는 오랑캐의 야만이 본질적인 면에서 차이가 있는 것이 아니다. 사람의 본성과 짐승의 본성이 동질적인 것처럼, 중화의 문명과 오랑캐의 야만도 이질성보다는 동질성이 강하다고 보기 때문이다. 상황에 따라, 오랑캐의 야만도 얼마든지 중화의 문화가 될 수 있고 중화의 문화도 오랑캐의 야만이 될 수 있는 것이다. 이에 따라 중화 문명과 오랑캐 야만의 세계 구분은 변동 가능성이 많으며, 절대적인 그 무엇이 아니라 상대적인 것으로 인정 된다. 연암과 절친했던 담헌 홍대용이 역외춘추론(域外春秋論)을 설파한 것도 이러한 인물성동론의 세계 이해와 무관하지 않다.

널리 알려져 있듯이, 연암 자신도 기본적으로는 청나라의 문물을 배워야한다고 보는 견해를 지니고 있었다. 그러한 이유로 연암은 홍대용, 박제가 등과 더불어 북학파의 일원으로 지칭되기도 한다. 연암은 〈북학의서(北學議序)〉, 〈답이중존서(答李仲存書)〉, 〈문승상사당기(文丞相祠堂記)〉와 같은 글들을 통해, 자신의 화이관을 적극적으로 피력하고 있다. 〈답이중존서〉에서는 당대인들의 경직된 화이관을 비판[20]하였고, 〈북학의서〉에서는 아름다운 점이 있다면 오랑캐에게라도 나아가 배워야 하는데, 경직된 화이관을 고루하게 지키면서 중국 고유의 아름다운 문물제도를 배척하는 당대 지식인들을 편벽된 세계관을 강하게 비판하였다. 또한 〈문승상사당기〉에서는 문천상의 사당을 본 감상을 적으면서 오랑캐도 중화가 될 수 있다는 견해를 밝혀 논란이 되기도 한다.

이러한 글들로 미루어, 연암은 중화와 이적의 구분이라는 것이 절대불변의 대상이 아니라 상대적인 것이라는 생각을 가지고 있었음이 분명하다. 그러한 바탕 위에서 청나라가 비록 오랑캐인 만주족이 세운 나라이지만 그 문물과 제도는 삼대 이래 중국의 것이기에 부지런히 배워야 한다고 생각했다.[21] 그러나 한편으로 『열하일기』「곡정필담(鵠汀筆談)」의 기사를 보면, 연암이 중국 인사들과 대화를 나누면서 지전설(地轉說)을 거론하는 대목이 나오기도 하는데, 이것은 중국 중심의 중화적 세계관을 부정하기 위한 것이었다. 그러한 점에서 연암은 청을 중화로 인정하고 배우되 그들을 맹목적으로 묵수하는 것이 아니라, 그 허실을 온전히 파악하고 그 문명을 좋은 점만을 적극적으로 수용하고자 했음을 알 수 있다.

중화와 오랑캐의 차이와 그 세계 구분이 고정불변의 절대적 진리가 아니라는 견해는 그의 소설〈호질〉이나〈허생전〉같은 작품들 속에서도 잘 나타난다.〈호질〉의 경우,〈호질〉의 내용을 적고 이어서 후지(後識) 부분에 그에 대한 평을 서술하면서, 화이론의 문제를 직접 언급한다. 그는 오랑캐의 중국 지배를 원통해하는 어느 이름 모를 사람이 그 분통한 심정을〈호질〉이라는 글을 통해 표현한 것이라고 하였다.[22] 이러한 연암의 말에 의거하자면, 범은 중국을 지배하는 오랑캐 왕을 의미하고, 북곽선생은 하찮은 글귀나 만지면서 그러한 시세에 아첨하는 중국의 썩은 선비를 의미하게 된다. 그와 아울러 연암은 한편으로 화이의 구분이라는 것이 실은 부질없는 것이라는 생각을 다시 내비친다.

> 사람으로서 보면 중화와 오랑캐의 구별이 뚜렷하지만, 하늘로서 본다면 은나라의 한관이나 주나라의 면류관이 제각기 때에 따라 변했으니, 어찌 청나라의 홍모만을 의심하랴.
> 自人所處而視之, 則華夏夷狄誠有分焉, 自天所命而視之, 則殷㡇周冕各從時制, 何

必獨疑於淸人之紅帽哉.[23]

이 말은 홍대용이 그의 『의산문답』에서 했던 "사람의 입장에서 다른 동물을 보면 사람이 귀하고 동물이 천해 보이지만, 반대로 동물의 관점에서 사람을 보면 오히려 다른 동물이 귀하고 사람이 천하며, 천(天)의 입장에서 바라보면 사람과 동물이 균등하다.(以人視物, 人貴而物賤, 以物視人, 物貴而人賤, 自天視之, 人與物均也.)"[24]는 인물성동론의 언설을 떠올리게 한다. 홍대용의 언급은 "중화의 입장에서 보면 중화가 귀하고 이적이 천해보이지만, 반대로 이적의 관점에서 보면 이적이 귀하고 중화가 천하며, 천의 입장에서 바라보면 중화와 이적이 균등하다." 라는 말로 치환할 수 있기 때문이다. 그러나 한편으로는 청나라의 중국 지배에도 서툰 점이 있다는 점을 지적하며 중원의 혼란이 맑아지기를 기약(俟中州之淸焉)하기도 한다.

〈허생전〉에서도 중화 문명과 오랑캐 야만이 중요한 논란거리로 등장한다. 작품 속에서 이완을 비롯한 조정의 중신들은 스스로를 소중화로 자부하고 청나라를 교화하고 정벌하여야 하는 대상으로 인식하고 있다. 그들이 보기에 청나라는 중화의 나라가 아니라 오랑캐의 나라이기 때문이다. 그러한 조정중신 이완에게 허생은 북벌의 성공을 위한 세 가지 계책을 제시한다. 첫 번째 계책인 와룡선생을 천거하겠다는 사안을 제외하면, 나머지 계책들은 모두 중국과 직접적으로 관련되는 내용이다. 두 번째 계책은 망명한 명나라 장병들에게 종실의 딸들을 시집보내고 대신들의 집을 제공해주자는 것이며, 세 번째 계책은 양반사대부의 자제들을 가려 뽑아 머리를 깎고 되놈의 옷을 입혀 청나라에 들여보내 그들의 허실을 엿보고 그들의 호걸과 교제하게 하자는 것이다. 두 번째 계책은 당시의 양반사대부들이 칭송해 마지않던 중화의 본고장 명나라 사람들을 잘 대우해주자는 것이다. 그리고 세 번째 계책은 오랑캐 청나라의 허실을 살피기 위해 인재들을 파견하자는 의견이다. 이것들 모두가 존화양이(尊華攘夷)의 춘추대의를 위한 명분에 온전히 합치하는 것임에도, 조정중신들은 그것을 실천할만한 의지와 능력이 없는 것으로 나타난다. 그들은 작은 예법에 얽매여 정작 중화를 높이고 오랑캐를 물리치는 춘추대의의 중요 덕목을 돌아보지 않는다. 여기에서 북벌론자들의 허위의식이 잘 드러난다. 이에 허생은 다음과 같이 양반사대부들을 질타한다.

> 소위 사대부라는 것들은 도대체 어떤 놈들이냐! 예(彞), 맥(貊)의 땅에 태어나 스스로 사대부라 뽐내니 어찌 어리석지 않은가? 바지저고리를 온통 하얗게 입으니 이것은 상복이고, 머리털을 모아 송곳처럼 묶으니 이것도 남만의 상투에 불과하다. 어찌 예법이라 하겠느냐?
> 所謂士大夫, 是何等也! 産於彞貊之地, 自稱曰士大夫, 豈非駁乎? 衣袴純素, 是有喪之服, 會撮如錐, 是南蠻之錐結也. 何爲禮法?[25]

허생은 그들이 오랑캐의 터전인 예맥(彞貊)의 땅에 태어나 어줍지 않게 중화인 행세를 한다고 질타하며, 그들의 고루하고도 왜곡된 화이관을 비판한다. 그리고 이어지는 후지에서 연암은 허생이 명나라의 유민(或曰, 此皇明遺民也)[26]이라는 설을 끌어들인다. 허생이 참으로 중화인이라면 허생전 속의 위와 같은 질타는 참된 중화인이 사이비 중화인들을 꾸짖는 설정이 된다.

또한 이 대목 이전에 나타나는 허생의 행적을 통해서 우리가 소중화를 자부하면서 중국과의 물류가 막혀져 있기 때문에, 만 냥만으로도 폐쇄적인 나라 경제의 밑천이 드러날 수 있다는 것도 보여준다. 이러한 작품 속 여러 사례들을 통해 북벌론자들이 스스로 자부하는 소중화의식이 얼마나 허위에 찬 것인지를 제시하고 있다.

이처럼 연암의 소설들은 구체적이고 실제적인 시사를 통해 고루하게 왜곡되어버린 당대의 경직된 화이관을 보여주면서 이를 풍자하고 있다는 점에서 중요한 의미가 있다. 그리고 화이의 세계를 동질적으로 바라보며 경직된 세계관을 비판적으로 바라보는 관점은 바로 인물성동론의 세계관에 바탕을 두고 있기에 가능한 것이었음을 알 수 있다.

인물성동론과 연암 소설의 동질성

인물성동이논쟁은 우리 역사에서 매우 중요한 사상 논쟁의 하나로 이해되고 있다. 이 글에서는 인물성동이논쟁의 한 축을 형성했던 인물성동론의 관점에서 연암 소설의 자연관과 인간관, 그리고 세계관을 검토해 보았다. 그 이유는 연암 박지원이 노론 낙론계 인물로서 인물성동론으로부터 깊은 영향을 받았고, 인물성동론의 관점이 연암 소설 전반의 사상적 성향을 형성하는 데에 매우 중요한 바탕으로 작용했다고 보았기 때문이다.

인물성동론은 문명 속의 인간과 자연 속 동물의 본성이 다르지 않음을 강조하면서 양자의 근본적 동질성을 강조한다. 그러므로 인간중심주의와 인간우월주의를 거부한다. 이러한 견해는 동물인 범을 주인공으로 내세운 〈호질〉에 잘 반영되어 있다. 이 작품은 동물을 대표하는 범과 인간을 대표하는 북곽선생의 만남을 중요 사건으로 다루고 있다. 동물과 인간이 만나 서로 대등한 입장에서 또는 동물이 우월한 입장에서 대화할 수 있는 소설적 설정은 그 이전의 작품에서는 나타나지 않은 특별한 사례가 아닐 수 없다. 성현의 학문을 하는 학식 높은 북곽선생이 오히려 짐승만도 못한 존재로 그려지고 산짐승인 범이 오히려 성군(聖君)의 형상으로 나타난다. 이렇게 인간이 동물처럼, 동물이 인간처럼 형상화된 것은 인물성동론에서 주장하는 바와 같이, 인간과 동물이 본성의 측면에서는 근본적인 차이가 없다고 보았기 때문에 가능한 설정이었음을 확인할 수 있다.

　인물성동이론에서는 인간을, 동물의 본성을 벗어나지 못한 범인(凡人)과 인간성을 온전히 구현한 성인(聖人)으로 나누어 바라본다. 인물성동론에서는 성인과 범인의 동질성을 강조하고 인물성이론에서는 성인과 범인의 차별성을 강조한다. 연암 박지원은 사회적 상황과 신분에 의해 외부적으로 형성된 인간의 차별성보다는 인간의 동질성을 강조한다. 연암의 소설에 등장하는 인물들은 하나의 계층에 한정되지 않으며, 몰락 양반이나, 서얼, 하층과 시정의 여러 인물과 여성인물에 이를 정도로 매우 다양하고 폭넓게 나타난다. 상층의 양반사대부라고 하여도 요순과 같은 성인의 형상으로 나타나는 것이 아니며, 몰락양반이나 서얼, 시정의 하층민이라 하여도 도척과 같은 인물로 나타나지 않는다. 오히려 성인의 도를 학습하고 그것을 지향하는 고귀한 상층의 양반사대부가 도척의 형상으로 그려지거나, 시정에서 짐승처럼 간난신고를 겪으며 거친 환경에서 살아가는 이들 중에 오히려 성인의 품성을 지닌 인물들이 많이 등장한다. 이것도 성인과 범인의 근본적인 종자가 다르지 않다고 보는 인물성동론의 관점을 잘 반영하고 있는 것이다.

　인물성동이론에서 바라보는 세계는 금수의 본능을 추구하는 오랑캐 야만의 세상과 성인의 교화를 따르는 중화 문명의 세상으로 나누어진다. 동아시아에서는 이 상반된 두개의 세계를 전통적으로 화이(華夷)로 지칭하였다. 인물성동론에서는 이 두 세계의 동질성을 강조하고 인물성이론에서는 이 두 세계의 이질성에 착목한다. 연암 박지원은 인물성동론의 입장에서 화이의 동질성을 중시하기 때문에, 화이(華夷)의 세계 구분이 고정불변의 것이 아니라 상황에 따라 얼마든지 변동 가능한 것이며, 절대적인 것이 아니라 상대적인 것임을 강조한다. 그러므로 금수를 닮은 세상도 성인의 교화가 넘치는 세상이 될 수 있고, 성인의 교화가 넘치는 세상도 순식간에 금수를 닮은 세상이 될 수 있다고 본다. 〈호질〉은 금수의 세상과 성인의 세상이 심각하게 착종된 모습을 잘 보여준다. 범과 북곽선생은 그러한 세상을 대표하는 인물들이다. 〈허생전〉도 오랑캐인 만주족이 지배하는 청나라를 중화(中華)로 보아야 옳은지 이적(夷狄)으로 보아야 옳은지를 심각하게 묻고 있는 작품이다. 이를 통해 청나라를 중화로 보아 배워야 할 것인가, 아니면 이적으로 보아 정벌해야 할 것인가 하는 문제를 통해, 북학과 북벌의 참뜻을 생각하게 하면서 북벌의 허구성을 비판·풍자하고 있다.

인물성동론의 사상과 연암 소설의 문학적 형상을 전면적으로 비교·검토하는 과정에서 양자가 매우 긴밀한 동질성을 지니고 있음을 확인할 수 있었다. 특히 연암의 경우에는 이러한 인물성동론의 사상적 주제가 개념의 유희를 통한 사상적인 논변의 방식을 통하기보다는 소설의 문학적인 형상화 방식을 통해 더욱 탁월한 표현을 확보하였다고 할 수 있다. 이것은 낙론계 문학의 흐름 속에서도 독특한 경향이 아닐 수 없으며, 18세기를 중심으로 한 조선 후기 우리 소설문학사상사의 현장에서도 매우 주목할만한 현상이다.

그러나 인물성동론과 연암 소설 전반이 사상적 성향과 문학적 형상 면에서 깊은 동질성을 보여주고 있음에도 불구하고, 인물성동론의 사상이 연암의 소설을 추동하는 일방적인 동인이 되었다고 단언하기에는 무리가 있다. 한 인간의 문학 세계가 형성되어가는 과정은 매우 다양한 요소들이 개입되어 총체적으로 구현되어 가는 것이기 때문이다.

【주】

1 이에 대해서는 조동일의 「18세기 인성론의 혁신과 문학의 사명」, 『한국의 문학사와 철학사』(지식산업사, 1996)과 김명준의 『홍대용평전』(민음사, 1987); 「호질과 의산문답과의 관련」, 『한국고소설의 조명』(아세아문화사, 1992), 그리고 허원기의 「호질 생태담론의 성격」, 『고전서사문학의 사상과 미학』(경인문화사, 2007)에서 논의가 이루어졌으며, 그 이전에 이가원의 「〈호질〉 연구」, 『연세논총』 제2집(연세대, 1963); 이재수의 「연암소설 논고 -〈호질〉과 허생전을 중심으로」, 『경북대논문집』 10집(경북대,1966)에서도 이에 대한 논급이 있었다. 그러나 〈호질〉 자체에 대해서도 보다 진전된 논의가 필요할 뿐만 아니라, 다른 소설 작품과의 관련성에 대해서도 확대하여 논의할 필요가 있다.
2 洪直弼, 「與李龜巖」, 『梅山文集』 권3(국학자료원, 1999), 117쪽 참조.
3 박지원, 「答任亨五論原道書」, 『燕巖集』, 37쪽 하단.
4 홍대용, 「心性問」, 『湛軒書』 上, 2쪽.
5 박지원, 「答任亨五論原道書」, 『燕巖集』, 37쪽 하단.
6 이에 대해서는 4장에서 따로 논의가 있게 될 것이다.
7 이에 대해서는 이미 김문용이 「북학파의 인물성동론」, 『인성물성론』(한길사, 1994)에서 자세히 검토한 바 있으므로 더 이상 상론하지 않는다.
8 『過庭錄』 권4: "○ 先君不食私屠肉曰, "肉味亦不佳," 在燕峽時, 鄕俗, 慣食雁肉, 煮羹以進. 先君不悅曰, "人稱兄弟爲雁行. 吾每見其飛行, 甚愛之, 而可食乎!" 遂却不食. ○ 嘗進食, 見二鳥, 集庭樹曰, "爾烏反哺來耶?" 以數片藏, 擲之階下. 一鳥, 果含而哺焉, 見之, 悽然久之. ○ 門內, 不許畜狗曰, "狗能戀主, 且畜之, 竟不得無殺. 殺之不忍, 不如初不畜也." 家中, 至今, 遵而不畜狗. ○ 嘗所乘馬死, 命奴募丁往瘞. 奴輩共謀屠解. 更命門下人, 檢收而埋之, 杖其奴曰, "人與獸, 雖有間, 是共汝勞苦者. 豈忍如是." 遂放去之. 奴待罪門外者數朔, 始得許納焉."
9 박지원, 〈虎叱〉, 『燕巖集』, 192쪽 하단.
10 박지원, 〈虎叱〉, 『燕巖集』, 192쪽 상단.
11 박지원, 〈虎叱〉, 『燕巖集』, 192쪽 하단.
12 앙리 베르그손의 『웃음』(종로서적, 1997)에는 풍자적인 웃음에 대한 이러한 견해가 잘 나타나 있다.
13 이에 대해서는 안영상, 「외암 이간의 인물성동론과 이성이심론」, 『인성물성론』(한길사, 1994)와 한형조, 「인물성동이론의 철학적 연원과 해석」, 『한국사상가의 새로운 발견(4) -외암 이간 연구-』(한국정신문화연구원, 1998)에서 그 개략이 논의된 바 있다.
14 『燕巖集』 권3에 수록된 「擬請疏通疏」가 그것이다. 김택영이 편한 『중편연암집』에는 「擬請疏通庶孽疏」라는 제목으로 되어있다.

15 이 무렵의 우도론과 우정론에 대해서는 임형택의 「박연암의 우정론과 윤리의식의 방향 -馬駔傳과 穢德先生傳의 分析」, 『한국한문학 연구』 6집(한국한문학회, 1976)과 박성순의 「북학파의 문학사상과 우정의 윤리학」, 『국어국문학』 129호(국어국문학회, 2001)를 비롯하여 여러 논의들이 제시된 바 있다.
16 박지원, 〈兩班傳〉, 『燕巖集』, 119쪽 하단.
17 박지원, 〈穢德先生傳〉, 『燕巖集』, 116쪽 상단.
18 박지원, 〈虞裳傳〉, 『燕巖集』, 120쪽 하단.
19 박지원, 〈自序〉, 「放璚閣外傳」, 『燕巖集』, 114쪽 상단.
20 옛날 중원의 여러 나라가 불행히도 오랑캐에게 먹힌 적은 비단 오늘에만 그런 것이 아니었습니다. 그러면 모두 오랑캐 땅이 되었던 곳이라 하여 그 지명도 쓰지 못하겠습니까? 순임금은 동이지역 사람이고 문왕은 서이지역 사람이었습니다. 오늘날 춘추대의를 위하는 자들이라면 장차 순임금과 문왕을 위하여 억지로 그 출생지를 숨겨야 한다는 말입니까. 춘추란 진실로 중화를 존중하고 오랑캐를 배척한 책입니다. 그러나 공자께서도 일찍이 구이(九夷)에 살고 싶다하셨으니, 요즘 식 춘추의 도만을 따르는 사람들 같았다면, 성인이 어찌 배척하는 지역에 살고자 할 수 있었겠습니까.(古之區夏不幸而陷於胡虜者, 非獨於今日而爲然也. 擧將夷之而不名耶. 舜東夷之人也, 文王西夷之人也. 由今之爲春秋者, 其將爲舜文王, 曲諱其所生之地耶. 春秋固尊華攘夷之書耶. 然夫子嘗欲居九夷, 由今之道者, 聖人何爲欲居其所攘之地乎.)
21 이러한 생각은 『열하일기』의 「馹汛隨筆」 7월 15일 기사에도 잘 나타난다.(『燕巖集』, 171쪽 하단~173쪽 상단.)
22 박지원, 〈虎叱〉, 「關內程史」, 『燕巖集』, 193쪽.
23 박지원, 〈虎叱〉, 「關內程史」, 『燕巖集』, 193쪽 하단.
24 홍대용, 「醫山問答」, 『湛軒書』 上(경인문화사, 1969), 326쪽.
25 박지원, 〈許生〉, 「玉匣夜話」, 『燕巖集』, 300쪽 상단.
26 박지원, 〈許生〉, 「玉匣夜話」, 『燕巖集』, 300쪽 하단.

【참고문헌】

1. 자료
박지원, 『燕巖集』(경인문화사, 1984)
홍대용, 『湛軒書』(경인문화사, 1969)
홍직필, 『梅山文集』(국학자료원, 1999)
김윤조, 『역주 과정록』, 태학사, 1997.

2. 단행본
김태준, 『홍대용평전』, 민음사, 1987.
유봉학, 『연암일파북학사상연구』, 일지사, 1995.
이종주, 『북학파의 인식과 문학』, 태학사, 2001.

3. 논문
김문용, 「북학파의 인물성동론」, 『인성물성론』, 한길사, 1994.
김문용, 「북학파 교우론의 사상사적 함의」, 『한국실학연구』 제10집, 한국실학학회, 2005.
김상곤, 「인물성동이론과 호락논쟁」, 『유교사상연구』 8집, 한국유교학회, 1996.
김인규, 「북학파의 신분제 개혁론 연구」, 『한국사상과 문화』 제19집, 한국사상문화학회, 2003.
김태준, 「〈호질〉과 의산문답과의 관련」, 『한국고소설의 조명』, 아세아문화사, 1992.
박성순, 「북학파의 문학사상과 우정의 윤리학」, 『국어국문학』 129호, 국어국문학회, 2001.
안영상, 「외암 이간의 인물성동론과 이성이심론」, 『인성물성론』, 한길사, 1994.
이현식, 「〈호질〉, 청나라 인식에 관한 우언」, 『한국한문학 연구』 35집, 한국한문학 연구회, 2005.
임형택, 「朴燕巖의 友情論과 倫理意識의 方向 -馬駔傳과 穢德先生傳의 分析」, 『한국한문학연구』 6집, 한국한문학회, 1976.
장승희, 「담헌 홍대용의 인간관—의산문답에 나타난 '자연성'을 중심으로」, 『국민윤리연구』 59집, 한국국민윤리학회, 2005.
조동일, 「18세기 人性論의 혁신과 문학의 사명」, 『한국의 무학사와 철학사』, 지식산업사, 1996.
최영성, 「인물성동론의 생태학적 해석」, 『유교사상연구』 10, 한국유교학회, 1998.
한형조, 「인물성동이론의 철학적 연원과 해석」, 『한국사상가의 새로운 발견(4) -외암 이간 연구』, 한국정신문화연구원, 1998.
허원기, 「〈호질〉의 생태담론」, 『고전서사문학의 사상과 미학』, 경인문화사, 2007.

| 5 |
정리(情理)적 인간론과 판소리 미학

판소리 서사문법의 특수성

　우리 역사 속에서 문학이 어떠한 의미를 지니는 것이었으며, 그것을 통해 어떠한 가치를 추구하였는지 살펴보고, 그 변모 양상에 착목하고자 하는 노력은 매우 중요하다. 우선 이러한 논의는 우리 문학에 대한 당대인의 인식들을 온전히 이해하는 것에서 출발해야 할 것이다. 그러할 수 없다면, 논의가 미궁을 헤매며 표류하지 않을 수 없다. 그러나 시간적 거리가 멀어질수록 당대인들의 문학 의식에 온전히 접근한다는 것이 쉽지 않다. 특히 우리 시대와 공유되지 않는 문학 인식의 영역들은 더욱 그러하다. 그럼에도 불구하고 우리가 관심을 가져야 할 부분들은 역시 우리시대와 공유되지 않은 문학 의식들의 행방이다. 현대적 관점의 문학 인식에서 제외된 영역들을 주의 깊게 검토하지 않는다면, 고금을 통괄하는 문학의 지형도를 재구성할 수 없을 것이다. 그러므로 고전문학에 나타난 문학 의식의 특수성을 찾아 그것의 현재적 의의를 밝히는 작업이 긴요하다.
　필자가 다루려고 하는 것은 우리 고전 서사문법의 특수성에 대한 한 고찰이다. 소설의 발생과 관련한 문학 의식의 양상은 논외로 하고, 필자가 주목하는 대상은 한국 문학의 서사적 특수성을 대표한다고 볼 수 있는 판소리의 서사문법이다. 판소리는 그것의 서사적 불합리성이 거론된 이후로, 그 특수성에 대해서는 기존에 여러 논의들이 있어 왔다. 그 대표적인 논의들은 대략 다음과 같이 서술할 수 있을 것이다.

먼저 최진원[1]은 완판 열녀춘향수절가와 신재효본 춘향가를 대비한 후, 완판본은 신재효본에 비해 불합리하지만 그로 인해 더 뛰어난 작품성을 성취했다고 보았다. 조동일[2]은 흥부전을 대상으로 하여 그 서사구조를 고정체계면과 비고정체계면으로 나누고 고정체계면은 형식적 중요성을 지니면서 표면적 주제를, 비고정체계면은 실질적 중요성을 지니면서 이면적 주제를 갖고 있는데, 비고정체계면의 제 부분은 각각 독자성을 지니면서 서로 상반되기도 하며 당착을 일으키기도 한다고 했다. 김흥규[3]는 판소리가 궁극의 클라이맥스를 향해 모든 것이 집약되는 유기적 발전의 완결 구조가 아니라 긴장—이완, 몰입—해방이라는 정서적·미적 체험의 마디를 반복하는 구조라고 보았다. 이를 통해 상황적 의미와 정서를 강화하고 확장하여 부분의 독자적 감동을 추구한다고 보았다. 김대행[4]은 장면 장면의 상황을 최대한으로 부각시키려는 장면극대화 현상을 보여주기 때문에 인물의 성격과 사건 전개에 당착이 있다고 보았다.

이상의 논의들에서 판소리의 서사구조는 부분이 전체를 위해 봉사하는 것이 아니라 전체의 사건이 부분의 흐름을 위해 봉사한다는 점, 이에 따라 상황적 의미·상황적 정서를 확대하고 강화하려는 지향을 보여준다는 점, 그러므로 인물의 성격이 고립적이지 않고 상황에 따라 매우 유동적이라는 점이 주로 거론되었다. 그리고 이러한 불합리성이 판소리의 작품성을 이루는 중요한 요소라는 점이었다. 이러한 판소리의 미적 서사구조는 '부분(상황)지향성'과 '정(情)지향성'[5]이라는 두 축으로 수렴되고 있는 것으로 보아도 무리는 없는 것으로 보인다.

이것은 판소리 미학의 핵심 개념 중의 하나인 '이면'에 대한 다음의 설명과도 상통한다.

> 이면이란 것은 환경, 가사 내용얼 말험니다. 슬픈 가사가 될라 치면 계면으로 해야 할 거 아니요? 또 토끼란 놈이 자라 등에 올라타고 세상 구경얼 허는디 우조나 계면으로 허면 씰 거시요? 꺼덜거리는 성음 아닙니까? 그것이 이면이여.[6]

위의 설명은 이면의 미적 지향점이 '뜻(情)과 정서(情)를 상황(부분)에 맞게 표현'하는 데 있음을 표명한 것인데, 이것은 기왕에 논의된 판소리 서사구조에 대한 논의와도 합치되는 점이다. 이를 통해 일단 현장과 학계에서 모두 판소리의 미적 지향점이 '부분지향'과 '정지향'에 있음을 확인했음을 알 수 있다.

그러나 판소리가 서사적 불합리성을 지니고 있으며 그 불합리성으로 인해 작품성을 높일 수 있었다는 설명은 무언가 적절하지 않다는 생각을 하게 된다. 이것은 자칫하면 불합리해야만 작품성이 높아질 수 있으며, 판소리 향유자들이 그 불합리성 자체를 의도적으로 추구했다는 견해가 될 수도 있어 많은 주의를 요한다. 설령 그러한 견해가 가능하다 하더라도 더 진전된 많은 논의가 필요하다는 점을 부정하기 어렵다.

이 글은 우리가 불합리성의 근원으로 지적하고 있는 판소리의 '부분지향성'과 '정지향성' 속에서 그 존재의 당위성과 또 다른 합리성의 근원을 찾아보고 새롭게 정립해보려는 소박하지만 근원적인 고민에서 이루어진 것이다. 그러나 그 합리성의 성격은 기존에 논의되던 합리성과는 다른 차원에 있는데, 이것은 '정'을 배제한 물리적 합리성과는 다른 차원에 있는 '정리(情理)의 합리성(合理性)'으로 전제하면서 이야기를 시작하려 한다.

정리(情理)적 인간과 그 미적 전유

'정리(情理)'라는 말은 청산하지 않으면 안 될 전근대의 유산으로 여겨지기도 한다. 우리의 전통 시대에 있었던 문화적 병폐의 주범이 여기에 있다는 비판은 사회학자들에 의해 적잖이 거론된 바 있다. 그러나 최근에 이르러 한편에서는 감성지수를 중시하는 교육학이 나타나고 있고 감성에 의한 '감성경영' 또는 '정리(情理)경영'이라는 용어가 경영학에서 새롭게 주목받고 있다. 이러한 사례를 굳이 거론하지 않더라도 미학적인 측면과 인간학적인 측면에서 '정리'라는 것에 대한 본격적인 논의가 필요하다. 특히 판소리의 서사성을 거론할 때는 '정리'에 대한 이해가 판소리의 미적 특성을 이해하는 중요한 출발점이 된다고 생각한다.

'정리'를 거론하자면 우선 '정'에 대한 이해에서 출발해야 할 것이다. 판소리 서사와 미학의 성격을 결정하는 '상황의 뜻과 정서'라는 점을 감안할 때 더욱 그러하다. '상황'이라는 말을 제외하면, '정(情)'이라는 말은 '뜻'과 '정서'라는 의미를 이미 포함하고 있기 때문이다. 우리는 흔히 '정'을 서구적 의미의 '정감'이라는 측면에서 일면적으로 이해하고 있으나, 전통적으로 볼 때 정은 의미의 폭이 매우 넓은 말이다.

특히 조선시대 성리학에서는 심성론을 통해 '정'에 대한 논의를 정밀하게 발전시켰다. 심성 논의에서는 흔히 내면미발(內面未發)의 성(性)이 외면기발(外面旣發)의 상태로 표현된 것을 '정(情)'으로 보았다. 즉 인간 내면의 본성이 외부의 사물과 대면할 때 나타나는 반응의 모든 양상을 '정'이라고 지칭했는데, 이것은 주체와 객체가 만날 때 관계를 형성하며 일어나는 파동의 모든 양상을 의미하는 셈이다. 조선시대 가장 포괄적인 어휘집인 『광재물보(廣才物譜)』에도 성은 자연으로부터 타고난 것(天之所賦)[7]이며, 정은 자연으로부터 타고난 성이 겉으로 드러난 것(性之發也)[8]이라고 하여 같은 의미로 설명되어 있다. 이러한 정이 일에 나타나면 사정(事情)이 되고 물에 나타나면 물정(物情)이 된다.

심성론에서 바라보는 인간은 '생각하는 인간'이 아닌, 관계를 형성하면서 '정을 느끼고 표현하는 인간'이다. 세계와 대면하여 관계를 형성하면서 사는 인간은, 늘 타자의 정을 느끼거나 자아의 정을 표현하면서 산다고 본다. 이때의 정은 위에서도 살펴보았듯이 '정감'에 한정되는 것이 아닌 자아가 세계를 만나 반응하는 포괄적인 생명반응의 모든 양상을 말한다. 이 반응의 양상을 크게 희로애락(喜怒哀樂)으로 범주화시켜 말하기도 했다. 그리고 세계에 대한 자아의 부정적 반응은 애로(哀怒)로, 긍정적 반응은 희락(喜樂)으로 나타난다고 볼 수 있을 것이며, 이를 이원적으로 나누자면 전자는 '울음의 정서'에 후자는 '웃음의 정서' 배속시킬 수 있을 것이다.[9]

그런데 인간의 정은 주로 문명의 역학관계 속에서 느껴지거나 표현될 경우가 많다는 점에서 중요한 문제가 파생될 수 있는데, 그것이 바로 느낌과 표현의 과정에 나타나는 '정(喜怒哀樂)의 과잉과 결핍(過不及)'의 문제이다. 문명의 권력에 의한 역학관계 속에서는 자연 상태와는 달리 정을 느끼고 표현하는 데, 숙명적으로 결핍과 과잉이 따르게 된다. 그런데 이러한 현상이 심해지면 오히려 인간과 문명사회에 병리적 현상을 초래되는 중대한 원인이 된다. 그러므로 '정(喜怒哀樂)의 과불급'을 해결하고, '정(喜怒哀樂)의 중용'을 이룩해야 한다는 당위적 목표가 설정된다.

정리는 현실 속서에 나타나는 정의 자연스런 이치와 현실에서 마땅히 구현되어야할 정의 당위적 이상[10]을 아울러 말한다.[11] 그러므로 정감이라는 것은 정리에 맞게 표현되어야 한다. 그것이 윤리적으로는 선이고 미적으로는 아름다움이 된다. 사실 조선시대에 나타난 성리학의 심성론은 이러한 주제와 긴밀하게 연관되어 있다. 심성론에서 바라보는 인간은 현실적으로는 늘 희로애락의 과잉과 결핍 속에서 살지만 이상적으로는 늘 희로애락을 중용에 맞게 발현하지 않으면 안 되는 존재로 이해된다. 그러므로 심성론에 기반을 둔 성리학적 인간교육의 중심과제는 '감정의 과잉과 결핍을 극복하고 천성(性)을 중용에 맞게 정(情)으로 발현할 줄 아는 인간'을 만드는 데 있다. 그리고 성리학이 추구하는 이상적인 인간은 자신에 대해서는 '중용에 맞게 성(性)을 정(情)으로 표현할 줄 아는 인간'이며, 타인에 대해서는 '감정의 과잉과 결핍의 문제를 원활하고 건강하게 해결할 수 있는 인간'이다. 즉 '감정 처리와 교류의 달인'을 만드는 데 있다고 할 수 있다.

그리고 예라는 것도 이 정리에서 나오는 것(禮出於情理)이며, 정리를 중용에 맞게 표현하는 것이 예라는 점이 관용적으로 이해되었다. 그러므로 심성 논의가 진척되면 예론은 자연스럽게 대두되게 되며, 예론은 심성론의 연장선상에 있는 것이다. 인간의 심성적 문제를 현실의 사회적 관계 속에서 실천적으로 구현하기 위해 나타나는 것이 예(禮)이기 때문이다. 예에 대한 학문적 논의는 상황에 맞는 가장 이상적인 감정의 교류와 처리방식을 찾아 이를 규범화하고 정식화하는 과정에서 나타나는 문제[12]들이다. 즉 감성표현의 절차와 형식을 타당한 방식으로 구현하는 것을 문제 삼는다.

그러므로 정리는 우리가 이해하고 있는 것처럼 비합리적인 것이 아니라, 그 감정의 합리성을 나름대로 추구하고 있는 것으로 보아야만 할 것이다.

이렇게 '감정에너지를 어떠한 방식의 절차와 형식으로 표현하고 처리할 것인가? 하는 정리성의 문제는 미학의 근본 문제와 관련되어 있으며, 판소리의 예술미 형성에도 중요한 의미로 작용하고 있다. 특히 판소리가 추구하는 정리적 합리성도 이러한 미의식에서 비롯된다고 보아야 할 것이다.

앞에서 이미 판소리의 서사적 특성이 '상황(부분)의 뜻과 정서'를 중시하는 것이라는 견해가 공론화되었다는 점을 살펴보았다. 그리고 '뜻과 정서'가 정(情)의 다른 표현이라는 점도 살펴보았다. 그렇다면 정이라는 것과 '상황(부분)'이라는 것은 어떤 관계에 있는가. 내면미발(內面未發)의 성(性)이 외면기발(外面旣發)의 정(情)으로 나타날 때, 외부의 상황이 중요한 조건으로 작용한다. 외부의 사물과 상황에 대면하지 않으면, 정도 나타날 수가 없다. 외부의 상황과 사물(物情)에 긍정적이거나 부정적인 형태로 반응한 것이 정이기 때문이다. 그리고 이렇게 구체적으로 발현된 정은 또 다른 상황을 만들어낸다. 이렇게 자아와 세계가 서로 생성해가는 정의 양상에서 '상황'은 매우 중요한 존립 근거가 되는 것이므로, 정은 상황에 기반을 두면서 또 상황을 창조하는 것이라고 할 수 있을 것이다. 그러므로 정은 상황성을 중시한다는 점을 알 수 있다.

그러하다면 판소리의 서사방식에서 '정리를 통해 구현하려는 합리성'의 사례와 양상은 어떤 방향으로 나타나는가? 그 사례와 양상을 구체적으로 확인해 볼 필요가 있다.

필자는 그 양상을 크게 세 가지 방향에서 살펴보려 한다. 첫째는 전반적인 정서 변이의 합리성 추구 양상, 둘째는 각 장면 부분 정서의 정리적 합리성 추구 양상, 셋째는 사회 속의 관계적 정서로부터 형성되는 정리에 합치하는 주제 도출이 그것이다.

전반적 정서 변이의 합리성 추구

자아가 세계와 대면하여 형성해 가는 정(情)의 양상은 고정된 것일 수 없다. 자아가 대면하는 세계의 양상이 고정 불변하는 것이 아닐 뿐 더러,

세계의 양상이 불변한다 하더라도 자아의 정태는 시시각각 변동하기 마련이기 때문이다. 그러므로 조금만 더 길게 보면 인간 정서는 늘 변화의 흐름 속에서 무상한 것이어야 정리에 맞는 것으로 이해된다. 판소리 서사물에서도 이러한 방향에서 정리의 합리성을 긍정하고 추구한다. 그러므로 등장인물의 성격이 일면적으로 고립되어 있지 않으며, 상황에 따라 매우 유동적이다. 심지어 인물의 성격이 상황에 따라 불일치하는 경우까지 나타나며, 정리적 측면을 배제한 시각에서 보면 불합리한 요소로 충분히 지적될 수 있다. 그러나 정리의 측면에서 보면 인간의 성격이 일면적으로 고립되어 있다고 보는 것 자체가 불합리한 것이다. 그리고 시간을 개재시킬 때, 인간은 심리적으로 일면적이지도 양면적이지도 않으며 다중적인 성격을 가지고 있다고 보는 것이 올바른 이해라고 할 수 있다.

판소리 각 작품들의 발단부터 결말까지 전반적인 정서 변이의 양상을 좀 더 자세하게 정리하자면, ①울리고 웃기기가 순환적으로 교체 반복한다는 점, ②전반부에는 울음의 정서가 강하고 후반부에는 웃음의 정서가 강하다는 점, ③개인정서가 대동정서로 이동한다는 점, ④병리적 정서를 해소하고 생리적 정서를 생성한다는 점을 들 수 있다.

울리고 웃기기의 교체 반복

흔히들 동양의 역사관은 치란(治亂)의 두 박자가 반복되는 '순환적 역사관'이라고 한다. 『주역』에서는 '한번 음하고 한번 양하는 것을 일러서 도(一陰一陽之爲道)'라고 하여 자연과 문명의 이치가 서로 상반되는 것의 순환적 교체 반복으로 이루어진다고 보았다. 자연과 문명의 흐름이 서로 상반되는 것이 순환적으로 교체 반복하며 전개된다는 일반적인 인식은 예술에도 반영되어 나타난다.

한국 역사에 가장 위대한 소리북쟁이의 한 사람[13]으로 기록된 김명환도 판소리는 주역에 통달한 사람들이 음양에 맞춰서 만든 것이라는 말을 했다. 김명환의 말을 굳이 신용하지 않는다 하더라도 판소리에서 감정의 서사적 흐름은 상반되는 두 가지 감정들이 서로 순환적으로 교체 반복되어 나타나는 경우가 흔하다. 그 상반되는 감정은 부정적이며 비관적인 울음의 정서와 긍정적이며 낙관적인 웃음의 정서이다. 이것은 전통적으로 흥진비래(興盡悲來), 고진감래(苦盡甘來), 낙극애생(樂極哀生)이라는 순환적 정서관과 연결되어 있다. 자연과 문명처럼 인간정서도 각각의 국면에 따라 변하는 무상한 것으로 여겨졌다.

상반되는 두 가지 감정이 교체·반복되면서 나타나는 것이 인간 사회의 보편적인 정리로 파악하고 판소리에서도 이러한 정리에 부합해야 한다는 의식이 반영되어 있다. 그래서 전통적으로 '울리고 웃기기'라는 말이 비평적 관점에서 관용적으로 사용[15]되었을 뿐만 아니라 판소리의 감정서사도 울음의 정서와 웃음의 정서가 주도적으로 교체·반복되며 순환하는 양상을 확인할 수 있다.

〈춘향가(전)〉을 예로 들면, 서두부터 이도령과 춘향이 사랑가로 노는 대목까지는 웃음의 정서가 우세하다가, 춘향과 이도령이 이별하고 춘향이 이도령을 그리워하는 대목까지는 울음의 정서가 우세하다. 그러다가 변사또가 부임하는 대목부터 기생점고 대목까지는 웃음의 정서가 우세하고, 춘향이 신관사또에게 불리어 가는 대목부터 하옥되어 옥중가를 부르는 대목까지는 울음의 정서가 강해진다. 그러다가 이도령이 과거보는 대목부터 노정기로 내려와 역졸을 분발하고 거지 복색을 차리는 대목까지는 다시 웃음의 정서가 우세하게 나타나고, 방자가 춘향의 편지를 가지고 한양가는 대목부터 이도령이 옥중으로 춘향을 찾아가 만나는 대목까지 또다시 울음의 정서가 주도하게 된다. 그리고 변사또의 생일잔치로부터 작품의 끝까지는 웃음의 정서가 주도하게 된다.

이러한 울리고 웃기는 상반된 두 정서의 순환적 교체·반복은 여타의 판소리에서도 세부적인 양상에서 다소의 차이는 있으나 유사한 방식으로 나타난다. 〈심청가(전)〉에서는 행·불행의 반복적 구조16를 보여주면서 이에 따라 정서의 양상도 순환적으로 교체·반복되는 양상을 보여준다. 〈흥부가(전)〉는 전체적인 이야기가 '부자 놀부와 가난한 흥부' '부자가 된 흥부' '놀부의 패가망신'으로 이어지는데, 이야기가 전개되면서 놀부와 흥부의 상반된 희비가 교체·반복된다. 〈토끼전〉에서는 작품의 공간배경이 '수궁—육지—수궁—육지'로 네 번 바뀌어 나타나는데, 장소가 이동되면서 토끼와 별주부의 상반된 희비가 순환적으로 교체·반복된다. 〈적벽가〉에서 처음부터 조조가 잔치를 배설하고 '오작가(烏鵲歌)'를 부르는 대목까지는 웃음의 정서가 강하고, 병졸들이 자탄하는 대목은 울음의 정서가 강하며, 조조가 오림에서 호로곡까지 도망하는 대목은 웃음의 정서가 강해지고, 병졸점고 대목에서 울음의 정서가 강하며, 조조가 웃다가 장비에게 쫓겨 화용도로 도망하는 대목까지는 웃음의 정서가 강하고, 새타령·장승타령 대목에서는 울음의 정서가 강했다가, 조조가 유비 등의 근본 없음을 비웃는 대목부터 결말 대목까지는 웃음의 정서가 강하다고 볼 수 있다.

이러한 사실로 볼 때, 판소리의 서사구조는 전반적으로 슬픈 상황과 기쁜 상황이 역동적으로 교체·반복되면서 정서적인 순환을 추구하는 것이 중요한 미적 원리로 활용되고 있음을 알 수 있다.

전반부의 울음과 후반부의 웃음

흔히 '젊어서 고생은 사서도 한다'는 말이 있다. 인생에서 일정한 몫의 고생을 피할 수 없다면, 혈기왕성한 젊은 시절에 감당하는 것이 용이할 것이며, 혈기를 소진한 늙은 무렵에 고생을 감당해야 한다는 것은 인간의 정리에 맞지 않는 일이다. 인간의 인생이 처음이 좋은 것보다는 말년이 정서적 상황이 좋은 것이 인간의 정리에 합당한 것이 될 것이다.

판소리의 서사적 상황도 이와 유사한 모습의 정리를 지향한다. 그래서 전반부의 감정상황과 후반부의 감정상황이 다르게 나타나며, 후반부에 특히 웃음이 집중되는 양상을 보여준다.

〈심청가(전)〉의 경우, 전반부에서 심청이 죽고 후반부에서 뺑덕이네가 등장하면서 웃음의 정서가 우세하게 나타난다. 뺑덕어미는 플롯의 주제를 해치고 인물의 일관성을 해치는 존재다. 뺑덕어미의 등장으로 하여 주제인 효가 부각되는 것도 아니고, 심봉사의 고난이 심화되는 것도 아니며, 심청의 행위가 승화되는 것도 아니다. 뺑덕어미의 등장은 다만 여러 측면에서 이야기의 구조를 일탈시키는 구실을 하고 있을 따름이다. 뺑덕어미의 등장은 그 스스로 웃음의 대상이 되면서 심봉사를 웃음의 대상으로 극대화시켜 주는 역할을 한다.[17]

이것은 〈토끼전〉이 산중의 모족회의(毛族會議)를 통해 또 다른 웃음을 제공하는 점이나, 〈적벽가〉가 정욱의 등장에 의해 조조를 놀림감으로 만들어 버리는 쪽으로 나아가고 있다는 점, 〈흥부가(전)〉가 제비 박씨 이후 다양한 웃음거리를 등장시키고 있다는 점, 〈변강쇠가〉의 뒷부분에 여러 인물 군상들이 등장하면서 후반부의 웃음을 지향하는 양상을 보여주는 것들과 다르지 않다. 〈춘향가(전)〉는 좀 더 면밀한 분석이 필요하겠으나 후반부에서 춘향과 향유자들이 궁극적인 웃음의 정서를 회복하고 행복한 결말을 맞이한다는 점에서 그러한 정리의 흐름에 합치되고 있다.

춘향이든 심청이든 흥부든 전반부에서 혹독한 어려움을 겪으며 울음의 정서를 지극하게 체험했으므로 후반부에 정렬부인이 되거나, 황후가 되거나, 갑부가 되어 일견 불가능할 정도로 과도해 보일지라도 그렇게 성공할만한 충분한 자격을 가지고 있다는 것을 정리적 측면에서 공감할 수 있게 되는 것[18]이다. 그에 합당한 고통스런 감정을 겪지 않았다면 후반부에서 행복한 감정을 얻는다는 것은 정리에 합당치 않은 설정이 된다.

그리고 전반부의 울음의 정서는 현실 세계(있는 세계)의 삶의 갈등을 핍진하게 나타내며, 후반부의 웃음의 정서는 소망스러운 이상세계(있어야 할 세계)의 모습을 환상적으로 보여준다. 전반적으로는 '있는 세계'와 '있어야할 세계'를 모두 아우르면서 어느 한쪽으로 편향되지 않는 정서의 양상을 보여준다.

개인정서에서 대동정서로

판소리의 정리는 개인적 정서에서 출발하지만 궁극적으로는 사회적인 대동정서를 지향하고 선호하는 것으로 보인다. 개인은 단순히 고립된 감정을 토로하는 데서 그치지 않고 그 감정 교류를 사회적 관계성 속에서 구현하고 그 공감대를 형성시켜야 정리에 합당하다고 여긴다.

〈춘향가(전)〉에서 춘향과 이도령의 신분을 초월한 사랑의 감정은 두 당사자가 공감하는 것은 물론이거니와 그 존립의 근거와 정당성을 점진적으로 확대시켜 나가서, 결국은 왕의 허락까지 받아내는 데까지 이른다. 두 사람의 은밀했던 사랑이 점차 그 사회적 공감대를 확장시켜 그 정당성을 확보하게 되고 사회적인 문제 해결에까지 이르며, 남녀노소 빈부귀천이 모두 공감하는 대동정서를 이룩하게 된다.

〈심청가(전)〉에서도 심청의 지극한 효심은 심봉사와 도화동사람들, 남경선인, 용왕, 황제 등으로 그 사회적인 공감의 폭을 확대시켜 나간다. 결국에는 하늘을 감동시켜 심봉사의 눈을 뜨게 만들고 다른 봉사들의 눈까지 뜨게 만든다. 〈흥부가(전)〉에서 흥부의 선한 마음은 곤궁한 가운데도 미물인 제비에까지 미치고 새의 황제인 두견을 거쳐 선한 마음이 마비된 놀부의 심성을 개과천선하게 만든다. 인색한 놀부는 타율적인 방법에 의해 부를 재분배 당해야 하며, 자선이 생활화된 흥부는 부를 소유해도 올바르게 남을 위해 사용할 수 있는 사람이다. 그러므로 놀부가 타율적으로 재산을 빼앗기고, 흥부가 부를 우연하게 희사 받는다 하여도 정리에 어긋나는 것이 아니다. 또한 흥부의 몰락과 빈곤은 흥부 개인만의 몰락과 빈곤이 아니라 모든 몰락하고 빈곤한 사람들의 정서를 대변하는 것이다. 〈변강쇠가〉에서 고립되었던 옹녀는 점차 조력자들을 만나게 되며 치상의 난관을 해결하게 된다. 〈적벽가〉에서 권력을 부당하게 행사하면서 영웅심에 빠진 조조는 정욱, 병졸, 원조(寃鳥), 조자룡, 장비, 관우 등과 대면하면서 영웅심의 허울에서 벗어나 대동정서에 합치한다. 다만 〈토끼전〉에서는 이본에 따라 결말을 달리 함으로써 별주부의 충성에 대하여 대동정서에 관한 협의 가능성을 열어두고 있다.

이렇게 판소리 서사의 내적인 과정에서 정서의 구현 방식은 개인적의 범위에 고립되어 있는 것이 아니라 점진적으로 사회적 관계성 속에서 통용되고 공감되는 쪽으로 진행되어야 합당하다는 정리를 보여준다. 정리의 측면을 배제한다면 개인문제 해결이 사회적 공감을 거쳐야하는 이러한 중간 과정들은 불필요하고 불합리한 요소일 수 있겠으나, 정리적 공감과 합리성을 확보하려면 이러한 과정이 필수적이다.

병리적 정서 해소와 생리적 정서 생성

희로애락이 늘 중용에 맞게 표현된다면 병리적 정서는 발생하지 않으며 생명운화의 지극함을 구현할 수 있다.[19] 그러나 문명세계에서 희로애락이 늘 중용에 맞게 구현될 수는 없다. 인위적인 문명의 여러 조건들은 자연스럽고 중용에 맞는 감성표현을 방해하기 십상이다. 그래서 웃어야 할 때 제대로 웃지 못하고 울어야 할 때 제대로 울지 못하는 희로애락의 과불급에 의해, 감정의 지체 현상이 일어나 여러 가지 병리적 상황을 만들어 낸다. 성리학에서는 문명의 중심적인 문제가 희로애락의 과불급에서 비롯된다고 본다.

그러므로 이러한 희로애락의 과불급을 해소할 수 있는 정서적 기제들이 필요하다. 판소리에는 이러한 정서적 기제들이 마련되어 있다. 희로애락을 이면에 맞게 표현함으로서 희로애락의 병리적 과불급을 해소하게 해주는 것이 정리에 합당하다는 의식이 판소리의 서사구조에 반영되어 있다.

〈춘향가(전)〉에서 춘향은 신분적 한계와 권력의 방해 때문에 사랑의 감정을 온전하게 성취할 수 없는 인물이다. 신분제도와 권력의 방해에 의해 사랑을 표현하고 이루는 것에 감당하기 어려운 장애가 있다. 〈춘향가(전)〉의 서사구조는 이러한 감정의 지체현상을 해소하고 감정을 원활히 나타낼 수 있는 본래의 생리적 정서를 회복하게 해주는 전개 과정을 보여준다.

〈심청가(전)〉에서는 빈곤과 불구라는 상황 때문에 부녀간 온전하게 정을 교류하는데 큰 어려움에 직면하게 되어 부녀간의 정을 온전히 구현하는데 장애가 따른다. 이러한 상황은 심청이 왕후가 되고 심봉사가 개안(開眼)하면서 해소된다. 〈흥부가(전)〉에서는 빈부의 불균등 때문에 형제간의 정을 나누는데 장애가 생기고 정서적 지체현상이 생기는데 '흥부박사설'과 '놀부박사설'을 거치면서 이러한 정서적 지체현상을 해소한다. 〈적벽가〉에서는 부당한 권력에 의해 생겨난 정서의 지체현상을 '병졸자탄'과 '병졸점고' '조조놀리기' 그리고 '원조타령' 등의 장치[20]들을 통해 병리적 정서를 해소하고 생리적 정서를 회복한다.

〈토끼전〉의 경우와 〈변강쇠가〉의 경우에도 정도와 방식에서 차이는 있으나 병리적인 정서가 조금씩 해소되고 생리적 정서로 나아가고 있음을 부정하기 어렵다.

이렇게 판소리에서는 전반적으로 정서의 병리를 해소하고 그 생리를 회복하는 것이 마땅한 정리라고 보아 서사과정에서 이에 대한 여러 장치를 마련하고 있음을 알 수 있다. 이러한 경향은 문제의 궁극적인 해결이 외면의 물리적이고 형식적인 조건을 해결하는 데서 끝나는 것이 아니라, 내면의 감정적 문제를 해결하는 데서 완성된다는 정리적 문제의식[21]을 반증하는 것이다.

부분 정서에서 정리의 합리성 추구

선행연구와 앞의 논의에서도 거론하였듯이, 판소리는 부분 정서를 중시하는 경향이 있다. 각 대목 각 장면의 부분 정서는 특정한 상황에 한정되는 것이므로 그 정서표현은 일면적인 정서에 집중하기 마련이다. 각 장면의 부분 정서를 표현할 때도 정리적 합법칙성을 요구하는데 그것은 ①일면적 정서에 집중하되 그것에 얽매이지 않는다는 점과 ②연상되는 물정을 빠짐없이 서술한다는 점이다.

일면적 정서에 집중하면서 이에 얽매이지 않음

앞에서도 살펴보았듯이 웃음과 울음의 정서는 서로 교체·반복되면서 순환하는 모습을 보여준다. 그러므로 각 부분의 장면들은 일면적 정서가 우세하게 나타난다. 그러나 각 부분의 장면들이 그 일면적 감정에만 얽매여 있는 것을 거부한다. 다시 말해 각 장면의 웃음 속에도 울음의 씨앗을 남겨두고, 각 장면의 울음 속에도 웃음의 씨앗을 남겨둬야 하는 것이 정리라고 본다. 그래야만 상반된 정서가 지속적으로 교체·반복될 수 있기도 하려니와, 일상 속 장면들의 정서적 현실을 잘 반영하는 것이기도 하다.

일상의 장면 장면들의 정서적 환경은 비록 일면적 감정이 우세할 지라도 전적으로 극단적인 슬픔이나 전적으로 극단적인 기쁨으로 존재하지 않으며 복합적이며 다면적인 감정일 경우가 많기 때문이다. 절대적인 낙관과 절대적인 비관의 세계는 원래 우리가 사는 세상에는 없는 것이다.

〈춘향가(전)〉에서 '사랑가' 대목은 사랑의 깊은 즐거움을 웃음의 정서로 표현하고 있는 대표적인 대목으로 전체적으로 우조로 불리어지지만, 춘향이 부르는 대목(정자노래)에서는 미래에 대한 알 수 없는 불안이 계면조로 나타나기도 한다. 〈적벽가〉의 '군사설움타령'도 설움을 묘사하며 비애감을 겨냥하기는 하지만 외설적 사항들을 동원하면서 웃음 위주로 묘사되는 경향도 보여준다. 비록 일면적 정서라고 할지라도 그 상황에는 미묘한 차이가 있으며 질감은 다양한 모습으로 표현된다. 그러한 예들은 판소리에서 흔히 발견된다.

그리고 감정의 전복을 의도적으로 꾀하기도 한다. 예를 들어 비장한 사설을 흥미롭게 부르거나, 재미있는 사설을 구슬프게 부를 때도 새로운 미적 효과를 발휘할 수 있다. 그래서 〈흥부가(전)〉의 '놀부심술'대목이 계면조로 불린다든가 〈심청가(전)〉의 중타령 대목이 엇모리 계면조로 불리는 사례들[22]이 나타난다. 흥부전에서 가난을 묘사하는 많은 대목들은 울음의 정황들이지만 이들을 웃음의 정서로 나타내고 있다. 특히 〈변강쇠가〉의 경우, 전체적으로 비참한 삶의 조건들을 보여주고 치상(治喪) 과정을 다루고 있으면서도 울음의 정서가 아닌 웃음의 정서로 표현하고 있다는 점은 특기할 만한 사실이라고 할 수 있을 것이다.

이러한 방식으로 판소리의 각 장면에서는 일반적으로 그 장면의 중심적 감정과 여타 주변적 공생하고 있으며 새로운 감정 생성의 계기를 늘 열어두고 있다. 이 점에서 각 장면은 그 장면에 맞는 마땅한 정서표현을 우세하게 추구하면서도 그것에 일면적으로 얽매이지 않는 것이 정리에 합당하다고 보고 있다는 것을 알 수 있다. 이러한 점은 연상되는 장면이 극대화되고 부분이 독자성을 이루는 원인이 되며, 전반적 정서 변이에 적응하기 위한 장치이다. 그러므로 각 부분의 정서는 독자적인 듯하면서도 실은 전반적 정서 변화의 큰 흐름에 스스로를 열어두고 있는 것이다.

연상되는 물정을 빠짐없이 표현함

판소리에서 인간의 감정도 중요하지만 물정(物情)도 중요하다. 그런데 서사적 줄거리와 중요한 관련이 없더라도, 판소리의 서사방식에서 물정은 되도록 빠짐없이 서술하려는 모습을 보여준다. 판소리의 서사에서 부분과 장면이 확장되는 가장 큰 이유는 연상되는 물정(物情)을 빠짐없이 표현하고 맛보려는 정리 지향의 방향과 가장 긴밀한 관련이 있다고 할 것이다.

자아가 세계(物)와 대면하여 만들어가는 정의 양상을 핍진하게 표현하려면 세계의 물태(物態)도 보다 실감나게 표현해야 할 것이다. 그러나 판소리의 매체는 영상이 아닌 '소리'이므로 소리를 통해 볼거리를 제공해야 한다. 진기한 물정을 소리를 통해 그려냄으로써 소리가 가진 가능성을 극대화하고 이를 통해 연상되는 풍요로운 물태와 정서를 체험하도록 한다. 인간의 견문은 한계가 있으므로 심정적으로 누구나 진기한 세상의 물정을 경험하고 싶어 하는데, 판소리는 이러한 심정적 욕구를 긍정하고 간접적으로나마 충족시켜주려는 경향을 보이면서 이러한 장치를 마련하고 있다.

그래서 각 장면에 부합하는 세상의 물정은 되도록 온전하고도 충분하게 연상적으로 맛보는 것이 정리에 합당하다고 여긴 듯하다. 그리하여 〈춘향가(전)〉에서 춘향집의 경개를 빠짐없이 서술한다거나, 춘향집 세간과 기물을 빠짐없이 노래하고, 나귀의 행장과 인물의 복색을 묘사하거나, 신관사또의 신연맞이 행색이나 기생점고를 하면서 기생들의 다양한 인물묘사를 하는 것들이 바로 그러한 예들이다. 그 외에도 그러한 예들을 〈춘향가(전)〉와 여타의 판소리에서 무수하게 발견할 수 있다.

판소리에서 세상의 물정묘사는 일상세계뿐만 아니라 비일상 세계와 상상세계에까지 다양하게 확장된다. 전쟁터를 배경으로 한 〈적벽가〉와 수궁을 배경으로 한 〈토끼전〉과 〈심청가(전)〉, 박타는 대목에 나타나는 온갖 물건들을 다룬 〈흥부가(전)〉이 그러하다. 전쟁터에서 무수히 죽어가는 물정을 묘사한 '죽고타령' 대목이나, 전쟁터에서 부상당한 병졸들의 모습을 보이는 '병졸점고' 대목, 용궁의 환상적 물정을 묘사하고 있는 〈토끼전〉과 〈심청가(전)〉의 여러 사례들은 그러한 물정을 통해 작품의 성격을 풍요롭고 다채롭게 할 뿐만 아니라 작품의 주제와 정서를 형성하는 중요한 기능을 수행하기도 한다. 지지리도 서방 복(福) 없고 남편 잡아먹는 여자의 물정을 보여주는 〈변강쇠가〉의 다음 대목은 기괴한 물정이다.

열다섯에 어든 서방 첫늘 밤 잠자리에 급상한에 죽고, 열여섯에 어든 서방 당챵병에 튀고, 열일곱에 어든 서방 용천병에 폐고, 열여듧에 어든 서방 베락마져 식고, 열아홉에 어든 서방 천하에 듸적으로 포청에 쩌러지고, 스물살에 어든 서방 비상먹고 도라가니, 서방에 퇴가 나고, 송장 치기 신물난다.[23]

이상적인 정리와 거리가 먼 기괴한 현실의 병리적인 상황을 표현할 때는 특히 기괴한 물정들을 연상적으로 보여준다. 이러한 기괴한 물정의 묘사는 주로 현실적 삶의 어려움을 드러내는데 효과적이다. 〈변강쇠가〉에 등장하는 여러 가지 기괴한 물정들과 〈적벽가〉에 등장하는 '병졸점고' 대목에서 부상당한 병졸들의 기괴한 물정은 그러한 좋은 예라고 하겠다.

물정(物情)은 인간의 직접적인 감정과는 거리가 있으나 작중인물과 향유자들의 정서를 생성하는데 중요한 구실을 한다고 볼 수 있으며, 판소리 서사의 정서적 풍요로움을 형성하여 인간의 온갖 감정을 맛볼 수 있게 하는 중요한 조건이 된다.

이렇게 판소리에서는 물정을 빠짐없이 체험하여 물정의 다채로운 질감을 표현하는 것을 능사로 삼고 있음을 알 수 있으며, 이것은 판소리의 정리가 지향하고 있는 한 방향이다. 정리를 배제하고 물리적인 측면에서 볼 때 이러한 서사과정에서 불필요하고 불합리하게 보이며, 심지어 합리적인 서사를 방해하는 듯이 여겨질 수도 있다. 그러나 정리적인 측면에서 보면 이러한 단계는 필수적인 설정이 아닐 수 없다. 일상에서 경험하기 어려운 진기한 물정체험의 욕구는 마땅히 충족되어야 하며, 그래야만 정서적 불평이 해소될 수 있다는 정리지향을 보여주고 있다.

정리에 합치하는 주제 도출

인간의 정은 주로 사회적 관계 속에서 표현되고 교류되기 마련인데, 그러한 사회적 관계의 양상은 빈부·존비·귀천·상하·남녀·노소 등을 비롯하여 매우 다양하다. 여러 사회적 관계에 따라 작중 인물들이 정을 표현하고 교류하는 방식들은 달라질 수밖에 없다. 또한, 같은 사회적 관계라 하더라도 그들이 처한 물정(物情)과 사정(事情)에 따라 정을 표현하고 교류하는 방식은 또다시 다양하게 분화된다. 그리고 이렇게 되면 그 다양한 각각의 사례들 속에서 '가장 이상적인 정의 표현과 교류 방식인 정리를 어떻게 설정할 것인가'도 아울러 중요한 문제[24]로 대두한다. 〈춘향가(전)〉은 청춘남녀의 정리, 〈심청가(전)〉은 부모와 자식 사이의 정리, 〈흥부가(전)〉은 형제의 정리, 〈적벽가〉는 장졸(군신) 간의 정리, 〈수궁가〉

는 임금(君)—신하(臣)—백성(民) 사이의 정리, 〈변강쇠가〉는 부부의 정리를 중요한 문제로 삼는다.

〈춘향가(전)〉을 예로 들자면, 재자가인인 청춘남녀 춘향과 이도령의 만남에서 나타나는 정의 표현과 교류 방식은 '사랑'이라는 것으로 나타나며, 그들의 사랑은 일반적으로 정리에 합당한 것으로 전제된다. 청춘남녀의 사랑은 축복 받아야 정리에 마땅하지만 춘향과 이도령의 사회적 관계성은 청춘남녀의 관계에서 끝나는 것이 아니다. 춘향은 기생의 딸이고 이도령은 지체 있는 양반의 자제여서 귀천이 갈리게 되고, 변사또로 대표되는 사회적 인습과 권력의 방해가 따르게 된다. 사정이 여기에 이르면 춘향의 처신이 어떠해야 정리에 맞을지 논란이 된다. 춘향은 그럼에도 불구하고 사랑은 유지되고 보호되어야 정리에 합당하다는 입장에 서있고, 변사또는 신분의 귀천이 다르면 그에 따라 사랑도 달라져야 정리에 합당하다는 입장에 서 있다. 이것은 춘향가(전) 전체의 가장 중요한 정리 갈등으로 춘향가(전)의 주제형성과 긴밀히 연관되는 문제인데, 춘향가(전)에서는 결과적으로 춘향의 입장에 손을 들어준다. 그러나 이러한 정리의 해석은 변사또로 대변되는 당대의 일반적인 정리 해석과는 거리가 있다. 그러므로 〈춘향가(전)〉은 신분의 귀천과 관련한 '사랑'의 방식에 대한 정리 논쟁을 거쳐, 새로운 정리 해석을 보여주는 작품이라 할 수 있다.

여타 여러 판소리 속에서도 정리의 갈등은 주제형성과 밀접한 관련을 보이고 있는 것으로 여겨진다. 〈심청가(전)〉에서는 부녀 간의 정리가 '불구'와 '가난'이란 문제로 인해 갈등을 일으키고, 〈흥보가(전)〉에서는 형제 간의 정리가 빈부갈등으로 인해 문제가 되며, 〈적벽가〉에서는 장졸의 정리가 비참한 전쟁으로 인해 흔들리고 굴절된 모습으로 나타난다. 〈수궁가〉에서는 군—신—민의 정리가 부당한 정치현실에 의해 흔들리고, 〈변강쇠가〉에서는 부부 사이의 정리가 뿌리 뽑힌 유랑민의 삶 때문에 균열

되고 갈등을 일으킨다. 대체로 사회적 관계 속에서 '있어야할 정리'와 '있는 정리'가 심각한 갈등을 보이면서 서사적으로 다양한 정리 해석과 논쟁을 거쳐 주제의식을 도출하고 있다. 그러므로 정리적 그물망 속에서 형성되는 주제는 불합리하지도 않고 이중적[25]이지도 않다. 판소리의 주제의식은 기본적으로 종래의 고정된 정리를 특수한 대인 관계와 물정 속에서 새롭게 해석하고 새로운 정리의 모형을 창조하는데 있다고 보는 것이 타당하다.

이론의 확장 가능성과 남은 문제들

지금까지 판소리에 나타나는 서사적 합리성은, 앞에서 논의한 바와 같이 정리에 기반을 두고 여러 가지 방식으로 나타나고 있다는 점과 그것이 각 작품들의 주제 형성에도 크게 작용하고 있음을 살펴보았다. 비록 여러 가지 측면에서 살펴보았으나, 정리적 합리성의 커다란 척도는 정을 중용에 맞게 표현해야 한다는 점에 수렴되고 있음을 알 수 있다. 그리고 이러한 정리적 합리성을 통해 그간 비합리적인 것으로 지적된 판소리의 서사 문법을 새롭게 조명하여 설명할 수 있었다. 그러나 이론적 구성에 중점을 두었으므로 심도 있는 자료 고찰이 미진하다. 각각의 사안에 따른 심도 있는 검증이 뒤따라야 할 것이다.

그리고 이러한 정리적 합리성에 대한 추구는 비단 판소리계 서사물에만 한정되는 것은 아니다. 정리를 중시하는 풍토가 전통적으로 중시되었으므로, 그러한 풍토 속에서 정리적 합리성을 추구하는 문학의 흐름은 다양하게 나타났으리라는 추정을 해볼 수 있다. 특히 서사문학사에서 그 양상을 확인해 보자면, 천군소설과 윤리소설 및 가정소설 등을 제시할 수 있을 것이며, 이들과의 관련 양상을 통해 판소리 서사물에 나타나는 정리적 합리성의 위상도 간략히 정리할 필요가 있다.

천군소설(天君小說)은 성이 정으로 발현되는 과정인 심통성정(心統性情)의 문제를 시간적으로 다루고 있는 심성을 의인화한 소설이다. 천군소설은 감정표현의 과불급을 극복하여 마음 나라의 병리적 상태를 구제하는 인물로 경(敬)과 의(義)가 등장하여 문제를 해결한다. 경우에 따라 술과 담배가 해결하는 인물로 등장하기도 한다. 천군소설은 '어떻게 마음 나라의 정리를 온전하게 회복하는가 하는 점'을 서사적인 중심사건으로 다루고 있다. 정리를 중요하게 다룬다는 점에서 판소리와 같지만, 그 중점이 판소리는 심미적인 정리의 표현에 있는데 비하여, 관념적이고 철학적인 면에 중점을 둔다는 점이 다르다. 주로 '있어야할 정리'를 관념적이고 철학적인 측면에서 서술하고 있다. 그러므로 부분의 장면 정서에 대한 집중력이 거의 나타나지 않으며, 빠짐없는 물정묘사는 거의 이루어지지 못하고 있다. 그리고 정리를 구현하는 방법에도 약간씩 차이가 있다. 판소리는 지체된 감정을 발산을 위주로 하여 해소하는 쪽에 중심을 둔다면, 천군소설은 내면미발의 성을 존양하는데 중점을 두며 성이 정으로 표현될 때 개입하는 의(義)의 역할은 부수적이다.

윤리소설이나 가정소설에서는 정리적 합리성을 준거로 선악의 문제를 본격적으로 다룬다. 천군소설에서 개념적으로 서술되던 서사의 방식이 보다 구체적으로 형상화된 인물과 상황을 확보하게 된다. 정리적 합리성을 추구하기는 하지만 상황적 정서에 대한 깊이 있는 통찰이 나타나지 못하고 있으며, 따라서 물정에 대한 이해도 표면적인 수준을 벗어나지 못한다. 정리적인 합리성이 선험적으로 주어지는 경우가 대부분이며 각 장면의 물정과 인정 속에서 귀납적으로 구성되는 정리가 아닐 경우가 대부분이다. 그것은 윤리소설이나 가정소설이 윤리적 정리를 표현하는데 중점을 두기 때문이다. 무엇보다도 '있어야할 정리'에 '있는 정리'를 종속시키는 경향이 강하며 정리에 맞는 주제 도출에 강한 작위성이 나타난다.

　우리 서사문학의 흐름으로 볼 때, 천군소설의 경우는 관념적이고 철학적인 측면에 중점을 두고, 윤리소설과 가정소설은 윤리적 측면에 중점을 두며, 판소리는 심미적 정리의 표현에 중점을 두면서 각기 정리의 합리성을 추구하였다는 점이 서로 다르다. 이러한 점은 우리 서사문학이 작위적 정리를 극복하고 자연스런 정리를 회복하는 단계적 과정을 보여주는데 이에 대한 면밀한 사적 검토도 요망된다.

　그리고 정리적 합리성 문제는 비단 서사문학뿐만 아니라 시가미학의 중요한 주제인 '정경교융(情景交融)', 진경(眞景)의 표현과 함께 중시되었던 진정(眞情)추구의 미학과 더불어 우리 문학의 전반적 특질을 논의하는 중요한 척도가 될 수 있으리라는 생각을 해 본다. 그러나 한정된 지면에 방대한 논의를 감당할 수 없으므로 문제를 제기하고 과제를 제시하면서 대략적인 밑그림을 그려보는 수준에서 글을 마친다.

【주】

1 최진원, 「春香傳의 合理性과 不合理性」, 『대동문화연구』 제2집(성균관대학교 대동문화연구원, 1966.)
2 조동일, 「흥부전의 양면성」, 『계명논총』 5(계명대학교, 1969.)
3 김흥규, 「판소리의 서사적 구조」, 『고전문학을 찾아서』(문학과 지성사, 1976.)
4 김대행, 「판소리 사설의 구조적 특징」, 『국어교육』 27·28(한국국어교육연구회, 1976.)
5 정은 상황과 관계 속에서 파생되는 것이기 때문이다. 정에 대해서는 2장에서 자세히 다룰 것이다.
6 김명환(구술), 『내 북에 앵길 소리가 없어요』(뿌리깊은 나무, 1992), 48쪽.
7 정양완 외, 『조선 후기한자어휘검색사전-물명고·광재물보-』(한국정신문화연구원, 1997), 295쪽.
8 정양완 외, 『조선 후기한자어휘검색사전-물명고·광재물보-』(한국정신문화연구원, 1997), 494쪽.
9 이러한 인간 인식은 현실적인 인간의 삶을 볼 때, 인간 존재에 대한 보다 온당한 성찰로 생각된다. 인간을 생각하는 존재로 정의하지만 그것이 인간의 삶에서 항상적인 것이라고 볼 수는 없다. 생각을 하게 된다는 것은 무엇인가 비일상의 비상한 사태에 직면했을 때 필요한 것이며, 일상적인 삶의 리듬에서는 그다지 생각이 필요하지 않고 이성을 발휘할 계기가 많지 않다. 그냥 일상적 삶의 리듬에 무의식적으로 스스로를 맡겨도 사는 데에 큰 지장이 생기는 것은 아니다. 그에 비해 인간은 일상적이든 비일상적이든 세계와 대면하면서 사는 한, 늘 무엇인가를 느끼거나 표현하면서 산다. 심지어는 꿈속에서까지 그러한 삶을 영위한다. 나아가 귀신도 그런 삶을 산다고 여긴다. 특히 인간에게는 웃음과 울음이 정교하게 발달하였는데, 이것은 정을 느끼고 표현하는 수준이 다른 동물들과 다르다는 것을 시사한다.
10 최초의 근대적 국어사전이라고 할 수 있는 1920년에 간행된 『朝鮮語辭典』에서는 '人情이 道理에 맞는 것(740쪽)'을 情理라고 했다.
11 理의 개념에 대해서는 한형조, 「이(理): 지상의 척도에 대하여」, 『왜 동양철학인가』(문학동네, 2000)과 大賓皓(이형성 역), 『범주로 보는 주자학』(예문서원, 1999) 제1장 理. 그리고 溝口雄三외, 『中國思想文化事典』(동경대학출판부, 2001) 제1장 宇宙·人倫의 '理'부분. 참조.
12 필자의 논문 「곤범(壼範)에 나타난 여성 독서의 양상과 의미」, 『한국고전여성문학 연구』 제6집(한국고전여성문학회, 2003), 252~253쪽 참조.
13 김명환(구술), 위의 책, 139쪽.
14 김명환(구술), 같은 책, 47쪽.
15 신재효는 〈광대가〉에서 '울게 하고 웃게 하는' 광대의 재주를 찬양하고 있으며, 정노식

의 『조선창극사』(조선일보사, 1940)에서는 '명창은 능히 사람을 울리고 웃겨야 한다는 점을 나타나거나, 그것에 목숨을 걸었던 명창들의 일화들을 상당수 제시하고 있다.
16 이에 대해서는 이헌홍, 「심청가의 구성형식과 전승구조」, 『판소리연구』(태학사, 1998)에 자세히 나타나 있으므로 자세한 설명을 피한다.
17 김대행, 「판짜기의 흥미지향과 어조」, 『시가 시학 연구』(이화여대출판부, 1991), 115~116쪽 참조.
18 정리의 측면을 배제하고 물리적인 측면에서 바라볼 때, 결말부에 나타나는 춘향과 심청의 신분 상승, 후반부에 나타나는 흥부의 부 획득, 조조의 전략과 조롱받음 등의 설정은 이루어질 수 없는 불합리한 것이 된다.
19 『中庸』에서 말하는 "희로애락이 나타나지 않은 것을 중이라 하고 나타나 절차에 맞는 것을 화라고 하는데 …… 중화에 이르게 되면 하늘과 땅의 자리가 잡히게 되고 만물이 자라나게 된다(喜怒哀樂之未發, 謂之中, 發而皆中節, 謂之和. …… 致中和, 天地位焉, 萬物育焉.)."는 것이 그러한 상태를 말한다.
20 물리적으로 볼 때, 이러한 장치들은 〈적벽가〉의 사건 해결에 아무런 도움이 되지 못한다. 조조가 굴복하는 것은 정욱과 병졸과 원조들의 놀림에 의해서가 아니라 제갈량의 전술에 의해서이기 때문이다.
21 이것은 조선시대의 정치나 법 집행에서도 중요한 덕목이 된다. 그래서 성인의 정치는 백성들이 지닌 마음의 앙금까지도 어루만져 풀어줄 수 있는 것이었어야 했으며(필자의 논문, 「碑誌文에 나타난 王과 王妃의 人物 形象」, 『韓國漢文學研究』 30집(2002), 91면. 참조), 법 집행에서도 사건의 물리적인 해결보다도 억울함이 없게 하는 판결을 중시하였다.
22 박봉술 창 〈흥보가〉와 한애순 창 〈심청가〉에 그러한 예가 나타난다.
23 강한영, 「적벽가」, 『신재효판소리사설집』(교문사, 1984), 532쪽.
24 정리에 합당한 정의 표현과 교류를 어떠한 방식으로 표현할 것인가 하는 점은, 판소리에서 이르는 바 '이면의 해석'이라는 것과도 직결되는 문제이다.
25 조동일 교수가 지적한 표면적 주제와 이면적 주제는 탁월한 통찰을 보여주는 연구임에도 불구하고, 정리의 측면이 배제하고 논의하였기 때문에 도출된 것이다. 이에 대해 자세하게 논의할 겨를이 없으므로, 정리의 문제를 통한 이에 대한 반론과 대안은 새로운 후속논문으로 대신할 예정이다.

【참고문헌】

1. 단행본

김명환(구술), 『내 북에 앵길 소리가 없어요』, 뿌리깊은 나무, 1992.
정노식, 『조선창극사』, 조선일보사, 1940.
정양완 외, 『조선 후기한자어휘검색사전-물명고·광재물보-』, 한국정신문화연구원, 1997.
大濱晧(이형성 역), 『범주로 보는 주자학』, 예문서원, 1999.
溝口雄三외, 『中國思想文化事典』, 동경대출판부, 2001.

2. 논문

김대행, 「판소리 사설의 구조적 특성」, 『국어교육』 27·28, 한국국어교육연구회, 1976.
김대행, 「판짜기의 흥미지향과 어조」, 『시가시학연구』, 이화여대출판부, 1991.
김흥규, 「판소리의 서사적 구조」, 『고전문학을 찾아서』, 문학과 지성사, 1976.
조동일, 「흥부전의 양면성」, 『계명논총』 5, 계명대학교, 1969.
최진원, 「春香傳의 합리성과 不合理性」, 『대동문화연구』 제2집, 성균관대학교 대동문화연구원, 1966.
이헌홍, 「심청가의 구성형식과 전승구조」, 『판소리연구』, 태학사, 1998.
한형조, 「이(理): 지상의 척도에 대하여」, 『왜 동양철학인가』, 문학동네, 2000.
허원기, 「天君小說의 心性論的 意味」, 『고소설연구』 제11집, 한국고소설학회, 2001.
허원기, 「판소리 미학의 사상적 세 층위」, 『판소리연구』 제15집, 판소리학회, 2003.
허원기, 「碑誌文에 나타난 王과 王妃의 人物 形象」, 『韓國漢文學硏究』 제30집, 한국한문학회, 2002.
허원기, 「壺範에 나타난 여성독서의 양상과 의미」, 『한국고전여성문학 연구』 제6집, 한국고전여성문학회, 2003.

| 6 |

장부(臟腑)적 인간론과 흥부전의 인성 논쟁

흥부전은 인성 논쟁의 장

 문학을 연구한다는 것은 무엇인가? 더군다나 문학 연구의 대상인 문학이라는 것은 무엇일까? 문학 연구는 아무래도 문학의 본질에 충실한 연구가 되어야만 할 것이다. 그러하다면 문학의 본질에 충실한 문학 연구는 문학작품의 문학성을 드러내는 일이 가장 중요한 사안이 될 것이다. 그러나 한편으로 문학의 본질에 충실한 문학 연구는 나아가 인문학의 본질에 충실한 문학 연구가 되어야 한다. 문학은 문학이기 이전에 인문학이기 때문이다. 그러므로 '문학의 본질에 충실한 문학 연구'와 '인문학의 본질에 충실한 문학 연구'가 실은 배치되는 개념일 수 없다. 그럼에도 최근의 문학 연구는 이 둘 사이의 괴리가 커지고 있다는 생각을 지울 수 없다. 문학은 있으나 인간은 없는 문학 연구, 역사는 있으나 인간은 없는 역사 연구, 철학은 있으나 인간은 없는 철학연구라고 지칭해도 좋을 정도가 아닌가 한다.
 '인간성을 상실한 인문학'과 '인간을 소외시키는 인문학'이 널리 퍼져 있는 상황 속에서, 이미 인간답기를 포기하고 정체성에 혼란을 일으키는 인문학이 본질적인 발전과 번성을 이룰 수 있으리라 기대하는 것은 망외의 소망이 아닐 수 없다. 비유적인 표현이 될지 모르겠으나 인문학이 좀 더 인간다워지고 문학이 더욱 인간다워져야 할 것이다. 근래에 인문학에 종사하는 인력과 자본이 늘었음에도 인문학의 퇴조와 죽음이 거론되는 이유는 무엇보다도 인문학 자체의 대내적인 상황에서 기인하는 바가 적지 않은 것으로 보인다.

인문학은 인간성에 대해 발언하고, 인간과 삶의 본질을 해명하는 것을 중요 과제로 삼으며, 현재의 시간과 우리의 공간에 적합한 인간성을 창조하는 것을 중요한 목표로 설정할 수 있어야 한다. 이를 통해 '지금 여기'에 적합한 인간성의 모양새와 그 삶의 방식은 어떠해야 하는가 하는 문제에 대한 해답을 줄기차게 마련해가는 것이 중요하다.

서사문학 연구도 이러한 관점에서 연구해야 할 필요가 있다. 특히 서사문학은 그 자체가 인간이 세계와 대면하여 형성해 가는 '인물의 형상'과 그 '삶의 방식'을 직접적으로 문제 삼는다. 이를 통해서 〈있어야 할(理, 당위적이고 이상적인) 인간(혹은 삶)〉과 〈있는(氣, 존재적이고 현실적인) 인간(혹은 삶)〉, 그 사이에서 갈등하고 표류하는 인간의 모습을 형상화한다. 그러한 점에서 서사문학은 인간의 본질과 삶의 가치를 중요한 문제로 삼고 있다. 또한, 이러한 점 때문에 서사문학은 인문학의 본질에 매우 가까이 다가선 문학 형식으로 보아도 좋을 것이다.

우리의 서사문학 작품들도 이러한 인간의 본질과 삶의 가치에 대한 다양한 고민들 속에서 나타난 것이라고 볼 수 있다. 필자는 이들 서사문학 작품 중에서 흥부전이 제기하는 인성론적 의미에 대해 거론해 보고자 한다. 인성론(人性論)은 동양 인문학의 핵심이라 할 수 있는 것으로 인간의 본성을 해명하려 했던 모든 의론들을 지칭한다. 이러한 인성론의 문제와 흥부전은 매우 긴밀한 관련을 맺고 있는 것으로 여겨진다. 우리 전래의 인성론으로는 성리학에 바탕을 둔 '심성(心性)적 인간론'과 한의학적 인간관에 바탕을 둔 '장부(臟腑)적 인간론'을 대표적인 것으로 제기할 수 있는데, 이 두 가지 인성론은 흥부전의 인간론과도 매우 긴밀한 관계가 있는 것으로 여겨진다.[1]

〈흥부전〉은 흥부와 놀부를 통해 한국인의 전통적 인간 형상을 잘 보여주는 작품이다. 이 소설은 전래 민담의 서사적 요소인 〈선악형제담(善惡兄弟譚)〉〈모방담(模倣譚)〉〈무한재보담(無限財寶譚)〉을 소설화한 것으로 그 이전 우리 서사문학의 전통에 깊은 뿌리를 두고 있으며, 후대의 문학 작품들에도 상당히 많은 영향을 주었다. 특히 놀부의 인물형은 우리 서사문학에서 〈장자못전설〉의 '장자', 〈옹고집전〉의 '옹고집', 〈태평천하〉의 '윤직원', 〈삼대〉의 '조의관'과 같은 유사한 인물군을 형성하면서 한국적 악인의 한 전형을 보여주고 있어서 매우 주목된다. 이러한 놀부형 인물은 우리 서사문학 속의 대표적 여성 악인의 형상이라 할 수 있는 '괴똥어미', '뺑덕어멈', '허씨부인' 등의 인물 형상과도 일정한 연관이 있는 것으로 보인다. 이러한 점에서 흥부전은 우리 서사문학의 전통과 그 인물 형상의 측면에서 매우 중요한 작품이라 할 수 있다.

특히 〈흥부전〉은 조선 후기 사회의 경제적 변동과 관련하여 새롭게 대두하는 자본주의적 인간과 삶의 문제를 다루고 있다는 점도 주목할 만하다.[2] 그러므로 앞에서 제시했던 전래의 두 가지 인간론과 더불어 현대 자본주의적 인간론의 문제를 함께 다루어 〈흥부전〉이 문학을 통해 제시하고 있는 인성 논의의 향방을 검토해보고자 한다.

자본주의적 인간을 바라보는 시선

자본주의에서 바라보는 인간은 세속의 이욕(利慾)을 아낌없이 추구하며, 욕망하고 소유하는 삶의 방식을 통해 개인의 자유를 획득해가는 삶을 추구한다는 점에서, '재화에 대한 개인의 무한한 욕망을 최대한 긍정하고 이를 실현하는 인간'이라고 할 수 있다. 이러한 인간은 '나는 욕망한다. 고로 존재한다'고 말할 수 있을 정도로, 인간을 '욕망하는 존재'로 파악하고 있으며, 그 무한 욕망 충족을 통해 인간이 완성된 존재가 될 수 있다고 본다. 이러한 인간형은 공동체보다는 절대 자아(개인)를 우선하며, 무욕 혹은 절제된 욕망보다는 무한한 욕망을 우선시한다.

이러한 인간관은 인간고(人間苦)의 원인을 욕망(渴愛)에서 찾고, 그것이 인간의 해탈(自由)을 방해하는 최대의 적이라고 간주하며, 욕망이 인간의 완성을 방해한다고 보는 불교적인 인간관과는 대척점에 서 있다. 무욕(無慾)과 무아(無我)를 통해 자유(해탈)를 얻고자 하는 불교적 인간관은 유욕(有慾)과 자아(自我)를 통해 자유를 얻고자하는 자본주의적 인간관과 매우 다르다. 그러나 두 가지 인간관이 모두 자유를 추구한다는 점에서는 공통점을 지니고 있다.

이러한 자본주의적 인간을 보호하기 위한 자본주의적 국가론은 토머스 제퍼슨의 〈독립선언서〉에 잘 나타나 있다.

인간은 창조주로부터 양도할 수 없는 권리를 부여받았으며, 이러한 권리 중에는 생명, 자유, 그리고 행복의 추구가 있다. 그리고 이러한 권리를 보호하기 위하여 정부가 세워졌으며, 정부는 피치자(被治者)들의 동의에 의해 정당한 권력을 부여받는다. 그리고 어떠한 유형의 정부라도 이와 같은 목적과 배치되기 시작한다면 그 정부를 고치거나 제거하는 것이 시민들의 권리이며 자신들이 보기에 자신들의 안전과 행복을 가장 잘 보장할 원칙에 기초하고 권력을 정비한 새로운 정부를 세울 권리가 있다.[3]

위에서 국가는 개인의 "생명, 자유, 그리고 행복"을 보장하기 위해 성립되는 것으로 파악되고 있다. 그러하다면 여기에서 말하는 생명과 자유와 행복은 구체적으로 무엇을 뜻하는 것일까?

여기에서 '생명'은 홉스가 말하는 '개인의 생존권'이며, '자유'는 로크가 말하고 있는 '사유 재산권을 사고팔(처분할) 수 있는 자유'이며, '행복'은 몽테스큐가 말하는 '자학적인 도덕교육'에 대칭되는 개념[4]이라고 한다.[5] 국가는 개인의 생존권과 사유재산을 보호해야 할 의무와 더불어, 욕망추구를 방해하는 도덕적 억압으로부터 개인을 보호해 주어야 한다는 것이다. 국가가 그러한 기능을 수행하지 못할 때, 그 국가는 국가로서의 의미를 상실하고 만다는 생각을 담고 있다.

그러나 이러한 자본주의적 인간론도 이제는 새로운 한계에 직면하고 있다. 자본주의적 인간과 삶의 방식에 의해 파생되는 가장 큰 문제로는 '빈부 갈등'의 문제와, '환경파괴'의 문제를 들 수 있다. 자아의 욕망은 무한한데, 세상의 재화는 한정돼 있다. 그러므로 개인이 자신의 무한한 욕망을 충족시키기 위해 함부로 재화를 사유화하고 소비하다 보면, 한정된 재화들은 일부 힘 있는 사람들에게 편중될 수밖에 없게 되고, 빈부갈등이 중요한 문제로 등장한다. 또한, 자아의 욕망은 무한한데 자연은 유한하므로 무한한 욕망을 충족시키기 위해서는 유한한 자연을 파괴할 수밖에 없다. 이는 곧 생태계의 파괴가 중요한 문제점으로 대두된다.

〈흥부전〉에서 자본주의적 삶의 방식을 보여주고 있는 인물로는 놀부를 들 수 있다.[6] 놀부에 비하여 흥부는 자본주의적 삶의 현실에 적응하지 못하는 인물로 그려지고 있다.7 놀부는 인색한 자본가로 그려지고 있으며, 타인의 어려움에 무관심하다. 흥부가 도움을 청하러 왔을 때 놀부는 다음과 같이 말한다.

> 쏠이 만히 잇다 흔들 너 듀쟈고 노젹 헐며, 벼가 만히 잇다 흔들 너 듀쟈고 셤을 헐며, 돈이 만이 잇다 흔들 괴목궤(槐木櫃)의 가득 든 거슬 문을 열며, 의복이는 듀쟈 흔들 집안이 고로 버셧거든 너를 엇지 듀며, 찬밥이는 듀쟈 흔들 삿기 누흔 거먹 암키 부억의 누엇거든 너 듀쟈고 기를 굼기며, 지거미는 듀쟈 흔들 구중방(九重房) 우리 안히 삿기8 나흔 돗치9 누어스니 너 듀쟈고 돗츨 굼기며, 겨 셤이는 듀쟈 흔들 큰 농우(農牛)가 네 필이니 너 듀쟈고 소를 굼기랴.
> (경판25장본, 3뒤~4앞)

또한, 스스로 다음과 같이 말하기도 한다.

> 입바 셰샹 스룸더라 숭인(聖人) 훈계 듯지 말고 고명관슈 부귀지쳔 다 씰러 헌 말이라 결쥬 경국 요딕 포악으로 으더신니 슨(善)흔 일은 하지 말고 악(惡)한 일을 심써 호쇼 부모동싱 일가친쳑 즐 수러랴 씰딕 업고 남이야 죽고 살고 나 잘 살면 제일이라
> (하버드 연경도서관본, 41뒤)

놀부는 남이야 죽든 살든 나 잘 살면 제일이라 여기며 개인의 사리사욕을 적극적으로 추구한다는 점에서 자본주의적인 삶의 방식을 잘 체득하고 있는 인물이다. 앞에서 잠시 제시한 '개인의 생존권'과 '사유재산 처분의 자유'와 '중세의 도덕적인 덕으로부터 자유로운' 인간으로 명쾌한

자본주의적 인성을 지닌 인간이라 할 수 있다. 다음과 같은 대목을 보면 놀부는 호화로운 저택에서 많은 종을 거느리고 사치스런 생활을 하면서 자본이 주는 풍요로움을 누리고 있음을 알 수 있다.

> 형의 문견 당도ᄒ니 그시 셩셰 더 느러셔 가스 즁이 웅즁ᄒ다 슴십여간 쥴힝낭을 일쭈로 지엿난듸 흔가운듸 쇼슬듸문 표여니 날라갈쯧 듸문 안의 즁문이요 즁문 안의 벽문이라 건즁흔 죵논더리 슴슘오오 쫙을 지여 쇠털 벙치 쳥츙옷식 문문이 슈직타가 그즁의 늘근 죵은 흥보를 아난구나……(중략)……놀보가 영츙문을 반만 열고 즈알돈피 두루막이 우단왜단 무겁다고 양식단의를 ᄒ고 쳥모관 빗씨 씨고 십상 빅통 오동슈복 부ᄉ즁인 마츔듸의 팔즁싱 별각죽을 지즁 질게 마쵸와셔 양쵸 푸여 입의 물고 안식의 비식이 누엇구나
>
> (신재효본 박타령, 8뒤~10뒤)

그러나 타인들의 빈곤에 대해 전혀 사회적인 책임감을 느끼지 않으며, 이에 따라 부의 불균등한 분배와 빈부갈등에 대해 무관심한 병폐를 보여주고 있다. 아울러 '제비의 다리'로 상징되는 '자연과 생명'에 대한 파괴와 착취를 정당화하면서 자본주의적 인간의 전형적인 한계를 드러내고 있다. 결과적으로 놀부는 파탄에 이르게 되는데, 그 파탄의 과정에서 중요한 기능을 하는 것은 '제비'와 '놀부박'이다. 제비를 통한 파탄은 자아의 무분별한 욕망을 위해서 자연의 생명을 착취할 수 없다는 것을 시사한다. 또한, 놀부박에서 나와 놀부의 재화를 착복하는 걸인, 무당, 초란이, 풍각장이, 각설이패, 사당, 거사, 왈자, 소경 등은 불균등하게 재화를 분배당하여 삶의 근거를 상실한 사람들이라는 점에서 시사하는 바 크다.

놀부라는 인물의 삶의 과정을 통해, 자본주의적 인간관에서 비롯되는

빈부갈등의 문제와 환경파괴의 문제를 이러한 방식으로 해결하고 있다. 결과적으로 나타나는 놀부의 파탄을 통해서 보건대, 흥부전에서는 물질만을 추구하는 놀부의 삶과 그 인간 형상을 결코 긍정적인 측면에서 바라보고 있지 않다는 사실을 알 수 있다. 결국 새롭게 대두하는 자본주의적 인간 이해와 그 삶의 방식에 대하여 비판적인 시선을 유지하고 있으며, 놀부라는 인물을 통해 인간이 물질적 욕망만으로는 행복해질 수 없다는 점을 제시하고 있다.

그러나 한편으로는 자본주의적 삶의 현실이 무시할 수 없는 중대한 문제임을 흥부의 고난을 통해 보여준다. 작품의 전반부에서 흥부가 겪는 고난들은 대부분 비자본주의적 인성과 자본주의적 삶의 현실에 대한 부적응으로부터 비롯된 것이다. 흥부는 놀부와는 달리 개인의 생존권과 사유재산 처분의 자유를 지키는 자본주의적 생존능력이 부재하며, 이른바 중세의 도덕윤리로부터도 자유롭지 못한 인간이다.

작품의 전반부에 나타난 흥부의 고난을 통해 자본주의적 현실을 부정할 수 없는 시대 상황이 반영되어 있다. 또한, 후반부에 흥부박이 개시되면서 나타나는 흥부의 성공 양상은 인간이 물질적 재화의 충족이 없이는 행복해질 수 없다는 것을 보여주는 것이기도 하다. 경판본 흥부박 사설을 보면 4개의 박 속에서 각기 '약(還魂酒, 開眼酒, 開言草, 불로초, 불사약; 제1박)', '세간 살림(제2박)', '의식주(제3박)', '양귀비(제4박)'가 나온다.[10] 놀부의 파탄이 물질에 대한 욕망만으로는 이를 수 없는 행복을 보여준다면, 흥부의 성공은 물질적 조건이 수반되지 않고는 이룰 수 없는 행복의 양상을 보여준다고 할 수 있다. 그러므로 물질적인 조건의 충족을 배제하지 않으면서도 이에 전적으로 의존하지 않는 모습을 보여준다. 이러한 점에서 흥부전에서는 각기 상반된 인물을 통해 물질에 대한 양면적인 인식을 반영하면서 자본주의를 바라보는 균형적인 감각을 유지하고 있음을 알 수 있다.

심성적 인간을 바라보는 시선

심성적 인간론은 성리학의 심성론에서 인간을 이해하는 방식에서 비롯된 것이다. 심성론은 심(心)·성(性)·정(情)을 중심으로 인간 존재의 본질을 다루는 성리학 이론이다. 우리나라의 심성 논의는 이황(李滉, 1501-1570)과 기대승(奇大升, 1527-1572) 사이에서 일어난 도덕감정·일반감정(四端·七情) 논쟁을 비롯하여 다양한 여러 논의들[11]이 나타나면서 극성기를 보낸다. 조선 후기에 이르면 이러한 심성적 인간 이해는 매우 심화되고 내면화된 모습으로 나타나며, 조선 사회의 일반적이며 중심적인 인간 이해로 자리 잡는다.

심성론에서 바라보는 인간은 '다양한 사회적 인간적 관계 속에서 마음으로 정을 느끼고 표현하는 인간'이다. 이러한 전제 위에, 정의 에너지를 정화하고 올바르게 함양하여 정(희로애락)의 과잉 또는 결핍의 문제를 건강하고 원활하게 해결할 수 있는 인간을 만드는 것이, 심성적 인간론의 중심과제이다. 달리 말하자면, 심성론은 정(희로애락)느끼고 표현하는 일상의 사회적 관계 속에서 정의 중용성과 정당성 추구하고, '정의 교류와 그 처리의 달인'을 만드는 데 지혜를 집중하고 있다. 즉 정을 이면(상황)에 맞게 표현할 때 윤리적으로 선이 되고 미적으로는 아름다움이 된다. 인간의 이러한 심성적 문제를 실천적으로 해결하기 위해 나타나는 것이 예(禮)이다. 예에 대한 학문적 논의들은 다양한 관계 상황 속에서 가장 적절한 정의 교류와 처리 절차를 찾아서 이를 규범화하고 공식화하는 과정에서 나타나는 문제들이다.

이러한 관점에서 인간은 본질적으로 희로애락을 느끼고 표현하며 사는 존재, 즉 '감성적 존재'로 이해된다. 그리고 감성적 존재인 인간은 자기 감성의 정당성을 끊임없이 성찰해야 하고, 타인의 감성에 대한 배려와 적절한 반응에 집중력을 유지해야만 하는 존재이다. 이러한 인간 인식은 일상적인 인간의 삶을 감안할 때, 인간 존재에 대한 타당한 성찰로 생각된다. 인간을 '생각하는 존재'로 정의하는 것이 오류라고 할 수는 없으나 그것이 인간의 삶에서 항상적인 것이라고 보기 어렵다. 인간이 늘 생각하면서 사는 것은 아니다. 그냥 아무 생각 없이 살 때가 많은 것이다. 생각하는 행위는 무엇인가 일상적이지 않은 비상사태에 직면했을 때 일어나는 것이며, 일상적인 삶의 리듬 속에서는 그다지 생각이 필요하지 않고 이성을 발휘할 계기가 많지 않다. 이에 반하여, 인간은 세계와 대면하면서 사는 한, 늘 정을 느끼거나 표현하면서 살아간다. 심지어는 꿈속에서까지 무언가를 느끼거나 표현하는 삶을 영위한다. 꿈속뿐만 아니라 귀신조차도 그러한 삶을 산다고 여긴다. 특히 인간은 웃음과 울음이 정교하게 발달하였는데, 이것은 정을 느끼고 표현하는 수준이 다른 동물들과는 다르다는 것을 의미한다.

흥부전에서는 놀부와 흥부의 심성을 중요한 문제로 거론하고 있다. 특히 놀부의 심성은 '놀부심술사설'에 그 특성이 잘 묘사되어 있다.

> 놀부 심스를 볼작시면 초상난 듸 춤츄기, 불붓는 듸 부쳐질ㅎ기, 히산(解産)흔 듸 기닭 잡기, 장의 가면 억미(抑賣)[12] 흥졍ㅎ기, 집의셔 몹쓸 노릇ㅎ기, 우는 ㅇ희 볼기 치기, 갓난 ㅇ희 쫑 먹이기, 무죄(無罪)흔 놈 쌤 치기, 우물 밋틔 쫑 누기, 오려[13] 논의 물 터놋키, 잣친 밥의 돌 퍼붓기, 픠는[14] 곡식 삭 즈르기, 논두렁의 구멍 뚤기 호박의 맛둑밧기, 곱장이[15] 업허놋코 발쑴치로 탕탕 치기, 심스가 모과나모의 ㅇ들이라 이놈의 심슐은 이러ㅎ되 집은 부즈라

(경판25장본 1앞)

위에 나타난 놀부의 심술은 매우 다양하며 해학적인 방식으로 묘사되고 있지만 모두가 상황 정서에 어긋나는 행실들이다. 초상을 치르는 상황에서는 슬퍼함이 마땅하고, 불난 곳에서는 불을 꺼주어야 상황정서에 부합하는 행실이 된다. 관계 상황에 맞는 정서의 파악에 어둡고 정의 교류와 처리에 심각한 문제가 있음을 보여 준다. 신재효본에 나타나는 놀부심술의 양상도 이와 다르지 않다. 신재효본에 나타나는 놀부심술의 양상을 몇 가지만 제시해 보면 아래와 같다.

삼재든 데 혼인하기 / 남의 선산 묘지쓰기 / 길가는 과객 재울 듯이 불러다가 해가지면 내쫓기 / 품팔이 외상 쇠경 추수하면 옷 벗어 내쫓기 / 초상난 데 노래하기 / 가뭄농사 물꼬빼기 / 전동다리[16] 딴죽치기 / 혼인발에 훼방놓기 / 처첩싸움에 덩달아 싸우기 등

(신재효본 박흥보가, 2앞~3뒤)

위의 행위들은 모두 상황정서의 요청에 매우 위배되는 행실들이다. 다른 이본들에 나타나는 놀부심술들도 이와 다르지 않다. 이러한 놀부의 심성은 급기야 다음과 같이 묘사된다.

제 어미 부틀 놈이 삼강을 아는야 오륜을 아는야 굿기가 돌덩이오 욕심이 죡제비라 네모난 숑굿시로 이미를 부비여도 진물흔 졈 아니나고 딋졍[17]의 부짓게로 불알을 싹 즙어도 눈도 아니 깜작인다.

(신재효본 박흥보가, 2뒤)

위에서 놀부는 '송곳으로 이마를 비벼도 진물한 점 아니 나고', '불집게로 불알을 꽉 집어도 눈도 깜짝하지 않는' 인간으로 묘사된다. 그는 타인

의 정(희로애락)에 대하여 전혀 배려할 줄 모를 뿐더러, 그것을 느끼는 데 심각한 장애가 있다. 놀부는 '정의 처리와 교류'에 심각한 장애가 있는 인물로서, 정의 교감이 없어 '심성의 감각이 마비된 인간'이다. 자본주의적 인간론에 의거했을 때는 상당히 긍정적 덕목을 지녔던 놀부는 심성적 인간론에 의거했을 때는 매우 부정적인 인물 형상으로 여겨진다.

그러나 흥부의 심성은 놀부와 매우 다르다. 그는 다양한 인간적·사회적 관계 속에서 타인의 정(희로애락)을 온전하게 감지하고 이에 정당하게 반응할 줄 아는, 올바른 심성을 지닌 인간으로 형상화되어 있다. 그의 심성에 대해서는 다음과 같이 묘사하고 있다.

> 흥보의 마음씨는 제 형과 달나 부모의게 효도ᄒ고 얼운을 존경ᄒ며 인리(隣里)의 화목ᄒ고 친고(親故)의게 신의(信義) 잇셔 굴머셔 죽을 사름 먹던 밥 덜어쥬고 얼어셔 병난 사람 입엇쓴 옷 버셔 쥬기 늘근이 질머진 짐 ᄌ청ᄒ여 져다쥬고 장마쎠 큰물가의 삭 안 박고[18] 월쳔(越川)ᄒ기 남무집이 부리 나면 셰간수리 직켜주고 길에 보물 쎳져씨면 직켜셧다 임ᄌ 쥬기 청순(靑山)의셔 빅골(白骨)보면 집피 파고 무더쥬고 슈졀과부 보쏨ᄒ면 쬬차가셔 쎅여노키 어진 사람 모함ᄒ면 딕(代)로 나셔 발명(發明)ᄒ고 이잔ᄒ 놈 힝악(橫匝)보면 달여들어 구완ᄒ기 길 일은 어린 아희 져의 부모 ᄎᄌ쥬고 쥬막의 병든 사람 본가의 기별 젼(傳)키 게칩불살(啓蟄不殺)[19] 방중불졀(方長不折)[20] 나무[21] 일만 ᄒ노라고 흔푼 돈을 못 버으니 놀보 오쟉 미워ᄒ랴
>
> (신재효본 박흥보가 2뒤~3앞)

흥부는 놀부와는 달리, 정의 교류와 처리가 매우 원활한 사람으로 나타난다. 타인의 정서적 상황을 잘 이해하고 배려하며, 그에 부합하는 행실

을 보여준다. 그러한 점에서 심성적 인간론의 관점으로 보면 흥부는 매우 선한 인물이 아닐 수 없다. 그러나 자신을 돌보지 않고 '남의 일만 하느라고 한 푼 돈을 못 버니' 자본주의적 인간론의 관점에서 볼 때는 장애가 많은 인물이다. 그럼에도 흥부 내외는 심성만 바로 지니고 산다면 먹고사는 것에도 어려움이 없을 것이라는 믿음[22]을 끝내 지니고 있다.

흥부와는 달리 놀부는 감성이 극단적으로 마비되어 있었던 인물이다. 그러나 결말부에 이르면 놀부는 놀부박을 타면서 일어나는 여러 가지 사건들을 체험하게 되면서, 마비되었던 감성의 회로를 회복하고 건강하고도 중용에 맞게 감정을 교류하고 처리할 줄 아는 인간으로 변모한다.

장부적 인간론과 흥부전

장부적 인간론은 동양 전래의 한의학적인 몸 관념에 바탕을 두고 나타난 인간론이다. 이러한 인간론은 조선 말기의 이제마(李濟馬, 1837-1900)에 의해 더욱 체계화된 모습으로 나타난다. 장부적 인간론은 의학적 장부론(臟腑論)과 관련하여 인간을 파악하려는 태도에서 나타났다고 할 수 있는데, 이러한 인간론은 심성론에 의한 심성적 인간론과 더불어 조선시대의 인간론을 대표하는 것이라 할 수 있다.

장부라는 것은 '오장육부'를 말하며, 장부론(臟腑論)은 인간성의 본질을 오장육부의 생명활동을 통해 이해하려는 논의이다. 여기에서 장부라고 하는 것은 단순히 신체의 물질적인 장기를 지칭하는 데에 한정되는 것이 아니라, 몸에서 일어나는 전체적인 생명력의 균형 및 길항 관계를 표상하는 것이다. 장부론에서 바라보는 인간은 '생각하기 때문에 존재하는 인간'도, '욕망하기 때문에 존재하는 인간'도, '마음이 느끼기 때문에 존재하는 인간'도 아니다. 그것은 생명력의 표상인 '오장육부가 활동운화하고 있기 때문에 존재하는 인간'이다.

심성론에서 바라보는 인간이 현실적으로 늘 감정의 과불급을 겪으며 살아가야 하는 존재인 동시에 이상적으로는 이를 극복하지 않으면 안 되는 존재라면, 장부론에서 바라보는 인간은 현실적으로 생명(장부)활동의 성향에 늘 과불급23)이 있는 존재인 동시에 이상적으로는 이를 극복하지 않으면 안 되는 존재이다. 심성론에서는 희로애락의 정당성과 중용성을 추구한다면, 장부론에서는 생명활동의 정당성과 중용성을 지향한다.

그러므로 장부론에서 바라보는 인간은 본질적으로 생명적인 존재이며, 그 천부의 생명성을 온전히 향유하고 완성시키는 것을 삶의 이상으로 삼는다. 이러한 경우, 삶을 잘 살 수 있도록 도와주는 것이 선이 되고, 그 천부의 생명성을 착취하고 억압하거나 해치는 것이 악이 된다. 이러한 장부적 인간론은 인간을 생명적 존재로 파악하고 있다는 점에서 생태주의적 인간론으로서도 중요한 의미를 지닌다고 할 수 있다. 사실 우리 시대의 생태주의는 사회사상으로만 존재할 뿐 그에 부합하는 인성론이 결핍되어 있다. 생명의 가장 기본적인 개체 단위인 몸의 생명장(生命場)이 사회와 자연으로 확대될 때 그것은 생태주의와 직접적으로 연결된다.

흥부전을 보면 인간의 심성도 장부론적인 관점에서 포괄적으로 인식하고 있음을 확인할 수 있다. 이것은 인간의 심성을 단순히 관념적인 차원에서 이해하는 것이 아니라 생명의 활동성향을 표상하는 장부의 차원으로 이해하고 있음을 보여준다. 그래서 놀부는 오장육부에 심술보 하나를 보태어 '오장칠부'를 지닌 인간으로 표현하고 있다. '사람마다 오장육부이지만 놀부는 오장칠부인 것이 심술보 하나가 왼편 갈비 밑에 병부주머니 찬듯하여 밖에서 보아도 알기 쉽게 달려 있'24)다고 하였다.

이제마는 성인도 오장육부를 가졌고 천하의 모든 보통사람들도 오장육부를 가졌으므로 천하의 모든 사람들이 성인이 될 만한 소질을 가졌다[25]고 보았다. 인간이 구원을 얻고 성인이 될 수 있는 근거를 생명의 기본적인 개체 단위인 몸에서 찾았다는 점은 주목할 만하다. 이제마가 몸의 생명적 보편성을 통해 인간의 본질을 해명하려 했듯이, 흥부전에서도 놀부의 인간적 본성을 장부를 통해 설명하는 방식을 취하고 있다. 마음이란 것은 단순히 관념의 소산이 아니라 생명(몸)이 활동하는 성향의 한 방식이라는 인식을 반영한다. 놀부의 오장칠부는 이러한 생명적 활동 성향에 중대한 차질이 있음을 의미한다.

그리고 생명을 중시하는 장부적 인간론에서 바라보는 물질관은 자본주의적 인간론에서 바라보는 물질관과 그 양상을 달리한다. 희소한 것을 생산하여 수요와 공급의 불균형을 조장하고 교환가치를 높여 이윤을 극대화하는 것이 자본주의적인 물질 활용 방식이라면, 장부적 인간론에 바탕을 둔 물질 활용 방식은 생명적 여건을 유지·보완해주는 보편적 물질을 중시한다. 그러므로 희귀한 재화를 추구하는 것이 아니라 보편적 의식(衣食)을 추구한다. 인간의 생명(몸)이 적절한 체온을 유지하고 온전한 생명을 영위하기 위해서는 옷과 밥이 가장 소중하기 때문이다. 생명을 기준으로 생각할 때, 우리 생명이 가장 필요로 하는 것은 이른바 흔한 것들이다. 예를 들어, 공기와 물은 세상에 가장 흔한 것이면서도 생명의 개체 단위인 몸에 가장 필요하고 소중한 것이다. 그러므로 장부적 인간론의 관점에서 볼 때, 가장 흔한 것이 가장 소중한 것이 된다. 이것은 물질적 재화의 경우에도 마찬가지이다. 생명을 영위하는 데 가장 소중한 의식주를 중시하며 그 외에 생명의 영위에 직접적으로 관련되지 않는 희귀한 재화에 대해서는 중요하게 여기지 않는다.

이러한 태도는 흥부전에도 잘 나타난다. 흥부박에서는 여러 가지 물건들이 나오는데, 박 안에는 온갖 진귀한 보물들이 들어 있다. 또 죽은 사람

살려내는 환혼주(還魂酒), 눈먼 사람 눈뜨게 하는 개안주(開眼酒), 벙어리 말하게 하는 개언초(開言草), 귀머거리 귀 열리는 벽이롱(闢耳聾), 기타 불로초, 불사약 등이 있다. 거기에 양귀비까지 나온다. 그러나 이런 진귀한 재화나 보물보다는 흥부 가족에게는 밥이 더욱 절실하다. 그들은 쌀이 나오자 배부르게 밥을 먹고 다음과 같이 찬탄한다.

> 이겨 밥이야 이겨 밥이야 옥(玉)을 쥬고 박굴숀가 금(金)을 쥬고 박굴숀가! ……(중략)……
> 만고(萬古)의 영웅(英雄)덜도 밥 업씨면 살 슈 잇나 오즈셔(伍子胥) 도망할 졔 오시(吳市)의 걸식ᄒ고 훈신(韓信)이 궁곤할 졔 표묘(漂母)의게 기식(寄食)이라 ……(중략)……
> 진문공(晉文公) 젼간득식(田間得食) 훈광무(漢光武) 호타믹반(호타麥飯) 즙훈 거시 밥쑨이라 ……(중략)……
> 은금보픽(銀金寶貝) 늬사 시리, 덜억덜억 밥 나오쇼.
> (신재효본 박흥보가, 31뒤~33앞)

하며 밥을 중요시한다. 밥 다음으로는 옷을 중시한다. 그래서 "우리 부부 평싱한(平生恨)니 의식(衣食)업셔 훈(恨)ᄒ다가 몬자 통의 밥 나와셔 양(量)디로 먹어쎠니, 다힝(多幸)이 이 통의셔 옷가음이 ᄒ 만ᄒ니 눈의 드난 디로 옷 훈벌씩 ᄒ여 입식(신재효본 박흥보가, 37앞)"라고 말한다.

첫 번째 박에서 나온 천태채약동(天台採藥童)은 "갑스로 의논ᄒ면 억만 냥이 넘스오니 미미(賣買)ᄒ여 쓰옵소셔.(경판 25장본, 9뒤)"라고 권해보기도 한다. 그러나 흥부 아내는 "우리집 약계 빅판훈들 알고 약 스라 오리 업고, 아직 효험 쓴르기는 밥만 못 ᄒ외(경판 25장본, 9뒤)"라고 한다. 자본주의적 시장논리에 의하면 죽은 사람 살리는 희귀한 환혼주가 흔한 의식(衣食)보다는 훨씬 비싸고 소중한 것이다. 그러나 인간 생명의 항상성과 중용을 지켜주는 밥보다 못한 것으로 인식되고 있다. 그리고 이러한 맥락에서 밥과 옷이 더 반가운 물건으로 묘사되었다.

이러한 인간 이해는 '산다는 것은 기본적으로 선한 것'이라는 생각과 상통한다. 그러므로 생명을 돕고 보살피는 것은 선하며, 생명을 학대하고 해치는 것은 악한 것이 된다. 흥부는 모든 생명을 돕고 보살피는 전형적인 인물이다. 그래서 그는, "굴머셔 죽을 사름 먹던 밥 덜어쥬고" "얼어셔 병난 사람 입엇쓴 옷버셔 쥬기," "쳥순의셔 빅골보면 집픠 파고 무더 쥬고," "길일은 어린 아희 져의 부모 ᄎᆞ쥬고" "쥬막의 병든 사람 본가의 기별 젼키" "계칩불살(啓蟄不殺) 방중불절(方長不折)" 등[26] 생명을 돕고 배려하는 데에 각별한 인간으로 잘 형상화되어 있다. 그러나 남을 돌보느라 정작 자기를 돌볼 여력이 없는 사람이다.

놀부는 이와 반대되는 인물이다. 아이 밴 계집의 배를 찬다거나, 피는 곡식의 이삭을 자른다든가, 호박에 말뚝을 박는다든가, 몸이 불편한 곱사등이 엎어 놓고 발꿈치로 탕탕 친다거나[27] 다리 저는 전동다리의 딴죽을 치고, 길가는 과객 재울 듯이 불러다가 해지면 내쫓고, 품팔이 외상 사경(私耕)에 추수하면 옷 벗겨 내쫓고, 초상난 데서 노래하고, 소경 의복에 똥칠하고, 배 앓는 이에게 살구주고, 피는 곡식 모가지 뽑고, 걸인 보면 자루 찢고, 어린아이 불알 발라 말총으로 호아매고, 약한 노인 엎어뜨려 비역하고, 곡식밭에 우마 모는 등[28], 생명을 학대하고 착취하며 해치는 행위들을 이루 다 말할 수 없을 정도이다.

두 사람의 생명에 대한 상반된 인성은 제비라는 매개를 통해 결말의 성패를 유발하는 가장 중요한 원인으로 작용한다. 제비는 전반부의 문제 상황을 해결하고 후반부의 결말을 이끌어오는 중요한 기능을 담당한다. 비록 작은 동물이기는 하나 제비는 만물이 시생(始生)하는 봄의 소식을 전해주는 동물로서 '생명의 전령사'라고 할 수 있다. 그리고 다리는 '길'을 가는 도구로서 제비의 다리는 '생명의 길'을 의미하는 것이라 할 수 있다. 그러한 점에서 제비와 제비다리는 '생명'과 '생명의 길'을 상징하는 중요한 대상이라 할 수 있다. '생명'과 '생명의 길'을 상징하는 대상에 대하여 흥부와 놀부의 태도는 극명하게 대비된다. 흥부는 생명적 존재인 지닌 제비를 잘 보살피고 도와서 복을 받고, 놀부는 이를 학대하고 착취하려다가 해를 입게 된다. 그러한 점에서 전체적인 사건의 문제 해결과 관련하여서도 이러한 장부적 인간론은 매우 중요한 의미를 지니고 있다는 것을 알 수 있다.

인성 논쟁의 향방과 그 의미

위에서 논의한 바와 같이 흥부전에는 자본주의적 인간과 심성적 인간, 그리고 장부적 인간론이 서사적 문맥 속에서 각기 혼효되어 나타나고 있음을 확인할 수 있다. 그러하다면 흥부전에서는 궁극적으로 어떠한 인성을 이상으로 삼고 있으며 또 지향하고 있는 것일까?

우선 흥부전이 자본주의적인 삶을 궁극적으로 지향하고 있다고 보기는 어렵다. 이미 앞에서도 논의한 바 있듯이, 자본주의적 삶의 방식은 개인의 물질적인 욕망을 긍정하고 이를 최대한 충족시키려고 한다. 놀부는 그러한 삶의 방식을 체득하고 있는 인물이다. 그는 자신의 물질적인 이익을 위해 아우를 서슴없이 내쫓고, 아우가 부자가 되자 그 재산을 빼앗아 부익부할 생각부터 한다. 이러한 모습은 바로 개인의 물질적 욕망을 최대한 충족시키려 하는 자본주의적인 인간의 삶의 방식이라고 할 수 있다. 이러한 놀부를 결국은 파단에 이르게 한 결말부의 설정을 보면 〈흥부전〉

이 지향하는 인간적 이상이 자본주의적 인간형에 있지 않다는 점을 확인할 수 있다. 또한, 정도의 차이는 있지만 〈흥부전〉의 각 이본마다 문면 곳곳에서 놀부에 대한 비판적 발언들을 자주 발견할 수 있다. 이러한 점들로 보면, 놀부의 인물 형상은 〈흥부전〉이 제시하고자 하는 이상적 인간의 형상과는 상당한 거리가 있음이 분명하다.

아무래도 흥부전에서 놀부보다는 흥부가 이상적인 인간형에 가까이 있는 인물형이라고 할 수 있다. 그러나 자본주의적 삶의 방식에 어둡고 이에 적응하지 못하는 흥부의 대책 없는 삶이 궁극적 이상형으로 제시된 것이라고 보기도 어렵다. 앞에서 살펴보았듯이 흥부는 심성적 인간의 전형으로 자기감정의 정당성을 끊임없이 성찰할 줄 알며 타인의 감정을 잘 배려할 줄 아는 사람이다. 그리고 이러한 심성적인 인간 흥부는 자본을 축적하기에는 근본적으로 부적합한 인물임을 누차 문면을 통해 아래와 같이 제시하고 있다.

> 흥부 ᄆᆞ음 인후(仁厚)ᄒᆞ여 청산뉴수(靑山流水)와 곤뉸옥결(崑崙玉潔)이라 셩덕(聖德)을 본밧고 악인(惡人)을 겨어ᄒᆞ며 물욕(物慾)의 탐(貪)이 업고 듀쇡(酒色)의 무심ᄒᆞ니 ᄆᆞ음이 이러ᄒᆞ미 부귀(富貴)를 ᄇᆞ랄소냐.
>
> (경판25장본, 2뒤)

> 나무[29] 일만 ᄒᆞ노라고 흔푼 돈을 못 버으니 놀보 오쟉 미워ᄒᆞ랴
>
> (신재효본 박흥보가 3앞)

또한, 흥부의 가난을 통해, 물질적인 자본의 뒷받침이 없는 상태에서 인간이 행복에 이른다는 것이 현실적으로도 매우 어려운 문제임을 보여

준다. 가난한 흥부를 결국은 부자로 만들어야만 했던 것에서 그러한 점을 더욱 분명하게 확인할 수 있다. 그 밖에도 흥부 부부는 지긋지긋한 가난에 대한 한탄과 푸념을 입에 달고 살면서 물질적인 풍요로움을 희구한다. 더구나 흥부박을 타고 나서는 박에서 나온 엄청난 재물들을 보고서 매우 반겨 마지않는다. 심성적 인간론에 바탕을 두고 판단해 본다면 요행으로 얻은 부귀는 반겨 맞아야 하는 대상이 아니고 오히려 경계해야만 하는 대상이다. 이러한 점들로 볼 때, 흥부가 비록 놀부보다는 이상적인 인물형에 가깝기는 하지만 흥부전이 심성적 인간형을 궁극적인 좌표로 설정하고 있는 것이 아님을 알 수 있다. 그러한 인간적 지향은 다음과 같은 흥부처의 말을 통해서도 확인할 수 있다.

> 익고 여봅쇼 부절업슨 쳥념(淸廉) 맙소. 안직(顔子) 단표(簞瓢) 듀린 념치(廉恥) 삼십 조ᄉ(早死)ᄒ엿고 빅이슉졔(伯夷叔齊) 듀린 념치 쳥누(靑樓) 쇼년 우어스니 뷰졀업슨 쳥념 말고 져 ᄌ식들 굼겨 듁이기스니 아ᄌ번네 집의 가셔 쑬이 되ᄂ 벼가 되ᄂ 어더옵소.
>
> (경판25장본, 2뒤)

위에서 흥부의 아내는 올바른 마음을 가지고 심성의 도리를 지키면서 굶어죽는 것보다는 생명을 온전히 누리며 산다는 것이 더욱 중요하다고 말한다. 이러한 발언의 근저에는 '산다는 것은 기본적으로 선하다'는 의식에 바탕을 둔 생명을 중시하는 장부론적 인간관이 깔려있다. 흥부처는 굶주리는 자식들을 보며 다음과 같이 한탄한다.

> 짐싱은 미물이나 입으로 밥을 무러 ᄌ식을 멕여쥬며 치우면 날기 버려 ᄌ식을 덥난 거슬 나난 엇지 스람으로 슈다ᄒ ᄌ식더를 굼기고

벅기난고

(신재효본 박타령, 16뒤)

짐승도 자식들을 먹여주고 덮어주는데, 인간인 자신은 헐벗고 굶주리며 살아가는 자식들에게 아무것도 해주지 못하고 있는 현실을 한탄하며, 열악한 생명적 환경을 충격적으로 제시하고 있다. 결국, 흥부의 삶은 심성적 인간이 현실 속에서 겪지 않을 수 없는 삶의 어려움과 그 한계를 잘 보여주고 있다.

놀부를 통해 자본주의적 인간형의 파탄을 보여주고, 흥부를 통해 심성적 인간형의 부적응을 보여주었다면, 흥부전이 추구하고 있는 인간론의 궁극적 이상은 장부적 인간형이라고 할 수 있다. 마음과 물질의 총체인 생명과 그 개체 단위인 몸으로부터 인간과 문화를 재해석하면서 새로운 삶의 방식을 제시하고 있다. 자본주의적 욕망과 물신주의의 파탄을 극명하게 보여주면서도, 관념적으로 형식화된 심성주의에 함몰되지 않는 새로운 삶의 방식이 필요함을 보여준다.

자본주의적 인간형이 개인적인 욕망을 극단적으로 추구하는 것을 부정하고 비판하며, 심성적 인간이 빠지기 쉬운, 형식화되고 관념화된 예교의 도그마에 대해서도 일정한 비판을 가하고 있다. 자본주의적 인간형을 부정하고 비판하지만, 인간의 생명적 여건을 풍요롭게 하는 의식(衣食)을 비롯한 여러 물질적 자본들이 여전히 필요함을 긍정하고 있다. 또한, 심성적 인간의 한계를 온전히 인식하면서도, 다른 생명과 생명적 동질감을 느끼고 이를 원활하게 교류하며 살아가는 생명중심의 감성적 대동사회를 추구하고 있는 것이다.

자본주의적 인간형과 심성적 인간형에 대하여 비판적 거리를 일정하게 유지하면서도 끝까지 긴장을 잃지 않고 이야기를 견인해 내는 힘의 배경에는 장부적 인간형이 자리하고 있다. 앞에서도 논의했듯이 '장부적 인간'이란 인간을 장부적인 존재로 인식하는 것이고, 장부는 단지 신체의 물리적인 장기를 지칭하는 것이 아니라, 몸에서 일어나는 전체적인 생명력의 균형 및 길항 관계를 의미하는 것이다. 이러한 인간 이해는 인간을 '생명적인 존재'로 파악하고 인간이 생명을 온전하게 누리는 것을 선으로 보며, 인간의 생명을 억압하고 해치고 착취하는 것을 악으로 본다. 또한, 인간이 생명을 온전히 누릴 수 있게 하고, 공동체의 구성원들 서로가 생명적 동질감을 느끼며 살아갈 수 있도록 하는 대동세상을 이상적인 사회로 설정하고 있다. 흥부전에는 이러한 장부적 인간의 꿈과 소망이 온전히 반영되어 있다고 할 수 있다.

장부적 인간론의 가능성

지금까지 자본주의적 인간형과, 심성적 인간형, 장부적 인간형이라는 세 가지 인성론에 바탕을 두고 흥부전이 지향하고 있는 인성 논쟁의 향방을 검토해 보았다.

자본주의적 인간은 개인의 무한한 욕망을 긍정하며, 욕망하고 소유하는 삶의 방식을 통해 이를 최대한으로 실현해가는 인간이다. 여기에서 인간은 이른바 '욕망하고 소유하는 존재'이다. 놀부는 이러한 자본주의적 인성을 잘 보여주는 인간이라는 점에서 서사문학사적으로 매우 의미 있는 인물이다. 심성적 인간은 성리학의 심성론에 바탕을 두고 나타난 인간형이다. 성리학의 심성론에서는 인간을 다양한 사회적 관계 속에서 '정(情)을 느끼고 표현하는 감정적 존재'로 파악한다. 그리고 가장 이상적인 정의 교류 방식은 예를 통해 공식화되고 규범화된다. 흥부는 이러한 심성적 인간의 모습을 잘 반영하고 있다.

　흥부전에서는 자본주의적 인간인 놀부에 대하여 반감을 보인다. 개인의 욕망을 무한대로 추구하다가 결국은 파탄에 이르고 마는 놀부의 모습을 통하여 개인을 위한 무한한 욕망 추구는 결국은 파탄에 이르고 말뿐이라는 사실을 보여주려 하고 있다. 그렇다고 하여 심성적 인간인 흥부에 대하여 전적으로 동조하거나 공감을 표시하고 있는 것도 아니다. 물질적인 여건이 열악한 상태에서 단지 정만으로는 현실의 문제를 타개해나가기 어렵다는 점을 흥부의 심각한 빈곤을 통해 보여주고 있다. 그러므로 심성적 인간에 대해서도 비판적인 거리를 유지하고 있다.

　자본주의적 인간론과 심성적 인간론을 비판적으로 바라보는 기저에는 장부적 인간론이 자리 잡고 있다. 장부적 인간론에서 볼 때 인간은 본질적으로 '생명적인 존재'이며, 그 천부의 생명성을 온전히 향유하고 완성시키는 것을 삶의 이상으로 삼는다. 생명이 잘 살 수 있도록 도와주는 것이 선이 되고, 그 천부의 생명성을 착취하고 억압하거나 해치는 것이 악이 된다. 장부적 인간론으로 자본주의적 인간을 바라볼 때, 개인의 무한한 물질적 욕망추구는 다른 생명을 착취하고 억압하거나 또는 생명 그 자체의 자기파멸을 불러올 수 있는 것이기에 적절히 제어될 필요가 있다. 또한, 장부적 인간론의 관점에서 심성적 인간을 바라볼 때, 인간 감정의 정당성과 심성의 도리만을 관념적이며 교조적으로 추구하는 것은 생명의 실질적인 건강을 이룩하는 데 겉치레가 되고 방해가 될 수 있다. 흥부전은 세상의 모든 자본들은 생명을 돕고 기르는 것이 되어야만 의미가 있으며, 인간의 심성이라는 것도 생명의 한 작용일 뿐이라는 것을 표명하고 있다. 이를 위해 장부적 인성론을 중요한 인간관으로 새롭게 제안하고 있다.

　흥부전으로 나타난 문학에서의 장부적 인간론은 철학에서 나타난 이제마의 장부적 인간론보다 먼저 나타나 동양 전래의 한의학적 인간론과 더불어 이를 견인하는 문화적 동인의 하나로 작용하였을 법 하다. 또한, 이러한 장부적 인간론은 인간을 생명적 존재로 파악하고 있다는 점에서 생태주의적 인간론으로서도 중요한 의미를 지닌다. 사실 우리 시대의 생태주의는 사회사상으로만 존재할 뿐 그에 부합하는 인성론이 결핍되어 있다. 생명의 가장 기본적인 개체 단위인 몸의 생명장(生命場)이 사회와 자연으로 확대될 때 그것은 생태주의와 직접적으로 연결될 수 있다. 그러한 점에서 현대 생태주의에 걸맞은 인성론의 대안으로서도 매우 중요한 의미를 지닌다.

【주】

1 이 두 가지 인간론에 대해서는 필자의 논문 「신재효의 세 가지 발언」『판소리연구』 제12집(2001); 「판소리 미학의 사상적 세 층위」, 『판소리연구』 제15집(2003); 「판소리 서사기법의 情理的 合理性」, 『국제어문』 제29집(2003)에서 소략하게나마 거론한 바 있다.
2 자본주의적 인간론은 우리 시대를 주도하는 대표적인 인간론이기도 하므로 주의 깊게 거론해 볼 필요가 있다.
3 We hold these truths to be self-evident, that all men are created equal, that they are endowed by their Creator with certain unalienable Rights, that among these are Life, Liberty and the pursuit of Happiness. That to secure these right, Governments are instituted among Men, deriving their just Powers from the consent of the governed. That whenever any Form of Government becomes destructive of these ends, it is the Right of the people to alter or to abolish it, and to institute new Government, laying its foundation on such principles and oranizing its Powers in such form, as to them shall seem most likely to effect their Safety and Happiness.
4 몽테스큐는 국가는 국민에게 도덕을 가르쳐서는 안 되며 오직 개개인의 '행복'을 보장하는 데 힘써야 한다는 주장을 한다. 그는 도덕적 덕(moral virtue)과 정치적 덕(policitid virtue)을 구분하고 정치적 덕(애국심)만이 중요하다고 보며 중세에 강조되었던 자학적인 '중 같은 덕(mokish virtue)'은 시민들의 행복과 거리가 멀고 그것을 저해하는 것으로 이해한다. 이러한 '중 같은 덕'은 바로 인간의 욕망을 부정하거나 절제하는 도덕을 말한다.
5 함재봉, 「근대사상의 해체와 통일한국의 정치이상」, 『삼국통일과 한국통일』(통나무, 1994), 412~425면 참조.
6 놀부의 인물 형상에 대해서는 '조선 후기에 새롭게 등장한 신흥 饒戶富民(김종철, 「옹고집전과 조선 후기 요호부민」, 『판소리의 정서와 미학』(역사비평사, 1996); 「흥부전」, 『고전소설연구』(일지사, 1993))', '신흥하는 賤富(조동일, 「흥부전의 양면성」, 『계명논총』 6집(1969))', '상승된 經營型 富農(임형택, 「흥부전의 현실성에 관한 연구」, 『흥부전연구』(집문당, 1999))'등 조선 후기의 사회변동과 관련하여 거론된 바 있다.
7 흥부 ᄆᆞ음 인후ᄒᆞ여 쳥산뉴수와 곤눈옥결이라 셩덕을 본밧고 악인을 겨어ᄒᆞ며 물욕의 탐이 업고 듀식의 무심ᄒᆞ니 ᄆᆞ음이 이러ᄒᆞ미 부귀를 ᄇᆞ랄소냐.(경판25장본, 2뒤)
8 새끼.
9 돼지.
10 다른 판본에도 거의 이와 유사한 물질들이다.
11 그러한 논의들로는 인간본성의 두 측면(本然之性·氣質之性)에 대한 논의, 마음의 본성을 드러내는 구조(心統性情)에 대한 논의, 인간과 동물의 본성(人性物性)에 대한 논의, 인심(人心)과 도심(道心)에 대한 논의, 마음이 드러나기 전과 후(未發旣發)에 대한 논의, 세계를 인식하는 밝고 맑은 마음(知覺)에 대한 논의 등이 있다.

12 남에게 억지로 강매하는 일.
13 올벼.
14 피는.
15 곱사장이.
16 병들어 저는 다리.
17 대장장이.
18 삯 안 받고.
19 경칩에 막 동면에서 깨어나 움직이기 시작하는 벌레를 죽이지 않음.
20 한창 자라나는 초목은 꺾지 않음.
21 남의.
22 박문서관본 흥부전을 살펴보면 "우리도 마음만 올케 먹고 부지런만 ᄒᆞ얏스면 조흔 쩍를 맛날지 엇지 아오릿가"(17면) 흥부처의 말이나, "마음만 올케 먹고 불의지ᄉ 아니ᄒᆞ면 자연 신명이 도와 굴머 죽지 아니ᄒᆞ리니 울지 말고 셜어마소(19면)" 라는 흥부의 말에서 이러한 믿음이 잘 나타난다.
23 이러한 과불급을 이제마는 大小라는 말로 표현했으며, 이러한 오장육부의 활동성향에 따라 인간의 존재 유형을 파악하였다.
24 신재효본 박흥보가 1뒤~2앞. 이러한 발언은 다른 여러 이본들 속에서도 언급되고 있다.
25 天下衆人之臟理, 亦皆聖人之臟理, 而才能亦皆聖人之才能也, 以肺脾肝腎聖人之才能, 而自言曰 我無才能云者, 豈才能之罪哉, 心之罪也.(『東醫壽世保元』, 「四端論」)
26 이상은 신재효본 박타령 3뒤~4앞에 보이는 내용 발췌.
27 이상은 경판 25장본 1앞에 보이는 내용 발췌.
28 이상은 신재효본 박타령 2앞~3앞에 보이는 내용 발췌.
29 남의.

【참고문헌】

1. 단행본
한국사상사연구회, 『조선 유학의 개념들』, 예문서원, 2002.

2. 논문
강봉식, 「흥부전의 인물론」, 『한국어문학』 39호, 한국어문학회, 1997.
김광순, 「흥부전의 주인공에 관한 인성 분석」, 『흥부전 연구』, 집문당, 1991.
김임구, 「부자가 되는 세 가지 방법-재산 형성의 정당성 시각에서 본 흥부전」, 『비교문학』 39호, 한국비교문학회, 2006.
김종철, 「흥부전」, 『고전소설연구』, 일지사, 1993.
김종철, 「옹고집전과 조선 후기 요호부민」, 『판소리의 정서와 미학』, 역사비평사, 1996.
김진영, 「흥부전의 인물 형상」, 『인문학 연구』 5, 경희대 인문학 연구원, 2001.
서인석, 「조선 후기 향촌 사회의 악인 형상-놀부와 옹고집의 경우」, 『인문연구』 20집 2호, 영남대학교 인문과학연구소, 1999.
이상택, 「흥부 놀부의 인물 평가」, 『한국문학사의 쟁점』, 집문당, 1986.
임형택, 「흥부전의 현실성에 관한 연구」, 『흥부전연구』, 집문당, 1999.
조동일, 「흥부전의 양면성」, 『흥부전연구』, 집문당, 1969.
정충권, 「흥부전의 생태론적 고찰」, 『흥부전연구』, 월인, 2003.
정충권, 「경판 흥부전과 신재효의 박타령 비교」, 『흥부전연구』, 월인, 2003.
정충권, 「연경도서관본 흥보전 고찰」, 『흥부전연구』, 월인, 2003.
함재봉, 「근대사상의 해체와 통일한국의 정치이상」, 『삼국통일과 한국통일』, 통나무, 1994.
허원기, 「신재효의 세 가지 발언」, 『판소리연구』 제12집, 판소리학회, 2001.
허원기, 「판소리 미학의 사상적 세 층위」, 『판소리연구』 제15집, 판소리학회, 2003.
허원기, 「판소리 서사기법의 情理的 合理性」, 『국제어문』 제29집, 국제어문학회, 2003.

| 7 |

우리 설화에 나타난 아이의 형상

아이 이야기

우리나라는 매우 풍부한 서사적 전통을 지니고 있다. 그리고 이러한 서사적 전통의 원형에 가장 가까이 있는 것이 설화이다. 현재 우리에게 남겨진 설화 자료만 하더라도 그 양이 대단히 방대하다. 우리의 설화는 일찍이 김부식(金富軾, 1075-1151)의 『삼국사기(三國史記)』와 일연(一然, 1206-1289)의 『삼국유사(三國遺事)』로부터 결집되기 시작하여, 비교적 근래에 이루어진 임석재의 『한국구전설화』, 한국학중앙연구원의 『한국구비문학대계』에 이르기까지 매우 방대한 자료들이 결집되어 왔다.[1]

우리의 설화는 우리 서사문학의 형성과 발전에 중요한 원천이 되었고, 특히 동화의 형성과 발전에도 중요한 밑바탕이 되었다. 우리 설화들이 우리 동화 형성의 원천이 되었기 때문에 설화와 동화는 매우 긴밀한 연관성을 지닌다. 그러나 동화와 설화의 관계와 그 양상에 대해서는 아직까지 해명되지 않은 많은 문제들이 남아 있다.

이 글은 동화와 설화의 관련 양상을 조명하기 위한 선결 과제의 하나로, 어린이가 중심인물로 등장하는 우리 설화들을 논의 대상으로 삼는다.

동화가 주로 어린이를 향유 계층으로 삼고 있으며, 어린이의 삶에 중점을 두고 있다는 점을 감안한다면, 어린이가 중심인물로 등장하는 설화들은 우리 동화의 원천이 되는 자료로서 매우 중요한 가치를 지닌다. 우리 설화 속에 등장하는 어린이의 인물 형상을 살펴봄으로써, 우리 동화와 그 콘텐츠의 원천자료로서 한국 설화가 지니는 가치와 의미가 더욱 잘 드러날 수 있기 때문이다. 그럼에도 불구하고 이러한 논의는 지금까지 온전히 이루어지지 못한 상태이다.[2]

이 글에서 사용하는 어린이라는 말은 1920년에 방정환이 어린아이들을 독립된 인격체로 보아야 한다는 취지에서 사용한 말[3]이다. 어린이는 어린아이를 존중하고 대접하여 지칭한 말로서 '나이가 어린아이'를 의미한다.[4] 우리의 전통적인 관념에 따르자면, '어린아이'는 '어른'의 상대가 되는 개념으로 사용되었다. 그리고 어른과 어린아이를 구별하는 가장 큰 차이점은 역시 결혼여부이다. 우리나라의 아동복지법에 의하면, 어린아이를 지칭하는 아동의 연령 범위를 18세 미만으로 한정하고 있으나, 이것이 전통적인 어린아이의 개념 범위를 절대적으로 대변하는 것이라고 볼 수 없다. 전통적인 관념에 따르자면, 어른이 되는 의례인 성년식의 시행 시기가 어른과 아이를 구분 짓는 중요한 기점이 될 수 있다. 전통에 의하면, 남자는 20세에 관례를 치르면서 상투를 틀고 관(갓)을 썼다. 상투나 갓은 성인 남자가 되었다는 표시였다. 여자는 15세 전후에 머리를 올려 쪽을 찌고 비녀를 꽂는 의례를 행하는데, 이를 계례(笄禮)라고 한다. 그러나 여자의 경우 계례는 혼례에 흡수되어 있었기 때문에 '머리를 올렸다' 함은 결혼을 상징하는 말로 쓰이기도 했다. 이러한 것으로 볼 때, 어린이는 나이로 보면 대략 15세부터 20세 사이의 나이가 되기 이전의 어린아이를 지칭하는 것이고, 혼인을 하기 이전 상태를 뜻하고 있음을 알 수 있다.

그러나 설화 속에 등장하는 어린아이들의 나이가 구체적으로 제시되는 경우는 거의 없다. 구체적인 나이 대신에 '아이', '어린', '꼬마', '동자', '아기', '도령'이라는 말이 대신 쓰이는 것이 일반적이다. 그러므로 이 글에서 거론하는 설화 속의 '어린이'는 대략 15로부터 20세가 되기 이전의 인물들을 다루되 나이가 적시되지 않은 경우에는 '아이', '어린', '꼬마', '동자', '아기', '도령'으로 지칭되는 결혼 이전의 인물[5]들을 대상으로 한다. 이러한 어린아이들이 중심인물로 등장하는 이야기를 주로 다루면서 그중에서도 특히 그들과 어른과의 상대적인 관계 양상을 고려하면서 유연하게 접근하고자 한다. 그리고 자료의 범위는 『한국구비문학대계』와 임석재의 『한국구전설화』에 수록된 구비설화들을 기본적인 대상으로 삼는다. 그러나 신화 등과 같이 보다 앞선 시기 원본의 원형성이 중요한 자료인 경우에는 일부의 문헌설화들을 참고하도록 한다.

설화에서 주체와 상황은 모두 중요하다.[6] 설화에는 주체가 특이한 설화와 상황이 특이한 설화가 있다. 주체가 특이한 설화들에 등장하는 중심인물들은 예사 사람들보다 아주 뛰어나거나 모자라는 경우와 조금 뛰어나거나 모자라는 경우가 있다.[7] 이러한 경우 등장인물은 대부분 예사로운 인물들이 아니다. 반면 상황이 특이한 설화들에 등장하는 인물들은 보통 예사로운 인물들이다. 등장인물이 평범하기 때문에 상대적으로 특이한 상황이 강조될 수밖에 없다. 상황이 특이한 경우에는 사람이외의 대상과 관계가 특이한 경우와 다른 사람과의 관계가 특이한 경우가 있다.[8]

어린아이들이 등장하는 설화들에도 주체, 즉 주인공의 인물 형상이 특이한 경우와 그 상황이 특이한 경우가 있다. 뒤에서 자세히 논의하겠지만 우리 설화들 속에 등장하는 어린아이들의 인물 형상은 독립적이고 주체적인 인격을 지닌 존재로 그려지고 있을 뿐만 아니라 어른들보다 우월한 인물 형상으로 나타나는 것이 일반적이다. 그리고 어린아이들의 인물 형상이 열등하게 나타나는 경우는 많지 않다. 그러한 점에서 '어린아이'가 방정환이 말했던 이른바 '어린이'라는 말의 의미수준에 걸맞게 우리 설화들 속에서는 이미 존중되며 대접받고 있음을 확인할 수 있다.

또한 상황의 측면에서 볼 때, 우리 설화 속에 등장하는 어린아이들은 장성한 어른들보다 더 큰 고난을 겪으며, 더욱 불운하게 생애를 마감하는 경우가 그렇지 않은 경우 보다 훨씬 많이 나타난다.

이 글은 어린이를 중심인물로 다룬 우리 설화들을 대상으로 하여, 주체의 측면에서 어린아이의 형상이 어떻게 나타나고 있으며, 어린아이가 처하는 상황이 어떤 양상으로 나타나고 있는가 하는 점에 주안점을 두면서 논의를 전개한다. 이를 통해 우리 설화 속에 나타난 어린이 형상의 전반적인 양상을 검토하고자 한다.[9]

우월한 아이

주체의 측면에서 볼 때, 우리 설화 속에 등장하는 어린아이의 형상은 어른보다 우월하게 나타나는 경우가 매우 많다. 이러한 경우와 달리, 어린아이가 어른보다 열등하게 나타나는 사례는 별로 나타나지 않는다. 우월한 어린아이들의 모습은 매우 다양한 모습으로 나타나지만, 지혜로움과 신성함, 그리고 내면성에서 더욱 탁월하게 나타난다.

지혜로운 어린아이

우월한 어린아이의 여러 형상 중에서도, '지혜로운 어린아이'들은 우리 설화 속에서 매우 풍부하게 나타나는 인물 형상이다. 이들 이야기 속에서 지혜로운 어린아이들은 어른들이 해결하지 못한 문제들을 탁월한 지혜를 발휘하여 수월하게 해결한다. 어린아이들이 탁월한 지혜를 발휘하여 문제를 해결하는 경우[10]는 대략 다음과 같은 유형으로 나타난다.

A. 중국에서 낸 어려운 문제를 푼 아이
B. 원님(정승)을 굴복시킨 아이
C. 얕잡아 보던 아전들을 굴복시킨 어린 원님
D. 원님이 낸 어려운 과제 해결한 어린 아들
E. 키운 아버지의 고민을 해결한 아들
F. 소박맞은 어머니의 고민을 해결한 아이
G. 누명 벗겨준 아이의 재판
H. 자기(가족)의 실수를 재치로 감춘 아이
I. 군사놀이하면서 대감 지나가지 못하게 한 아이
J. 도둑에게 잡혀가 도둑 잡은 아이
K. 원수진 두 집 화해시킨 아이들
L. 묘자리를 지킨 아이
M. 기타 어려운 시비를 쉽게 해결한 아이
N. 어려운 수수께끼(셈) 쉽게 푼 아이
O. 도둑 안 맞게 돈 잘 감춘 아이
P. 훈장보다 지혜로운 아이
Q. 지혜로 정승의 양자 된 아이

위에 제시한 유형의 설화들은 채록된 사례가 비교적 많은 것들에 해당한다. 이들 이야기에서 어린아이들이 문제를 해결하는 것은, 후천적인 지식을 습득하여 이것을 바탕으로 문제를 해결하는 방식이 아니다. 이들은 선천적인 지혜를 사용하여 후천적인 지식과 관습, 그리고 권력의 노예가 되어버린 어른들의 경직된 사고방식을 넘어서는 경우가 많다.

특히 A의 유형에 속하는 이야기들은 매우 재미있는 설정이다. 예로부터 강대국의 거대한 힘은 약소국을 여러 가지로 괴롭혔다. 강대국의 거대한 권력에 대항하여 이를 물리치는 인물이 어른이 아니라 약소하기 그지없는 어린아이로 나타나고 있다. 거대한 권력과 약소한 아이가 대결하여 약소한 어린아이가 승리한다는 설정은 창조적인 희망의 중심에 아이들이 있음을 의미하며, 어른들이 일반적으로 생각하는 것처럼, 근본적인 문제의 해결이 권력의 획득에 있는 것이 아님을 의미한다. 거대한 권력을 대면하고 어린아이들이 이를 극복한다는 점에서 B, D, I, Q의 이야기들도 그 양상을 같이 한다.

C의 경우에는 오히려 어린아이에게 권력을 넘겨줌으로써 매우 재미있는 상황 설정을 보여준다. C와는 유형을 약간 달리하는 것이기는 하지만 꼬마 원님, 어린 원님이 어려운 소송을 명판결하는 이야기[11]는 상당히 널리 분포되어 매우 풍부하게 전승되고 있다. 어린 원님으로 널리 전승되는 인물로는 고창녕이 대표적이고 강감찬과 이원익이 등장하는 경우도 있다. 이들 어린아이들이 원님이 된 나이는 대략 8세부터 16세 사이로 나타난다. 이들은 형사, 민사상의 문제뿐만 아니라, 인생과 일상의 보편적 문제에 이르기까지 해결하지 못하는 문제들이 없으며, 문제 해결 방식도 어른들로서는 생각해낼 수 없는 기발한 양상들을 보여준다. 어린아이가 원님이 되어 나타나지 않는 경우가 아니라 하더라도, 어른 고을 원님이 해결하지 못하는 문제를 그의 어린 딸이나 아들이 해결하는 이야기들도 또한 상당히 많이 전승되고 있다.

〈꼬마 원님〉 이야기와 관련하여 〈꼬마 신랑〉 이야기도 거론해볼 가치가 있다. 꼬마 신랑이야기는 크게 보면 두 가지 유형으로 나타난다. 한 가지는 꼬마 신랑이 나이 많은 각시의 버릇을 들이는 것이고, 다른 한 가지는 작은 꼬마의 모습을 과장하여 웃음을 유발하는 우스개민담이다. 전자의 경우에 꼬마 신랑은 나이 많은 신부보다 우월한 지혜를 발휘하며 사려 깊은 모습[12]을 보여준다. 후자의 경우라고 하더라도 과장을 통해 웃음을 유발하는 면모를 보여주고자 하는 의도가 강하고 꼬마 신랑 자체를 인격적으로 비하하려는 의도가 있는 것은 아니다.

P는 스승보다 뛰어난 어린 제자들을 다루고 있다는 점에서 주목할 만하다. 이들이 스승보다 지식이 특별하게 많은 것은 아니다. 그러나 문제의 본질을 파악하고 해결하는 데에는 스승보다 더 뛰어난 지혜를 발휘한다. 이와 약간 유형이 다른 이야기로는 훈장을 골려주는 학동들의 이야기[13]도 있다. 이들 이야기에서 어리석은 훈장은 학동들의 지혜로움을 도저히 감당하지 못한다. 또한 훈장의 음식을 훔쳐 먹고 죽은 척하여 문제를 해결하는 이야기들(332-19)[14]도 있다. 여기에 등장하는 음식들로는 이야기에 따라 꿀이나 곶감, 닭과 같은 것들이 등장하는데, 훈장은 이들을 먹으면 죽는다고 거짓말을 했기 때문에 학동들을 용서하지 않을 수 없게 된다. 또한 서당 훈장을 골려주지 않고 장가보내는 학동들에 관한 이야기(435-6에 포함)도 널리 전한다. 이러한 이야기들의 사례를 보면, 어린 학동들의 존재가 단순히 수동적인 계몽의 대상으로 취급되고 있지 않다는 것을 알 수 있다. 어린 학동이 독립된 인격체로서 존중 받아야 함은 물론이고, 오히려 자신들을 교육하는 스승보다 뛰어난 존재라는 점을 보여주고 있다.

그리고 어른의 잘못을 깨우쳐주는 어린아이를 다룬 이야기(432-4 부모의 그른 행실 고치기)들도 적지 않다. 이러한 경우는 참으로 '어린이는 어른의 아버지'라는 말에 걸맞은 역할을 하고 있다고 할 만하다.

이외에도 〈공자문답〉[15] 같은 이야기에는 공자(孔子)와 대결하는 이름 모르는 동자가 등장한다. 이 이야기에 등장하는 어린아이는 비록 일곱 살[16]밖에 안 되지만 공자와 쟁론하여 승리한다. 처음에 공자는 어린아이를 대수롭지 않게 보고 희롱하려 한다. 그러나 점차 어린아이의 깊은 지혜가 저절로 드러나는 반면, 공자는 자신의 무지를 노출하면서 도리어 아이에게 희롱을 당하게 되고 만다. 공자는 지성(至聖)으로 지칭되며 동아시아에서 최고의 문화적 권위를 형성했던 인물이다. 이 이야기는 당대 최고의 문화적 권위가 이름 없고 약소한 어린아이 앞에서 속절없이 무너지는 모습을 보여준다. 그를 통해 이 이야기 속에서 절대적 권위를 극복하는 어린아이의 우월성은 더욱 극대화되고 있다.

신성한 어린아이

지혜로운 어린아이 다음으로, 우리 설화 속에 등장하는 어린아이의 형상 중에 중요한 것은 '신성한 어린아이'라고 할 수 있다. 신성한 어린아이들의 형상은 주로 신화 속에 등장하는 주인공들의 모습을 통해 나타난다. 신화 속의 주인공들은 모두가 신성한 존재들이다. 그들은 우주와 자연, 그리고 인간과 문명을 창조한 존재들이다. 신화 속의 주인공들은 무에서 유를 창조했고, 혼돈에 질서를 처음으로 부여한 존재들이다. 이들은 보통 사람들은 수행할 수 없는 과업을 성취했기에 신성한 존재로 좌정하게 된다.

우리 신화들에 등장하는 주인공들도 이와 다르지 않다. 보통 우리 신화 속에 등장하는 주인공들의 삶은 일대기 형식으로 나타나는 경우가 많은데, 건국신화인 경우에는 더욱 그러하다. 그러므로 신화 속 주인공들의 삶은 어린아이의 시기에만 한정되는 것은 아니다. 그러나 신화 속의 주인공들은 어른이 되기 이전이라 하더라도 이미 그 신성성을 아낌없이 보여준다. 그들은 신성한 혈통을 지닌 인물들로서 신성한 곳으로부터 파송되어온 존재이며, 천지조화(天地造化)와 신성혼(神聖婚)을 통해 태어나는데 그 잉태나 출생 과정부터가 범상치 않다. 신성혼은 신성한 탄생을 유발한다. 그러므로 신화의 주인공은 태어날 무렵부터 이미 그 신성한 면모가 보인다.

단군(檀君), 주몽(朱蒙)은 천제의 아들인 환웅과 해모수가 그들의 아버지이며, 어머니는 지상적 존재인 웅녀와 물의 신 하백의 딸 유화이다. 천상적 존재와 지상에 존재하는 짐승의 화신, 천상적 존재와 수신(水神)의 딸이 만나 주인공이 잉태된다. 이러한 과정으로 보면, 그들 부모의 만남이 우주적인 만남이고, 신성혼이라는 점을 알 수 있다. 이러한 신성한 혼인을 통해 잉태된 이들이 태어나는 모습도 비범함을 통해 신이함을 드러낸다. 주몽과 박혁거세(朴赫居世), 석탈해(昔脫解)는 알에서, 김수로(金首露)는 금합 안의 알에서 태어난다. 김알지(金閼智)는 황금 궤 안에서 나오며, 고을라, 양을라, 부을라 등은 땅에서 솟아오른다. 바리공주, 당금애기, 일곱 아이[17], 안심국, 오늘이와 같은 구전신화의 주인공들에게도 정도의 차이는 있으나 이러한 면모가 발견된다.

어린아이 때부터 보여주는 그들의 탁월한 행적도 그 신성한 면모를 잘 보여준다. 장성하기 이전에 이미 그들이 신성하며 탁월한 능력을 선천적으로 타고났다는 것을 알 수 있다. 이규보의 〈동명왕편(東明王篇)〉에는 주몽의 어린 시절을 다음과 같이 묘사하고 있다.

> 태어나 한 달도 되기 전에 언어를 잘 할 수 있었다. 어머니에게 말하기를 "파리 떼가 눈에 덤벼 잘 수가 없으니 엄마가 활과 살을 만들어 줘요."라고 하였다. 그 어머니가 싸리나무로 활을 만들어 주었더니 스스로 물레 위의 파리를 쏘아 틀림없이 맞추었다. 부여에서는 활 잘 쏘는 사람을 주몽이라 불렀다.
> 生未經月, 言語竝實. 謂母曰, "群蠅嗜目不能睡, 母爲我作弓矢." 其母以蓽作弓矢與之, 自射紡車上蠅, 發矢則中, 扶余謂善射曰朱蒙.

주몽은 태어난 지 한 달이 못되어 말을 하고, 싸리로 만든 활과 화살로 파리를 쏘아 백발백중한다. 이것은 그의 탁월한 능력이 후천적인 학습을 통해 이루어진 것이라기보다는 선천적으로 타고난 것임을 의미한다. 이 것은 신이한 행적이라 할 수 있다. 박혁거세는 13세에 이미 왕이 되어 나라를 다스리며, 김수로는 태어난 지 십여 일 만에 구척장신으로 성장한다. 또한 바리공주는 "배우지 않고도 상통천문 하달지리 육도삼략에 무불능통"[18]하다. 이처럼 신화 속의 어린 주인공들이 신이한 행적을 보이는 것은 신화가 보여주는 일반적인 현상이다.

이러한 점들로 보면, 신화 속의 주인공들은 어른이 되어 신성한 과업을 완수하기 이전에도 잉태와 탄생, 그리고 성장과정에서 이미 그 신성한 모습들을 보여주고 있음을 알 수 있다.

신화가 아니라 하더라도 전설에서 어린아이가 신성한 존재로 그려지는 경우도 있다. 그 일례로 『삼국유사』에 전해지는 미시랑(未尸郞)[19]을 들 수 있다. 미시랑은 원래 미륵불의 화신으로서 화랑이 된 인물이다. 그리하여 그는 미륵선화(彌勒仙花)로 불리었다. 즉 당시 세계종교였던 불교의 이상과 신라 토속의 풍월도의 이상을 한 몸에 구현하여 당시의 시대정신을 대표한 인물이라고 할 수 있다. 흥륜사의 중인 진자(眞慈)는 꿈에 계시를 받아 영묘사 길 가의 나무 밑에서 놀고 있는 어린 미시랑을 만난다. 그로 인해 어린 미시랑은 국선이 되어 맑은 교화를 세상에 드러낸다. 그 밖에도 삼국유사에는, 정취보살이 다리 밑에서 황금빛 어린아이로 나타나서 놀았다는 이야기[20]와, 굶어죽은 조신(調信)의 아들이 다름 아닌 미륵이었음을 알려주는 이야기[21]가 실려 있다. 여기에서 어린아이들은 신성한 불보살의 화신으로 나타난다.

이러한 이야기들은, 어린아이가 우주의 신령스런 기운으로부터 온 존재들이며, 어릴수록 그러한 우주와 생명의 본질에 더 가까이 있다는 것을 의미하는 것이라고 할 수 있다.

겉은 열등하나 속은 우월한 어린아이

신화 속의 어린 주인공들은 태어날 때부터 이미 그 신성성을 인정받지만, 민담 속의 주인공들은 그러한 신성함이 표면에 드러나지 않는 경우가 대부분이다. 겉으로 볼 때 평범하거나 오히려 열등해 보이는 경우도 있다. 특히 겉으로 볼 때 열등한 형상으로 나타나는 어린아이들의 이야기는 매우 주목할 만하다.

민담에서 열등한 주인공이 나타나는 경우에 이야기의 방향은 보통 두 가지로 설정된다. 그 한 방향은 주인공의 열등한 성격을 과장하여 웃음을 유발하는 우스개민담(笑話)의 길이며, 다른 한 가지 방향은 표면의 열등함에 대비되는 내면의 우월함을 제시하여 이야기를 전개하는 길이다.

후자의 예로서 들 수 있는 것이 〈반쪽이〉설화[22]이다. 반쪽이는 귀·눈·팔·다리가 각각 하나이며 몸이 반쪽만 있는 아이이다. 외면적으로 볼 때 반쪽이는 불구로서 신체적으로 열등한 아이이다. 그러나 무럭무럭 잘 자란다. 알고 보면 공부도 잘 하고, 우물 파는 일, 개울 파는 일, 나무 뽑는 일, 맨손으로 호랑이 잡는 일 등 하고자 하는 일은 무엇이든 잘 한다. 그는 결국 정승의 딸과 혼인하여 온전한 모습을 가지게 된다. 반쪽이는 겉보기와 다르게 우월한 아이였던 것이다.

전국적으로 널리 전승되고 있는 〈구렁덩덩신선비〉 이야기도 이와 같은 양상을 보여준다. 그는 가난한 집에 지아비 없이 홀로 사는 늙은 아낙네에게서 구렁이의 형상을 하고 태어난다. 그는 이름에서 나타나는 것처럼 '구렁이'와 '신선(또는 선비)'[23]의 성격을 공유하고 있다. 구렁덩덩신선비의 겉모습은 구렁이처럼 추악하고 징그럽다. 평생 바닥을 기어 다녀야 하며, 남들 눈에 징그러운 모습이 눈에 뜨일 수 있어 삼태기나 삿갓

밑에 웅크리고 지내야 하는 열등한 존재에 지나지 않는다. 그러나 그 허물 속에는 신선이나 선비처럼 훌륭하고 우월한 내면을 지니고 있다. 구렁덩덩신선비 이야기는 본래 신화였던 것이 신성성을 상실하고 민담화한 것으로 보이는데, 신화적 주인공이 본래 지니고 있던 우월한 성격이 퇴색하지 않은 것이라고 할 수 있다.

이와 유사한 인물은 『삼국유사』에도 나타난다. 『삼국유사』 권제오 「의해」편의 〈사복불언(蛇福不言)〉에 등장하는 사복(蛇福)이다. 그의 이름을 지칭할 때 사복의 '복(福)' 대신 복(卜), 복(伏), 파(巴), 포(包)가 대신 쓰이기도 하였는데, 일연에 의하면 이들은 모두 아이(童)를 의미하는 것[24]이라고 한다. 그 아이는 나이가 열두 살이 되도록 말도 하지 못하고 일어서지도 못하며 뱀처럼 기어 다녔다는 것이다. 그래서 이른바 '뱀 아이'로 불리게 되었다. 이러한 사복의 모습을 보면, 사복은 매우 열등한 지진아였음이 분명하다. 그러나 이러한 겉모습과 다르게 사복은 후에 십성(十聖)의 한 분으로 경주 흥륜사에 봉안되었으며, 전생에는 원효와 함께 공부하던 동문이었고, 원효와 문답하는 풍모를 보면, 당대 최고의 승려였던 원효보다도 사복이 더 높은 도의 경지를 보여주고 있음을 알 수 있다.

이러한 이야기들은 열등하게 드러난 겉모습과 달리, 어린아이들의 본질적인 내면은 기본적으로 우월하고 훌륭하다는 인식을 담고 있다.

주체적인 측면에서, 이러한 우월한 어린아이 이야기는 우리에게 많은 것들을 생각하게 한다. 이 이야기들은 문명과 권력의 겉치레 그리고 이념의 관성으로부터 자유롭고 발랄한 어린아이의 선천적 지혜야말로 인류의 근원적 희망이 될 수 있다는 것을 시사하고 있다. 앞에서 거론하지 않았으나 〈짐승의 소리 알아듣는 어린아이〉 이야기들은 어른들의 기성관념으로는 접근하기 힘든 어린아이들의 선천적인 지혜를 잘 보여준다. 그들은 배우지 않아도 살아가는 데 필요한 지혜를 알고 있으며, 내면에 그것을 이미 품고 있다. 그들에게는 기성의 오염된 지식을 외부로부터 주입하는 것보다 내부의 지혜를 창조적으로 발휘할 수 있도록 도와주는 것이 더욱 필요하다는 점도 시사하고 있다. 그리고 이러한 이야기들은 어린아이야말로 그러한 점에서 진정 어른의 아버지일 수 있다는 것을 보여준다.

심각한 고난을 겪는 아이

어린아이 때는 어느 때보다도 부모의 자상한 보살핌이 필요한 시기이다. 전혀 새로운 이 세계에 적응하는 것이 쉽지 않고, 또한 연약하며 다치기 쉬운 시기이기 때문이다. 그럼에도 불구하고 우리 설화 속에 등장하는 어린 주인공들은 부모로부터 버림받거나 쫓겨나는 경우가 많이 나타난다. 또한 과중한 과업을 감당하는 경우도 많다. 주체의 측면에서 보면, 선천적으로 어른보다 우월한 재능을 타고났음에도 불구하고, 상황의 측면에서 보면, 오히려 자상한 보살핌을 받지 못하고 세상의 횡포 앞에 내던져져서 심각한 고난을 극복해야 하는 경우가 많다.

버려지는 어린아이

우리 설화 속에서 심각한 고난을 겪는 어린아이들이 나타나는 첫 번째 경우는 태어나자마자 부모에게 버림받는 어린아이를 다룬 이야기들을 들 수 있다. 우리 설화 속에서 어린아이들이 버려지는 이유는 일정하지 않으나 그러한 사례들은 매우 다양하게 나타난다.

〈바리공주〉 이야기는 제목에서부터 주인공이 버림받은 공주라는 것을 명시하고 있다. 바리공주의 아버지인 대왕은 그녀가 태어나자 다음과 같이 격노하는 모습을 보여준다.

상궁시녀들아! 너희들도 단복하다. 무슨 면목으로 나를 대하는가? 옥수로서 서안을 치시면서 나는 전생에 무슨 죄가 그다지 많아서 하늘이 일곱 딸을 점지하였는가? 향로향합 헤치시고 종묘사직 뉘에게 다 전하리오? 만민조정 뉘에게 다 전하리오? 만민백성 뉘에게 다 전하리오? 대왕마마 전교하시는 말씀이 시녀상궁들아, 삼천궁녀들아 그 아기를 어서 후원에 갔다 버려라 하시니[25]

　대왕은 자기 나라와 백성을 자기 자식에게 물려주고 싶어 오랜 세월 동안 아들을 기다려 왔으나 그 기대가 무너져버린다. 더구나 태몽에서 오른손에 보라매, 왼손에 흰 매, 무릎 위에 금 거북, 양 어깨에 해와 달, 궁궐 대들보에 청룡과 황룡이 어우러진 몽사를 겪고서, 세자의 탄생을 확신하던 터였기 때문에, 그 실망감은 극심한 분노로 변한다. 바리공주는 결국 옥함에 넣어져 강물 위에 버려진다. 대왕의 분노는 왕위와 권력을 세습하고 싶어 하는 어른들의 기성관념에서 비롯된 것이고 그것을 대변하는 것이다. 그러므로 바리공주의 버려짐은 어른들의 잘못된 기성관념에서 기인하는 것이다. 그것은 어떤 의미에서 희생이랄 수 있겠으나, 한편으로는 기존의 질서와 관념으로부터 이탈하여 구질서와의 객관적인 거리를 확보하고 자유로워진다는 뜻이 된다. 이를 통해 구질서를 해체하고 새 질서를 창조하는 기반을 형성하게 된다. 이러한 버려짐의 화소는 영웅들의 이야기에 매우 빈번하게 나타난다. 새로운 질서와 문화를 창조하는 영웅이라면 크고 작음에 관계없이 필수적으로 버림받는 아이가 된다.
　〈원천강본풀이〉의 주인공인 오늘이도 버려진 여자아이이다. 그 아이는 강님들에 버려져 이름도 성도 모르고 생일도 나이도 모르며 부모가 누구인지도 모른다. 다만 학이 날아와 두 날개로 깔아주고 덮어주어 강님들에서 살아날 수 있었다. 그래서 사람들은 낳은 날을 모른다 하여 그 아이를 오늘이라 하였다. 오늘이는 자신의 과거와 근원을 모르기 때문에 지금 살고 있는 현재에 충실할 수밖에 없는 아이이다. 그래서 그 아이에게 가장 중요한 삶의 과제는 '나는 누구인가?' 하는 문제에 확실한 답을 얻는 것이고, 이 과제를 해결하기 위해 자기의 뿌리를 찾아가는 여행을 시작한다.

〈궤네깃당본풀이〉에 등장하는 궤내깃또[26]도 버림받은 아이이다. 궤내깃또는 홀어머니인 백주또에 의해 키워지다가 세 살이 되어서야 아버지 소천국을 처음 만난다. 궤내깃또는 아버지를 처음 만나자 아버지에게 달려가 갑자기 그 수염을 잡아당기고 아버지의 가슴을 짓누른다. 이에 아버지 소천국은 화가 나서 무쇠 석함에 자물통을 채워 동해 바다에 띄워버린다. 짓궂은 아이의 장난에 아이를 내다 버리는 소천국의 행위는 잘 이해가 되지 않는다. 이 때문에 그는 물 위로 삼 년 물 아래로 삼 년을 떠다니다가 용왕을 만나게 된다.

주몽은 알 속에 있을 때, 금와왕에 의해 마구간에도 버려지고 산속에도 버려진다. 금와왕이 알을 버린 것은 사람이 알을 낳은 것이 상서롭지 못하다고 여겼기 때문이다. 이외에도 버려지는 어린아이 이야기는 상당히 많은 수가 전해진다.

보호가 절실히 필요한 시기에 어린아이들이 버려지는 이유들은 이렇게 다양하지만 부모들, 특히 아버지의 적대감에 의해 버려지는 경우가 많다. 여기에서 아버지는 기성의 권위와 기존의 권력을 의미한다. 그러므로 어린 주인공은 이러한 기존의 권력과 질서로부터 배척을 당하는 것이기도 하다. 그러나 버림받은 아이는 기존의 권력이나 질서로부터 자유로워지고, 결국은 새로운 질서와 문화를 창조하는 힘을 기존의 제도와 체제 밖에서 준비할 수 있는 계기를 얻는다. 기존의 질서에서 버림받은 아이야말로 참으로 새로운 문명과 질서를 창조할 수 있기 때문이다. 그러므로 무언가 새로운 질서와 문화를 창조하는 인물에게는 버림받음이 필수적인 인생의 한 과정으로 중요성을 지니는 것이다. 버림받지 않은 아이는 기존의 질서 속에 안주하여 보호받음으로서 기존의 질서를 객관적으로 바라볼 만 한 거리를 확보하기 어렵다. 그러므로 새로운 문명과 질서를 창조하는 일들은 이렇게 버려진 아이들의 몫으로 온전히 남게 되는 것이다.

쫓겨나는 어린아이

어린아이가 버려지는 일은 아기 때에 나타나는 현상이다. 아이가 집에서 쫓겨나는 경우는 아기 때보다 좀 더 성장한 이후에 나타나게 된다. 우리 설화 속에서 쫓겨나는 어린아이는 여자아이인 경우가 많다.

쫓겨나는 여자 일반에 대한 이야기는 〈쫓겨난 여인 발복(發福) 설화〉라고 하여 하나의 유형을 형성하고 있을 정도로 풍부한 양상을 보인다. 이들 이야기 속에서 쫓겨나는 여자는 남편에게 쫓겨나는 경우와 아버지에게 쫓겨나는 경우가 있다. 남편에게 쫓겨나는 경우는 성인 여자이며 아버지에게 쫓겨나는 경우는 어린 여자아이이다.[27] 이중에서 쫓겨난 여자아이 이야기는 〈내 복에 산다〉라는 하위 유형을 형성하고 있다.

이 유형의 이야기에서 어린 딸이 쫓겨나는 이유는 아버지의 노여움을 샀기 때문이다. 노여움을 사는 계기는 아버지와 딸의 복(福) 문답에서 비롯되는 경우가 대부분이다. 어느 날 아버지는 세 딸들에게 누구 복(또는 덕)에 잘 사느냐고 묻는다. 이에 첫째 딸과 둘째 딸은 아버지 복(또는 덕)에 잘 산다고 대답한다. 그러나 막내인 셋째 딸은 아버지 복이 아닌 내 복에 잘 산다고 대답한다. 이에 아버지는 막내딸을 괘씸하게 여겨 내쫓는다. 변이형으로는, 누가 가난한 총각에게 시집갈 것이지를 딸에게 묻는데 셋째 딸만 가난한 총각에게 시집가겠다고 대답하여 쫓겨나는 경우가 있다. 그 외에도 계모의 박대에 의해 누명을 쓰고 쫓겨나는 경우도 있다. 부왕에게 쫓겨나는 평강공주이야기와 선화공주이야기도 이러한 이야기와 계통적으로 연결되어 있으며, 서사무가 〈삼공본풀이〉의 주인공인 감은장애기의 행적도 이와 유사하다.

경우야 어찌되었든, 그동안 온실 속의 화초처럼 보호 속에서 자라, 자립하여 생활할 능력이 없는 딸을 쫓아내는 것에서 기성세대인 아버지와 계모의 횡포가 강하게 나타난다. 이들은 딸들에게 자신들의 기성 가치와 행동방식만을 강요하고 딸들이 독립된 인격을 형성하지 못하도록 방해한다. 현대의 많은 아버지들이 그러하듯, 이 아버지는 약한 딸이 집에서 쫓겨나 자신의 보호를 받지 못하면 틀림없이 불행해질 것이라고 확신한다. 그는 불행해진 딸이 다시 돌아와 자신에게 진정으로 굴종하기를 바랐을지도 모른다. 그리고 딸들은 부자에게 시집가야만 행복할 수 있다고 생각한다. 그러나 이 이야기들 속에서는 쫓겨난 다음에야 비로소 딸에게 진정한 행복이 발동한다. 여자아이는 가난한 남자를 만났지만 결국은 일상 속에서 보물들을 발견하여 행복하게 살아간다.

어린 아들을 쫓아내는 이야기도 없지는 않으나 딸을 쫓아내는 것과 비교하여 많다고 볼 수 없으며, 심각한 상황을 보여주는 것도 아니다. 남자는 쫓겨난다 하여도 여자들처럼 적응하는데 어려움이 있는 것도 아니고, 집 밖의 세상에 적응하는 것은 남성들에게는 권장되는 중대한 과업이었기 때문에 그러하다. 이러한 이야기들로는 어린아이가 집에서 빈둥거리다가 쫓겨나서 복을 찾는 이야기들이 전해진다. 그러나 그들의 고난이 심각한 것은 아니다.

쫓겨난 어린아이 이야기는 외부에서 주어지는 기성의 행복이 아닌 삶 속에서 창조하는 진정한 행복에 대하여 발언하고 있다. 그리고 기성세대는 이러한 행복을 방해해서는 안 되며, 아이들은 어른의 기성적 행복이 아닌 자신이 독립적으로 발견하고 창조해가는 참다운 행복을 추구할 권리가 있음을 강조한다고 할 수 있다.

죽임을 당하는 아이

앞에서 살펴보았듯이 우리 설화 속에 등장하는 어린아이들은 주체의 측면에서 매우 우월한 형상을 지니고 있으면서도, 상황의 측면에서 심각한 고난을 겪고 이를 극복해내는 경우가 많다. 그러나 그 상황의 양상이 매우 심각하여, 어린아이는 그 주체적 우월성을 구현하지 못하고, 극단적인 고난과 세상의 거대한 횡포 앞에 좌절하여, 죽고 마는 어린아이의 형상들도 적지 않게 나타난다. 이들 이야기들은 상황의 극단성을 잘 보여준다. 그것은 우리가 실존하는 세계의 극단성일 수도 있다. 원래 어린아이는 죽음의 세계에서 가장 먼 곳에 위치한 인간이다. 어린 나이에 죽는다는 것은 매우 불행한 일이 아닐 수 없다. 그것이 자살이 아닌 타살인 경우에는 더욱 불행한 일이라 할 수 있다. 그러므로 상황의 측면에서 어린아이의 죽음을 다룬 이야기들은 매우 중요한 의미를 지닌다.

우리 설화 속에서, 어린아이의 죽음을 다룬 이야기로 가장 주목할만한 것은 역시 〈아기장수전설〉[28]이다. 아기장수는 민중을 구원할 사명을 띠고 태어난 구세주와도 같은 존재[29]이다. 이 아이는 비록 평민의 아들로 태어났으나, 어려서부터 탁월한 능력을 보여준다. 그러나 그 부모는 이 아기장수가 크면 역적이 되어 집안이 망할 것이라는 두려움 때문에 아기장수를 맷돌이나 볏섬으로 눌러 죽인다. 아기장수는 유언으로 콩 닷 섬과 팥 닷 섬을 함께 묻어달라고 한다. 나중에 관군이 몰려와 아기장수를 찾는데 어머니가 이를 알려주어 무덤에서 군마를 조련하고 있던 아기장수는 다시 죽게 된다는 이야기이다.

여기에서 아기장수는 부모와 관군에 의해 죽임을 당한다. 여기에서 아기장수는 성숙하지 못한 민중의 희망을 상징하고, 부모는 민중의 비겁한 패배의식[30]을 의미하며, 관군[31]은 현실 세계를 지배하는 절대 권력을 의미한다고 할 수 있다. 민중들에 의한 민중의 희망 죽이기가 친자 죽이기라는 방식으로 나타나고 있다. 이 경우, 아기장수는 기성의 신분의식에 얽매인 기성세대의 고정관념에 희생되는 것이라 할 수 있다.

어린 아들을 죽이는 이야기는 〈자식 죽여서 부모 받들기(433-1)〉 유형에 잘 나타나는데 많은 사례들이 보고되어 있다.[32] 이것은 아이를 죽여 부모에게 효도하는 이야기이다. 그 대표적인 것으로는 〈동자삼(童子參)〉 이야기가 있다. 부모에게 효도하기 위해 아들을 솥에 삶아서 바쳤는데, 나중에 보니 아들이 아닌 동자삼이었다는 것이다. 이와 비슷한 이야기는 이미 『삼국유사』 「효선(孝善)」편의 〈손순매아(孫順埋兒)〉에도 나타난다. 이야기 속에서 결과적으로 아들이 살아나기는 했으나 아들을 죽이는 행위는 이미 실행되고 난 다음이었다. 새 것과 옛 것의 생명적 신진대사가 자연스럽게 영위되지 못하는 엽기적인 모습이 나타난다. 옛 것은 곱게 썩어 새것의 거름이 되지 못하고 새 것은 척박한 황무지에 속절없이 던져지는 형국이라 할만하다. 이러한 이야기는 가장 소중히 여기는 존재인 아들을 희생시켜 부모를 공양한다는 뜻을 담고 있다. 이를 통해 효라는 것이 세상에서 가장 절대적인 가치라는 것을 이념적으로 강조하고 있으며, 어린아이는 절대적인 이념의 희생양[33]이 되고 만다. 많은 효행설화들을 보면, 효를 위해 어린아이를 죽이지 않는다 하더라도, 어린아이에게 주어지는 효의 과제가 어린아이는 감당하기 어렵거나 불가능에 가까운 경우가 대부분이다.

그밖에도 아들뿐만 아니라 딸들을 죽이는 이야기도 전해진다. 〈오누이 힘내기전설〉은 그것을 대표하는 것이다. 장사 누이는 오라버니와 힘내기에서 패배하고 스스로 자살하는 것으로 되어있지만, 엄밀한 의미에서 그것은 타살에 가까운 것이다. 어머니는 내기에서 지면 누이가 죽을 것이라는 사실을 알면서도, 오라버니를 위해 누이의 승리를 방해하였기 때문이다. 그것은 결국 남아를 선호하는 당대의 기성관념을 대변하는 어머니가 친딸을 살해한 것과 다르지 않다고 할 수 있다.

여우누이의 죽음도 새롭게 해석할 필요가 있다. 여성주의 시각에서 보면, 여우누이는 분방하고도 강력하며 매혹적인 여성성을 상징한다고 할 수 있다. 그러한 여우누이의 품성은 기득권을 지닌 남성에게는 두려움과 경계의 대상이 아닐 수 없다. 분방한 여성성을 발휘하는 존재인 여우누이를 오라버니가 징치하는 것은 남성중심 사회의 두려움과 경계심이 적극적으로 반영된 것이라고 할 수 있다.[34]

또한 구전설화에는 잘 나타나지 않지만, 문헌설화들 속에는 나라에 충성하기 위해 목숨을 바친 어린아이 이야기들도 나타난다. 『삼국사기』에 전하는 화랑인 관창(官昌), 거진(擧眞)의 이야기가 그러하다. 이들은 비록 어리지만 전쟁터에서 군사들의 사기를 올리기 위해 희생된다. 전쟁은 어른의 몫이어야 하는 것이다. 어린아이를 동원하고 그들을 희생해야만 하는 전쟁은 정당하지 못하다. 이들의 모습을 통해 우리는 어른들의 무능과 국가의 횡포를 발견하게 된다.

위에서 살펴보았듯이 어린아이들이 죽임을 당하는 상황은 매우 다양하다. 그러나 그들을 죽이는 것은 모두 기성의 완고한 이념과 권력의 횡포임을 알 수 있다.

아이의 인간적 형상

지금까지 우리 설화들 중에서 어린아이가 중심인물로 등장하는 이야기들을 대상으로 하여, 그 속에 나타나는 어린아이 형상들의 전반적인 면모에 대하여 살펴보았다.

이를 통해, 우리 설화 속에 나타나는 어린아이들은 주체의 측면에서 볼 때 예사롭지 않은 우월성을 지니고 나타나는 경우가 많다는 점을 확인했다. 또한 상황의 측면에서, 예사롭지 않은 심각한 고난을 극복하거나, 예사롭지 않은 죽음을 당하는 경우가 많다는 점을 확인하였다.

 그러나 상황이 예사롭지 않다고 해서 거기에 등장하는 어린아이가 예사로운 인물인 것은 아니다. 예사롭지 않은 어린아이인 주체가 예사롭지 않은 상황에 처하는 경우가 대부분이다. 이것은 어린이가 중심인물로 등장하는 우리 설화의 중요한 특성이며, 어른들이 중심으로 등장하는 설화와는 다른 점이라 할 수 있다.

 또한 이러한 어린아이의 형상이 주체의 측면에서 주로 지혜로운 어린아이, 신성한 어린아이, 우월한 내면을 지닌 어린아이로 나타나고, 상황의 측면에서 주로 버려지는 어린아이, 쫓겨나는 어린아이, 죽임을 당하는 어린아이의 모습으로 각기 나타나고 있음을 살펴보았으며, 그 세부적인 양상들과 의미에 대해서도 그 대략을 거론하여 보았다.

 우리 설화들 속에서 어린아이는 독립된 인격체로 나타날 뿐만 아니라 어른보다 우월한 측면들을 다양하고 보여주고 있다. 이러한 점에서 우리 설화 속의 어린아이들은 독립된 인격체로 인식되고 있으며 존중되고 있음을 알 수 있다. 이것은 방정환에 의해 새롭게 주창된 이른바 근대적 '어린이' 관념이 이미 전통적인 이야기들 속에서는 구현되고 있었다는 점에서 주목할 만하다. 그러므로 그가 주창한 새로운 아동, 즉 어린이의 형상은 근대에 새로 탄생한 것도 아니며 근대에 새롭게 발견된 것도 아니다. 우리 설화 속에서 이러한 어린이 형상은 이미 오래전에 탄생하였고 오래전부터 우리의 전통적 서사 속에서 발견되며 존재하여 온 것이다. 그러나 예사롭지 않은 인물 형상에도 불구하고 우리 설화 속의 어린이들은 어른들 보다 더 가혹한 현실 속에 내던져 진다. 이를 통해 상대적으로 나타나는 기성세대의 폭력과 기존 세계의 완고한 질서를 보여준다.

  이 논의를 통해 우리 문화 속의 어린이 형상과 그 의미를 새롭게 조명하고 우리 어린이 문화를 논의하는 일이 점차 확산되기를 기대한다. 다만 이 글에서는 너무 많은 자료를 다루면서 전체적인 윤곽을 거론하는 데에 집중하다 보니, 개별 작품과 유형들에 대한 세밀한 분석과 심도 있는 논의가 뒤따르지 못하였다. 또한 지면 관계상 중요한 자료만 다루고 말았다. 여기에서 거론한 자료 외에도 미처 다루지 못한 자료들이 있음을 밝힌다. 그리고 어린이 형상이라는 관점에서 한국의 설화와 외국의 설화의 양상을 비교하여 논의하는 것도 필요하지만 후일을 기약하고자 한다.

【주】

1 『한국구비문학대계』에 수록된 설화자료만 하더라도 총 15,107편에 이른다.
2 어린이가 중심인물로 등장하는 설화에 대한 기존연구로는 최기숙(「구전설화에 나타난 어린이 이미지 연구 -어린이 희생담을 중심으로」, 『동방고전문학 연구』 2집, 동방고전문학 연구회, 2000; 「구전설화에 나타난 어린이의 세계 -어린이 지혜담을 중심으로」, 『열상고전연구』 13집, 열상고전연구회, 2002)과 이성희(「아이 지혜담 연구」, 경희대학교 석사논문, 1995)의 연구가 있다. 이들의 연구는 어린이가 중심인물로 등장하는 설화들에 대한 연구를 개척했다는 점에서 의미가 있지만, 그것의 한 유형을 다루었을 뿐 전체적인 자료의 양상을 다룬 것은 아니다.
3 '어린이'라는 말이 처음으로 사용되기 시작한 것은 17세기부터이다. 방정환은 이에 새로운 의미를 부여한 것이다.(이기문, 「어원탐구-어린이」, 『새국어생활』(국립국어연구원, 1997년 여름호) 참조.)
4 이희승의 『국어대사전』(1981)과 국립국어연구원의 『표준국어대사전』(1999)에서도 이와 같은 의미로 이해되고 있다.
5 『한국구비문학대계』에 의하면 제목에 '아이'라는 말은 138건, '어린-'이라는 말은 46건, '꼬마'라는 말은 23건, '동자'라는 말은 34건, '아기'라는 말은 66건, '도령'이라는 말은 23건이 수록되어 전한다. 꼬마 신랑이야기는 이중적인 의미가 있다. 꼬마라는 점에서 어린이지만, 신랑이라는 점에서는 어른이다. 그러나 어른과의 관계에서 어린이의 정체성에 대한 심각한 문제를 제기하고 있다는 점에서 이 글에서는 논의의 대상에 포함한다.
6 조동일(1989)은 『한국구비문학대계 별책부록1-한국설화유형분류집』에서 주체와 상황의 관련 양상을 바탕으로 하여 『한국구비문학대계』에 수록된 한국설화 전반의 유형을 분류한 바 있다. 또한 그는 서사문학은 외적 자아가 개입한 상태에서 자아와 세계의 대결을 다룬다고 하였는데, 여기에서 말하는 자아와 세계의 양상은 곧 주체와 상황이라는 말과 같은 맥락의 용어로 파악된다.
7 조동일(1989)은 『한국구비문학대계 별책부록1-한국설화유형분류집』, 12~13쪽 참조.
8 조동일(1989) 위의 글 참조.
9 이 글의 목적은 어린이가 중심인물로 등장하는 설화들의 유형분류에 있는 것이 아니라, 우리 설화 속에 나타나는 어린이의 형상들을 전반적으로 조명하는 데에 있다. 그러므로 분류의 엄밀성보다는 인물 형상의 전체성을 드러내는 데에 주력한다. 이러한 이유로 동일한 인물이 서로 다른 형상으로 나타나는 경우가 있다. 특히 한 인물이 처하는 상황은 단일하지 않고 다양하므로 상황의 변화에 따른 상황의 형상도 달라질 수 있다. 그리고 분류에 중점을 둔다고 해도, 설화의 분류에서는 동일한 이야기라 하더라도 다른 유형으로 중첩하여 분류하는 경우가 적지 않다.
10 조동일, 『한국구비문학대계 별책부록1-한국설화유형분류집』(1989)에서는 이를 〈알고

모르기―모를 만한데 알기―어른보다 아이가 지혜롭기(232)〉의 유형으로 분류하고 있다.
11 『한국구비문학대계 별책부록1-한국설화유형분류집』(1989)에서는 이것을 〈알고 모르기―모를 만한데 알기―어려운 문제 쉽게 해결하기―어려운 소송에 명판결하기(233-1)〉의 유형에서 다루고 있다.
12 특히 연상의 아내가 불륜을 저질러도 이를 용서하고 포용하는 태도를 보이는 이야기에서 이러한 점이 잘 나타난다.
13 『한국구비문학대계 별책부록1-한국설화유형분류집』(1989)에서는 이것을 〈속이고 속기―속을 만한데 속이기―엉뚱한 짓으로 상대방 골려주기―훈장 골려준 학동(334-14)〉의 유형에서 다루고 있다.
14 괄호는 『한국구비문학대계 별책부록1-한국설화유형분류집』(1989)의 유형분류 번호. 이하 상동.
15 〈동자문답〉이라는 제목으로 알려진 경우도 있다. 애초에 설화적인 이야기였으나 후대에 서사적 단편으로 정리되었다. 자세한 내용은 허원기의 글, 「희롱거리가 된 공자의 모습: 공자문답」, 『문헌과 해석』 18호(2002) 참조하기 바란다.
16 이본에 따라 차이가 약간 나타나는 경우도 있다.
17 칠성풀이의 주인공.
18 아카마쓰 지죠(赤松智城)·아키바 다카시(秋葉隆) 저 / 심우성 역, 『조선무속의 연구』 (동문선, 1991), 32쪽 참조.
19 『三國遺事』 卷第三, 「塔像第四」, 〈彌勒仙花未尸郎眞慈師〉에 수록.
20 『三國遺事』 卷第三, 「塔像第四」, 〈洛山二大聖觀音正趣調信〉에 수록.
21 『三國遺事』 卷第三, 「塔像第四」, 〈洛山二大聖觀音正趣調信〉에 수록.
22 일명 '외쪽이' '반쪽아이'로 지칭되기도 한다.
23 '신선비'는 지역에 따라 '신선부'나 '새 선비', '서(徐) 선비'로 지칭되는 곳이 있다. '신선부(神仙夫)'는 '신선같이 잘 생기고 훌륭한 지아비'를 의미하며, '새 선비'는 '참신한 새 선비'를 의미한다.
24 一然, 『三國遺事』 卷第五, 「義解」, 〈蛇福不言〉: "下或作蛇卜, 又巴, 又伏等, 皆言童也."
25 아카마쓰 지죠(赤松智城)·아키바 다카시(秋葉隆) 저 / 심우성 역, 『조선무속의 연구』 (동문선, 1991). 27~28쪽. 문맥은 이해하기 쉽게 필자가 약간 수정함.
26 궤내깃또는 제주도 구좌면 김녕리 당본풀이의 주인공이다. 기록에 따라서 '괴네깃도', '궤네깃또'로 부르기도 한다.
27 여인발복설화에서 여성주인공들이 쫓겨나는 시기가 이미 결혼적령기임으로 어린아이의 범주에 포함시키기 어렵다는 반론이 있을 수 있다. 그러나 쫓겨날 때 그녀는 셋째 딸이었고 그 위의 언니들이 혼인하지 않은 상태였다는 것을 감안하여야 한다. 또한 이때의 결혼 시기는 오늘날의 결혼 시기와 많이 다르다는 것도 감안해야할 것이다.

28 '아기장사'로 불리기도 한다.
29 이에 대해서는 신동흔, 「아기장수 설화와 진인출현설의 관계」, 『고전문학 연구』 5(한국고전문학회, 1990)에서 논의한 바 있다.
30 임철호, 「아기장수 설화의 전승과 범위」, 『구비문학 연구』 3집(한국구비문학회, 1996), 204쪽 참조.
31 아기장수를 죽이는 관군의 총수로 이성계가 등장하기도 한다.
32 『한국구비문학대계』에도 90건이 수록되어 있다.
33 물론 희생에는 가장 좋은 것을 바치기는 한다.
34 여우누이에 대한 사냥은 서양의 마녀사냥과 비교하여 그 심리구조를 연구할 필요가 있다.

【참고문헌】

1. 자료
金富軾, 『三國史記』, 한국학중앙연구원 교감본, 1996.
一然, 『三國遺事』(한국불교전서6), 대교본, 1984.
李奎報, 『東明王篇』(표점영인 동국이상국집), 민족문화추진회본, 1990.
임석재, 『韓國口傳說話』(전12권), 평민사, 1987.
한국학중앙연구원, 『韓國口碑文學大系』(전85권), 조은문화사, 2002.

2. 단행본
김환희, 『옛이야기의 발견』, 우리교육, 2007.
서대석, 『조선문헌설화집요』 1,2, 집문당, 1992-1993.
신동흔, 「아기장수 설화와 진인출현설의 관계」, 『고전문학 연구』 5, 한국고전문학회, 1990.
이부영, 『자기와 자기실현』, 한길사, 2002.
이지호, 『옛이야기와 어린이 문학』, 집문당, 2006.
장덕순, 『한국설화문학 연구』, 서울대학교 출판부, 1987.
최기숙, 『어린이 이야기, 그 거세된 꿈』, 책세상, 2006.
최운식·김기창, 『전래동화 교육의 이론과 실제』, 집문당, 2003.
블라디미르 프로프 저 / 유영대 역, 『민담형태론』, 새문사, 2007.
아카마쓰 지죠(赤松智城)·아키바 다카시(秋葉隆) 저 / 심우성 역, 『조선무속의 연구』, 동문선, 1991.
필립 아리에스 저 / 문지영 역, 『아동의 탄생』, 새물결, 2003.

3. 논문
이성희, 「아이 지혜담 연구」, 경희대학교 석사논문, 1995.
임철호, 「아기장수 설화의 전승과 범위」, 『구비문학 연구』 3집, 한국구비문학회, 203~206쪽, 1996.
최기숙, 「구전설화에 나타난 어린이 이미지 연구 -어린이 희생담을 중심으로」, 『동방고전문학 연구』 2, 동방고전문학 연구회, 2000.
최기숙, 「구전설화에 나타난 어린이의 세계 -어린이 지혜담을 중심으로」, 『열상고전연구』, 열상고전연구회, 2002.
허원기, 「희롱거리가 된 공자의 모습: 공자문답」, 『문헌과 해석』 18호, 2002.

| 8 |

정약용의 인성론과 문학세계

정약용의 시경론

동아시아문학사에서 문학과 정치는 긴밀한 관계를 형성하면서 발전해 왔다. 문학과 정치가 이러한 관계를 형성한 기원은 멀리 서주초(西周初)에서 춘추 중엽[1]까지 거슬러 올라간다. 이 시기는 바로 『시경(詩經)』이 결집되던 시기이다. 이 무렵 형성된 시경은 동아시아인들의 문학관과 시 의식을 형성하고 문학의 본질을 논의하는 데에 중요한 근거가 되어왔다.

시경에 수록된 시가들은 흔히 알려진 대로 풍아송(風雅頌)으로 대별된다. 풍은 민간에서 전승되던 노래들을 채록한 것이고, 민간의 정을 노래한 것으로 풍교와 풍자의 쓰임을 보여준다. 이를 통해 천자는 궁궐을 나서지 않고서도 백성들의 희로애락을 알 수 있었다. 아는 하(夏)로서 서주의 수도였던 호경(鎬京)과 그 주변의 서울가락, 즉 관(官)에서 불리던 정악(正樂)의 노래들을 의미한다. 공경대부와 같은 귀족들이 제후들의 모임이나 궁중연희들을 소재로 하여 권계(勸戒)하는 용도로 부른 것들이다. 송은 천자가 종묘에서 제사를 지내거나 대형 예식을 거행할 때 불리던 노래들이다. 주로 장엄하고 장중하게 신과 조상들의 공덕을 찬양하는 내용으로 이루어진다.

풍아송으로 시경의 노래들을 이해한다면 이들이 모두 정치와 직간접적으로 연관이 있는 노래들임을 확연하게 알 수 있다. 풍의 경우 민간의 노래이지만 이 노래에 나타난 백성들의 희로애락을 통해 위정자는 정치의 이해득실을 파악할 수 있다고 여겼다. 상층의 입장에서 풍교를 중시하는 쪽과 하층의 입장에서 풍자를 중시하는 쪽이 다르게 나타날 수 있지만 양측 모두가 정치에 관련하여 발언한다는 점에서 공통점을 지닌다. 또한 아와 송은 정치적인 통치 행위의 실제 사례 속에서 실현되고 있다는 점에서 정치행위와 더욱 직접적인 관계를 맺고 있다는 것을 잘 알 수 있다.

시경의 존재와 이에 대한 후대의 다양한 시경론(詩經論)들은 동아시아인들이 사유한 시와 정치, 문학과 정치의 본질을 다시금 생각하게 해준다는 점에서 매우 중요한 의의를 지닌다. 우리 역사 속에서도 시경은 매우 중요한 문헌으로 인식되어 왔으며 이에 대한 논의들도 적지 않게 나타났다. 조선 후기의 걸출한 경학가인 다산 정약용의 시경논의는 이러한 시경론들을 대표한다고 볼 수 있다. 다산의 시경논의는 그의 저술인 『시경강의』와 여타의 글들을 통해 확인해 볼 수 있다. 특히 그는 시의 정치적인 의미에 대하여 매우 주목한 사람[2]이다. 그는 시경을 논의하고 해석하면서 시경의 정치적인 의미를 크게 부각시키려 하였다. 또한 경학적 논의 이외의 여러 글들 속에서 스스로의 시론과 문학론을 전개하면서도, 시의 정치적인 의미에 특히 유념하였다. 정치적 의미를 중시하는 그의 시관은 단순히 관념적인 차원에서 머문 것이 아니며, 실제 작품 창작에도 온전히 반영되어 정치의 이해득실을 보여주는 시들을 다수 창작하였다.

이 글은 다산 정약용이 시와 정치에 대해 생각한 흔적들을 되짚어 보고, 그와 관련하여 시와 정치의 의미를 새롭게 검토해보는 것을 주요 목적으로 한다. 이 글에서 본론의 논의는 세 개의 장으로 구성한다. 본문의 첫 장은 시경의 시, 다산 정약용의 시경론과 시론, 그리고 그의 창작시에 나타나는 정치의 양상을 살펴본다. 본문의 두 번째 장은 다산의 시경론과 시에 정치가 잘 나타나는 이유를 그의 정치론과 관련하여 살펴보고, 그 정치론의 입장에서 문학이 지니는 가치와 의미를 역으로 검토해 본다. 그리고 본문의 세 번째 장에서는 다산 정약용의 시론과 정치론의 근거가 되는 그의 인간론을 검토해보고 그것이 지니는 의미와 가치에 대해 생각해보고자 한다.

이를 통해 다산 정약용의 문학이 토대를 두고 있는 정치관의 근거와 관련 양상을 깊이 있게 추적해볼 수 있을 뿐만 아니라 그의 문학관과 정치관의 바탕이 되는 인간관의 근거를 함께 검토함으로써 다산학(茶山學) 전반의 구도 속에서 다산 문학의 가치와 위상이 밝혀질 수 있을 것이다. 또한 본 논의를 통해 문학의 본질적 의미에 대하여 전반적으로 성찰할 수 있는 일단의 계기가 될 수 있을 것이라 예상한다.

시경(詩經)과 정치

동아시아에서 시 교과서이면서 동시에 정치 교과서로서 중요한 구실을 한, 『시경(詩經)』의 시들을 보면 정치가 잘 보인다.

A. 북풍은 싸늘하고
　진눈깨비 펑펑 내립니다.
　은혜로이 나를 좋아하는 이와
　손잡고 함께 가요.
　우물쭈물 하지 말고

이미 다급하게 되었으니.³

B. 큰 쥐, 큰 쥐야
　　내 기장 먹지 마라.
　　삼 년 너를 계속 섬겼는데
　　나를 아니 돌볼 건가.
　　이제 너를 떠나
　　저 낙토로 가리.
　　낙토여 낙토여
　　이에 내 살 곳 얻게 되리.⁴

C. 은나라의 많은 군사
　　수풀처럼 모여드니
　　목야에서 맹세하네.
　　우리 군대가 일어났다.
　　하느님이 그대에게 임하셨으니
　　그대 마음에 의심치 말 것이다.

　　목야 벌이 넓고 넓은데
　　박달나무 수레가 빛나고
　　네 필의 원마가 건장하네.
　　태사 태공망은
　　때로 매가 날아오르듯 공격하여
　　저 무왕을 돕네.
　　군대를 풀어 은나라를 정벌하니

전투하는 날 아침 날씨가 청명하여라.⁵

A는 패풍의 〈북풍(北風)〉, B는 위풍의 〈큰 쥐(碩鼠)〉, C는 대아의 〈밝게 빛남(大明)〉이다.

A를 보면 통치자의 포악함이 북풍에 비유되고 있다. 「모시서(毛詩序)」에 의하면, 〈북풍〉은 위나라 군신이 모두 위협과 포악을 일삼아 백성들이 이들과 친하지 못해 서로 손잡고 떠나지 않는 이가 없었음을 표현한 것이라고 했다. 또한 『시집전』에서는 북풍과 우설로 국가에 위란이 닥칠 무렵의 기상이 처참함을 보인 것이라고 보았다. 이 시는 위나라의 학정을 견디다 못하여 백성들이 그 지방을 떠나는 모습을 잘 형상화하고 있다. 다산 정약용도 이 시를 이러한 견해에 따라 이해하고 있다.

B는 가렴주구하는 관리들을 비유한 것으로,⁶ 세금이 과중하여 백성들을 갉아먹으며 정치를 바르게 하지 않으니 사람들이 관리들을 두려워하여 큰 쥐와 같다고 비유한 것이다. 또한 큰 쥐가 자신을 해치는 것에 가탁하여 임금을 버리려는 백성들의 마음을 표현한 것이라고 할 수 있다. 같은 위풍의 〈박달나무 베어(伐檀)〉와 같은 시에도 "씨 뿌리고 거두지도 않으면서, 어찌 그리 삼백 전 벼를 거두어 가는지, 사냥도 하지 않으면서, 어찌 너의 집엔 담비가죽 걸려있나, 그대들은 하는 일 없이 놀고먹는구나."⁷라고 하며 무위도식하며 호의호식하는 관리들을 강한 어조로 비난하는 것을 발견할 수 있다. 시경을 보면, 이렇게 위정자의 학정을 고발하고 풍자하는 작품들은 이외에도 매우 많다.⁸

C는 전쟁을 소재로 한 노래이다. 한 나라의 건국은 흔히 전쟁으로 이루어지고 멸망 또한 전쟁으로 이루어진다. 그러므로 전쟁은 정치적인 동기에서 시작하며 정치의 연장이라고 할 수 있다. 시경에서 전쟁을 다룬 노래들은 군사적인 정벌을 칭송하고 상무정신을 강조하는 작품들과 반전의

식을 강조하고 평화를 기원하는 작품으로 대별된다. 이 노래는 상무정신을 강조한 것이다. 특히 목야의 들에서 세운 무왕의 전공을 파노라마처럼 펼쳐 보이며, 군대의 진용과 무왕의 결심, 그리고 영웅의 기개를 읽을 수 있게 한다.

상무정신을 표현한 노래로는 이것 외에도 상송의 〈오래도록 나타남(長發)〉, 〈은나라의 무력(殷武)〉를 비롯하여 대아의 〈크게 빛남(大明)〉, 〈거룩하시다(皇矣)〉, 〈뒤를 이음(下武)〉, 〈문왕의 명성(文王有聲)〉, 〈넓고 크신(蕩)〉, 〈장엄한(抑)〉, 〈양자강과 한수(江漢)〉, 〈위대한 한나라(漢奕)〉・〈상무(常武)〉, 〈뭇 백성(蒸民)〉 등의 노래, 소아의 〈수레를 꺼내어(出車)〉, 〈유월(六月)〉, 〈차조를 뜯네(采芑)〉, 〈삐죽삐죽 솟은 바위(漸漸之石)〉, 빈풍의 〈깨진 도끼(破斧)〉 등과 같은 노래들이 시경에 수록되어 있다. 특히 〈크게 빛남〉, 〈거룩하시다(皇矣)〉는 문왕과 무왕이 세운 전공을 칭송하는 노래로 기교나 구성이 뛰어나다.

이 몇 편의 시만으로도 시경이 시들이 정치를 잘 반영하고 있다는 점을 확인하기에 부족하지 않다.[9] 시경에는 이렇게 정치의 이해득실이 직접적으로 반영하고 있는 시들이 다수 수록되어 있다. 그러나 이들의 성격을 달리하는 시들도 다수 수록되어 있다. 그 시들 중에서 많은 비중을 차지하고 있는 것이, 국풍에서 남녀의 애정을 노래하고 있는 애정시[10]이다. 이 노래들은 겉으로 볼 때, 대부분 정치적인 면모를 확연히 드러내고 있는 것은 아니다. 그러나 옛 사람들은 이러한 애정시 속에서도 정치의 흔적들을 발견하고 이에 유의한다. 시경의 첫머리를 장식하며, 시경을 대표하는 〈꾸욱 꾸욱 물수리(關雎)〉도 그러한 노래이다. 모시서(毛詩序)에서는 이 노래를 남녀 간의 애정을 노래한 애정시가 아니라, 후비의 덕을 읊은 시로 이해하고 있다. 그리고 또한 여기에서 풍(風)이 시작되었는데, 그 이유는 천하를 풍동하여 부부의 도리를 바로잡기 위한 것(關雎后妃之德

也. 風之始也. 所以風天下而正夫婦也.)이라고 했다. 남송 때에 이르러 주희는 『시집전(詩集傳)』과 『시서변설(詩序辨說)』을 지어 모시서의 학설을 비판하고 작자의 본뜻을 중시해야 한다고 주장했다. 그는 국풍의 시 대부분이 '민속가요'라고 보았다. 그리고 국풍의 시를 왕도정치가 행해지던 정풍(正風)의 시와 주나라의 왕도가 쇠퇴한 이후에 지어진 변풍(變風)으로 나누어, 변풍에 나오는 많은 애정시들을 음시(淫詩), 즉 남녀상열지사로 이해하였다.[11] 시경의 정풍(鄭風)에는 남녀가 구애하는 노래가 상당히 많다. 이를테면 아래의 〈옷자락 걷어 올리고(褰裳)〉란 노래가 그러하다.

> 그대 나를 사랑한다면
> 옷자락 걷어 올리고 강을 건널 수 있어요.
> 그대 나를 사랑하지 않으면
> 다른 남자들 얼마든지 있어요.
> 바보 멍청이 같은 사람아.[12]

그러나 모시의 서에서는, 이를 정나라 장공(莊公)의 서자인 돌(突(厲公))이 태자 홀(忽(昭公))과 왕위를 다투자 그 나라 사람들이 큰 나라에서 자기 나라를 바로잡아주기를 기대하며 불렀다는 것이다. 다산은 이 노래를, 다른 나라에 사는 현자가 무례한 초빙을 사양하면서 이를 남녀의 원망에 가탁하여 부른 노래[13]라고 보았다. 그리고 이어서 선비가 초빙 받지 않은 것은 여자가 시집가지 않은 것과 같다[14]고 했다.

국풍의 노래를 지은 작자에 대해서는 모시의 서로부터 비롯되는 현인저작설과 주희로 대표되는 민간저작설이 있어 왔다. 현인저작설은 성현도 포함되는 심성이 순정한 사람들이 정치의 폐단을 바로잡으려는 의도에서 지었다는 것이다. 다산도 시경 정풍의 〈셋째 도령님 사냥 가셨네(叔

于田)〉를 논하면서 이에 대해 다음과 같이 말한다.

> 정풍(鄭風)에는 음시(淫詩)가 없습니다. 남녀가 즐거워하는 시는 모두 음란함을 풍자하는 시입니다. 시 삼백은 한마디로 사무사(思無邪)라 하였으니 시 삼백은 한마디로 말하여 현인군자의 저작입니다.[15]

다산은 주희의 민간저작설을 부정하고 현인저작설을 견지한다. 그러한 점에서 그는 남녀 간의 애정시를 순수한 애정노래로 보지 않고, 시 속에 나타나는 정치의 이해득실과 그 흔적에 특별히 유념한다. 그에 의하면 이 시는 음시가 아니라 음란함을 풍자하는 자음시(刺淫詩)가 된다. 다산은 또한 시경에서 흔히 노래하고 있는 남녀 관계는 곧 군신 관계를 치환한 것이라는 견해를 아래와 같이 나타내기도 한다.

> 대저 군신·부부·붕우는 의로 합해진 사이이므로 상관관계가 비슷합니다. 따라서 군신·붕우 사이를 남녀 사이로 가탁하는 것은 시 짓는 이들의 본래 수법입니다. 그러므로 이소(離騷)와 한(漢)·위(魏) 이후로 모두 풍시를 따르고 본받아 이러한 시체(詩體)가 많았습니다.[16]

다산 정약용은 현인저작설을 지지하는 근거를 풍(風)에 대한 해석에서 찾으려 한다. 그는 국풍의 풍을 풍자(諷刺)로 정의하여 거성(去聲)으로 읽었다. 그는 또한, 모시대서(毛詩大序)에서 풍을 '풍자'와 '풍화(風化)'의 이중적 의미로 이해한 것이 잘못이라 하였고, 주희도 '풍'을 '풍화'의 뜻으로만 보고 있다고 비판하였다.[17] 정약용은 풍을 정치적 풍자(諷刺)와 풍간(諷諫)의 의미로 이해했다.

그는 시경 시의 작시의도가 풍간에 있으며 풍자의 대상을 군주에 한정했다. 그 근거로는 『춘추좌씨전』에 보이는 부시(賦詩)의 사례들이 모두 나랏일(公家之事)에 관련된 것이고 미천한 백성들(閭巷卑微之民)의 사례가 없다는 점을 들었다.[18] 정약용은 춘추의 포폄이 백성에게 미치지 않고 『상서』가 왕공의 사례만을 다루고 있듯이, 시경도 역시 백성의 일이 아닌 나랏일을 다루고 있다고 여긴 것이다.

정약용은 결국 시경 시의 목적은 대인이 '한번 군주를 바로잡아(一正君) 천하를 바르게 하는 데 있다'고 다음과 같이 단언한다.

> 무릇 국풍이 찬미하고 풍자하는 대상은 모두 나라의 선과 악이다. …… 맹자가 말하기를 "소인들이 재위에 있다고 함께 책망할 필요가 없고, 잘못된 정치를 비난할 것도 없으며, 오직 대인만이 능히 군주의 마음을 바로잡을 수 있다. 군주가 어질면 어질지 않을 자 없고, 군주가 의로우면 의롭지 않을 자 없으며, 군주가 바르면 바르지 않을 자 없다. 한번 군주를 바로잡으면 그로써 나라가 바르게 된다." 하였다. 이는 진실로 성인이 요체를 아는 말이다. 국풍의 시들은 바로 '한번 군주를 바로잡는 것'을 임무로 삼고 있다. 혹은 찬미하여 그 선한 마음을 감동케 하고, 혹은 경계하고 풍자하여 그 상도에서 벗어난 생각을 징계한다. 군주의 마음이 바로잡아지면 모든 관료가 바르게 되고 모든 관료가 바르게 되면 천하가 다 인으로 돌아가게 된다. 저 세간의 남녀가 더러운 꼴로 혹 음란하고 혹 사악하여 스스로 죄악에 빠지는 것을 비난할 것이 무엇이겠는가?[19]

이러한 시경론의 시의식은 그의 시론들과 실제의 시 창작에도 잘 반영되어 나타난다. 다산 정약용은 시와 정치에 대하여 일찍이 다음과 같이 말한 바 있다.

후세의 시율은 마땅히 두보를 공자로 삼아야 한다. 대개 두보의 시가 백가의 우두머리가 된 까닭은 시경의 남은 뜻을 이었기 때문이다. 시경이란 모두 충신, 효자, 열부, 양우(良友)가 측은해 하고 충후해 하는 마음을 발현한 것이다. 임금과 나라를 사랑하고 걱정(愛君憂民)하지 않으면 시가 아니고, 시속을 아파하거나 분해(傷時憤俗)하지 않으면 시가 아니며, 찬미와 풍자, 권장과 징벌(美刺勸懲)을 하지 않으면 시가 아니다. 그러므로 뜻이 확립되지 못하고 학문이 순정치 않으며 대도를 듣지 못하여 임금을 요순으로 만들고 백성에게 은혜를 베풀(致君澤民)려는 마음이 없는 자는 시를 지을 수 없다.[20]

위에서 다산은 시경 시의 본질이 임금을 사랑하고 나라를 걱정(愛君憂民)하는 것, 시속을 아파하거나 분해(傷時憤俗)하는 것, 찬미와 풍자 그리고 권장과 징벌(美刺勸懲)에 있다고 하면서, 임금을 요순으로 만들고 백성에게 은혜를 베풀(致君澤民)려는 정치적인 관심이 없다면, 시를 지을 수 없다고까지 말한다. 이는 시의 정치적 의미를 강조한 발언이라고 할 수 있다.

다산 정약용이 실제 창작한 시들을 보아도 이러한 생각은 잘 반영되어 있다. 특히 유배기에 쓴 〈전간기사(田間紀事)〉 6편은 그의 이러한 시의식을 잘 보여준다. 그 중의 한편인 〈승냥이 이리(豺狼)〉에서는 가렴주구(苛斂誅求)하는 탐관오리들의 모습을 승냥이와 이리의 형상에 비유하고 있다. 이를 통해, 탐관오리들의 무자비한 횡포와 고난에 찬 백성들의 삶이 잘 형상화되어 있다. 이밖에도 〈장기농가(長鬐農歌)〉, 〈탐진악부(耽津樂府)〉, 〈남근 자름을 슬퍼하다(哀絶陽)〉, 〈송충이(蟲食松)〉, 〈여름날 술을 대하고(夏日對酒)〉 5수, 〈스님 소나무를 뽑다(僧拔松行)〉, 〈호랑이 사냥(獵虎行)〉, 〈고양이(狸奴行)〉, 〈모기를 증오함(憎蚊)〉, 〈굶주리는 백성(飢民詩)〉, 〈용산촌 아전(龍山吏)〉, 〈파지촌 아전(波池吏)〉, 〈남해촌 아전(南海

吏)〉과 같은 무수한 작품들에서 정치의 흔적들이 발견된다.[21]

시의 정치적 기능

시경의 시들을 보면서 우리는 그 안에서 정치의 흔적들이 여러 가지 방식과 양태로 나타나고 있다는 것을 확인하였다. 또한 다산 정약용의 시경론이 시에서 정치의 이해득실을 읽고 정치적 풍간의 의미를 중시하고 있음과 그가 창작한 시들에서 정치의 형상과 이해득실이 잘 나타나고 있으며 풍간의 기능을 잘 수행하고 있음도 확인할 수 있다. 그러하다면, 이런 식으로 시를 통해 정치를 바라보는 시선들이 나타나는 근본적인 이유는 무엇일까? 이에 대한 해답을 얻기 위해서는 정치라는 관점에서 시의 본질적 의미를 성찰해 볼 필요가 있다.

우리는 앞에서 이미 시의 저작과 음송이라는 것을 정치적 행위의 한 방식으로 이해하는 그런 견해들을 확인하였다. 그러므로 정치의 측면에서 시를 바라보고, 정치적 행위로서의 시의 가치와 의미에 대하여 본격적으로 살펴보지 않을 수 없다.

먼저 시의 채록과 산정(刪定) 과정 자체가 정치적 행위의 한 방식이라는 점에 유념해야 할 것이다. 『한서』「예문지」에 의하면 시를 채집하는 것이 이미 정치의 한 과정으로 제시되고 있다.

> 옛날에는 시를 채집하는 관리가 있었는데, 왕이 그것으로 풍속을 보고 득실을 알며 스스로 고정하였다.[22]

위의 발언에 의하면, 고대에는 시를 채록하는 관리가 따로 있었다는 것이다. 그들이 정기적으로 시골을 돌아다니면서 노래를 채록하면, 음악을 담당하는 관리들이 이에 새로운 가락을 붙여 악곡으로 만들었다. 그런 후에 천자에게 들려주어 천자로 하여금 풍속의 좋고 나쁨(俗尙之美惡)을 파악하고 정치의 이해득실(政治之得失)을 파악하게 했다는 것[23]이다.

이러한 설에 근거한다면, 시를 채록하던 당시의 사람들이 이미 정치의 관점에서 시를 바라보고 있었음을 알 수 있다. 그리고 그들이 정치의 관점에서 시를 바라본 이유는, 아마도 민간에서 불리는 시들이 백성들의 풍속과 인정을 가장 잘 보여주었다고 생각했기 때문일 것이다. 또한 백성들의 풍속과 인정을 알려고 한 것은 그 속에는 정치권력의 정치행위에 대한 정서적 반응이 잘 녹아있기 때문일 것이다. 그리고 이러한 정서적 반응은 곧 정치권력에 대한 인심의 향배를 의미하는 것과 다르지 않다.

유교문화권에서 정치권력이라는 것은 늘 기층민들의 인심, 즉 민심을 의식하면서 존재해 왔다. 그리고 정치권력의 정당성은 민심에 의해서 그 정당성을 확보할 수 있다고 생각했다.

이것은 유교문화가 일반적으로 추구하는 인본주의와 민본주의적 사고에 바탕을 두고 있다.

다산 정약용도 정치행위와 관련하여 민이 중요한 존재임을 거론한다. 그는 천자는 제후의 추대로, 제후는 현장(懸長)의 추대로 이루어지는데, 그 근원을 거슬러 올라가면 인장(鄰長)에 이르며, 그 인장은 다섯 가(家)에서 장으로 추대한 사람이라고 말한다. 그러므로 그는 아랫사람이 윗사람을 추대하여 이루어지는 것이 정치권력이라고 보았다. 다산은 정치권력이 이렇게 형성되는 것이기에 아랫사람들이 의논하여 윗사람을 바꾸는 것은 정당하다고 하면서, 탕 임금이 걸을 추방한 일도 정당한 것이라고 주장한다.[24] 그는 이를 근거로 하여 모든 정치권력의 원천이 백성에게서 비롯되었음을 강조한다.

또한 정약용은 백성이 위정자(목민관)를 위해 존재하는 것이 아니라, 위정자가 백성을 위해 존재하는 것이라고 천명한다.[25] 이것은 정치 행위가 위정자를 위해서가 아니라 백성을 위해 존재하는 것임을 말한 것이다. 다산은 이러한 백성이 원욕(願慾)을 지닌 존재라고 지적한다. 그리고 위정자의 정치행위는 백성의 원욕을 보살피고 실현시켜주는 것을 목적으로 해야 한다고 말한다. 민의 원욕은 흔히 부귀(富貴)로 나타나므로 위정자가 주로 감당해야하는 정치행위는 귀와 관련해서는 인재등용(用人)이고 부와 관련해서는 재물을 다스리는 일(理財)라고 하였다.[26] 즉 정치행위란 백성의 부귀의 욕망을 보살피고 실현시켜주는 행위인 것이다.

공자가 말한 것처럼 정약용도 또한 '정치라는 것은 바로잡는 것(政也者正也)'[27]이라고 정의한다.

> 정치라는 것은 바로잡는 것이다. 똑 같은 민인데, 누구는 토지의 이익을 병합하여 부유한 생활을 하고, 누구는 토지의 혜택을 받지 못해 가난한가? 이 때문에 토지를 헤아려 민에게 균분하여 주어서 그것을 바로잡았으니 이것을 정치라 한다.[28]

그런데 이렇게 정치가 바로잡아야 할 대상은 윤리적 계도보다는 바로 민생과 관련되는 것들이다. 이 민생은 바로 '백성의 부귀'를 말한다. 그는 민생을 바로잡으면 천하에 왕도정치가 이루어지고, 천하에 왕도정치가 이루어지지 않으면, 위정자에게서 천명이 떠나간다고 보았다. 그 경로는 아래와 같다.

> 왕도정치가 없어지면 민이 곤궁하고 민이 곤궁하면 나라가 가난해진다. 나라가 가난해지면 부세징수가 번거로워지고 부세징수가 번거

로우면 인심이 떠나게 된다. 인심이 떠나면 천명도 떠나간다.[29]

민생을 돌보는 것이 정치의 핵심이며 민생을 돌보지 않으면 위정자에게서 인심이 떠나가게 되고 인심이 떠나가게 되면 권력도 유지할 수 없다는 것이다. 달리 말하면 정약용이 생각한 정치의 목적은 바로 백성의 생업을 돌보아 민심을 얻는데 있는 것이다. 그는 민생과 민심을 외면한 정치는 존립할 수 없다고 생각한 것이다. 그러므로 이러한 관점에서 정치와 인심은 매우 중요한 관계가 아닐 수 없으며, 위정자에게 인심의 향배는 중요한 관심사가 된다.

그렇다면 도대체 민심이라는 것은 어떠한 방식으로 유통되고 또 존재하는 것일까? 위정자들이 이와 관련하여 특별히 주목한 것이 민간에 유통되는 노래들이었다고 할 수 있다. 왜냐하면 시는 사람들의 "뜻을 표현한 것(言志)"이고 곧 인심을 진솔하게 표출한 것이기 때문이다.

한편, 유교적 정치관에서 시를 중요하게 다루는 것은 예악으로 나라를 다스리려고 했던 유교 본래의 정치적 성향에서 기인한 것이기도 하다. 예악이라는 것은 '인간의 정(情)을 소통하고 조절하는 고도의 기술과 체계'를 의미하는 것이라고 할 수 있다. 그러므로 예악은 모두 인정(人情)에 바탕을 두고 나타나는 것이다. 다산 정약용도 예악의 정치적 의미를 매우 중시한다. 그는 예를 천지(天地)의 정(情)과 인정(人情)의 차원으로 이해한다.[30] 그는 『경세유표』에서 예를 바탕으로 한 왕도정치의 구상을 구체화하는데, 이러한 구상의 근저에는 『주례(周禮)』가 있다. 그 서문에서 다산은 다음과 같이 말한다. 그는,

> 옛날 성왕(聖王)들은 예(禮)로써 나라를 다스리고 백성을 인도했다. 그런데 예가 쇠퇴해지자 법(法)이라는 명칭이 생겨났다. 법은 나라를

다스리는 것도 아니고 백성을 인도하는 것도 아니다. 헤아려보건대, 온갖 천리의 법칙에 합치하고 모든 인정에 화합하는 것을 예라 하며, 두렵고 비참한 것으로 협박하여 백성들로 하여금 벌벌 떨며 감히 죄를 저지르지 못하도록 하는 것을 법이라고 한다. 고대의 성왕은 예로 법을 삼았고, 후대의 제왕들은 법으로써 법을 삼았으니, 이것이 고대와 후대가 같지 않은 것이다.[31]

라고 하면서 옛 성왕들의 예에 바탕을 둔 정치로 돌아가야 한다고 했다. 다산이 『경세유표』를 통해 구상한 정치 체제는 인륜에 바탕을 둔 예치의 방식이었다. 이러한 예치는 전래의 예론과 악론에 나타나는 생각들에 근거를 두고 있다. 이중에서 특히 악론은 시론과 긴밀한 관련을 지닌다. 시는 악의 노랫말이기도 하기 때문이다.

음악과 정치에 관련에 양태에 대해서는 『예기』의 「악기(樂記)」와 「모시서(毛詩序)」 등에서 주로 거론되었다. 그 중의 일부를 보이면 다음과 같다.

> 치세의 음은 평안하고 즐거운데 그 정치가 화평하기 때문이고, 난세의 음은 원망하고 분노하는데 그 정치가 괴리되었기 때문이며, 망국의 음은 슬퍼서 걱정에 잠기는데 백성이 곤궁하기 때문이다. 성음의 도는 정치와 통한다.[32]

시가 정치의 이해득실을 반영하는 것처럼, 음악도 정치의 현실을 반영하고 정치 환경의 변화에 따라 그 추이를 함께 하는 것으로 보고 있다. 특기할 만한 것은 시와 같이 음악이라는 것도 인심에서 나타난다고 보았다는 점[33]이다. 시처럼 음악이라는 것도 인심을 가장 잘 보여주는 것으로 여겨졌으며, 유교의 정치론들은 인심에 대한 시선을 끝까지 견지하려 한다.

이러한 예악의 정치는 바로 백성의 감성, 즉 인정(人情)과 소통하고 부합하는 정치를 말한다. 다산 정약용의 정치관도 이와 긴밀한 관련을 지니고 있으며 이러한 정치관은 곳곳에서 확인할 수 있다. 그는 『대학공의(大學公議)』에서 치국평천하(治國平天下)를 말하면서 정치의 요체로 위정자가 "백성이 좋아하는 것을 좋아하고 백성이 싫어하는 것을 싫어하는(民之所好好之, 民之所惡惡之) 마음"을 지니는 것이 중요하고 이에 따라 "현명한 자를 현명하게 친한 자를 친하게(賢賢親親), 즐거운 것을 즐겁게, 이로운 것을 이롭게(樂樂利利)" 하는 정치를 행하면 "백성들이 각기 원하는 바를 얻게 되고(各得所願), 천하가 태평해 질 것"[34]이라 했다. 그는 『상서고훈(尙書古訓)』에서도 종래에, 정치의 요체로 중심되었던 "인심은 위태롭기만 하고 도심은 미약하기만 하니 오직 정밀하게 하고 오직 순일하게 하여야만 진실로 그 가운데를 잡을 수 있네(人心惟危, 道心惟微, 惟精惟一, 允執厥中)."를 해석하면서 도심보다 인심과 인정을 중시하는 태도를 보인다. 『목민심서』에서는 정치의 요체로 애민(愛民) 6조를 강조하는데, 그것은 양로(養老), 자유(慈幼), 진궁(振窮), 애상(哀喪), 관질(寬疾), 구재(救災)이다. 이것은 노인과 어린이를 보살피며, 가난을 구제하고 죽음을 슬퍼하며, 질병과 홍수와 가뭄으로부터 백성을 보호하는 것이다. 이 또한 인정에 바탕을 둔 정치라고 할 수 있다. 그밖에도 『경세유표』에서는 인정에 바탕을 둔 예에 의한 통치를, 『흠흠심서』에서는 삼가고 또 삼가(欽欽) 백성들의 마음에 어떠한 원망이나 억울함도 없게 하는 법 판결에 의한 통지를 표방하면서 인정에 부합하는 정치를 강조한다.

시와 정치의 접점: 인성

　명말청초의 석학 왕부지(王夫之, 1619-1692)는 그의 저서 『시광전(詩廣傳)』에서 시(詩)와 정(情), 그리고 그 효용성에 대해 본격적으로 거론하면서 주나라는 "정(情)으로 인해 왕업을 이루었고 정으로 인해 망했다."[35]고 한 바 있다. 즉 주나라가 왕업을 이루고 천하를 통일할 수 있었던 것은 민의 인정에 순응했기 때문이며, 또 주나라가 멸망한 까닭은 잔악하게 민을 착취하고 억압하여 민의 인정에 상반되었기 때문이라는 것이다. 그래서 그는,

〈님께서 부역 가시고(君子于役)〉의 노여움이 있다면, 〈흐르는 시냇물(揚之水)〉의 원망이 있고, 〈흐르는 시냇물(揚之水)〉의 원망이 있다면, 〈토끼는 깡충깡충(兎爰)〉에는 노여움이 있다. 아랫사람은 반란을 일으켜 무심하고 윗사람은 형벌을 내림에 규율이 없다. 뿔뿔이 흩어지고 부부의 도가 고통스럽고 부모의 마음이 한결같지 않아 서로 비방을 일삼으니 주나라가 쇠망하게 되었다.[36]

　이것은 민의 인정과 정치의 왕업이 긴밀한 관계가 있다는 발언이다. 그리고 정치의 문제에서 민의 인정과 소통하고 그것을 조절하는 것이 중요한 과제임을 지적한 것이라 할 수 있다. 또한 왕부지의 이러한 발언은 시와 정치가 만나는 지점에 인정(人情)이 있음을 지적한 것이기도 하다.
　인정에 바탕을 둔 정치관과 시관은 유교의 인간관과도 긴밀한 관련이 있다. 유교에서 바라보는 인간은 일반적으로 보면 '심성적 존재'로 나타난다. 즉 인간 존재의 본질을 마음을 통해 파악하려 했다는 것이다. 이때 마음의 작용은 성정(性情)이라는 말로 표현되기도 한다. 성은 내면미발

(內面未發)의 마음 상태이며 정은 외면기발(外面旣發)의 마음 작용이다. 정(情)이라는 것은, 내면의 생명에너지라 할 수 있는 성(性)이 외부 세계와 대면할 때 나타나는 '느낌과 반응의 총체'라고 할 수 있다. 그러한 점에서 심성적 인간은 "세계와 다양하게 관계 맺으며 정(情)을 느끼고 반응하는 인간"이라고 보아도 좋을 것이다. 그러나 현실에서 나타나는 정의 실현 강도에는 과불급이 있기 마련이고 그 때문에 당위적으로 정의 중용 구현을 이상으로 추구해야만 하는 존재이기도 하다.

물론 정약용의 인간관과 다른 성리학자들의 심성적 인간관 사이에는 약간의 편차가 있는 것이 사실이다. 정약용은 심성론의 중요개념인 성(性)을 재해석한다. 그는 성은 다만 기호(嗜好)일 뿐이라고 말하면서, 형이상학적 실체로 인정하지 않으며 '성이 곧 리(性卽理)'라는 명제도 부정한다. 그리고 성을 따로 논의하기보다는 심 그 자체를 중시한다. 또한 그 심에는 자주권(自主權)이 있어서 성으로부터 따로 영향을 받는 것은 아니라고 하였다.[37] 이를 통해 성에 대한 관심은 자연스럽게 인심과 인정에 대한 관심으로 옮겨진다. 그리고 인간의 원욕(願慾), 즉 '부귀에 대한 욕망'을 자연스러운 것으로 인식하고 있다. 그의 시론과 정치론은 이러한 인심과 인정을 기반으로 하여 전개되었다고 할 수 있다. 그러나 넓게 보면 다산의 이러한 인간관도 인간을 유교의 보편적인 인간론에서 크게 이탈해 있는 것은 아니다. 인간의 본질을 "세계와 다양하게 관계 맺으면서 세계를 느끼며 반응하는 정(情)의 존재"로 본다는 점에서는 다르지 않다.

정약용이나 여타 유학자들의 관점에서 볼 때, 정치는 인정상 납득할 수 있는 정치가 되어야 훌륭한 정치가 될 수 있고, 시 또한 인정에 부합하는 시여야만 인간에게 보편적인 감동을 줄 수 있는 훌륭한 시가 될 수 있는 것이다.

위에서 거론한 여러 가지 점들을 감안할 때, 다산 정약용은 시에 대해 사유하면서, 시가 정치에 종속되는 것을 의도했다고 볼 수 없다. 그가 시를 거론하고 지으면서 중심주제로 삼았던 것은 바로 '인정에 바탕을 둔 인간'이라고 할 수 있다. 그러한 점에서 그가 궁극적으로 지향한 시는 '인간을 위한 시'이며 '인간의 삶을 풍요롭고 아름답게 하는 시'이다. 이것은 '권력과 정치만을 위한 시'나, '문예적 기법만을 추구하는 시'[38]와는 다른 차원에 있는 것이다. 그리고 이러한 시 의식은 다산 정약용만이 가졌던 생각이 아니라, 넓게는 동아시아인들이 보편적으로 지니고 있었던 시에 대한 생각이었다고 할 수 있다.

현대의 시들은 번쇄한 문예적 기법에만 골몰하여 정작 인간다운 인간미를 잃어버린 모습들을 흔하게 보여준다. 또한 정치권력이나 상업권력에 종속되어 그들을 위해 봉사하는 시들도 적지 않다. 다산 정약용이 인정에 바탕을 두고 생각했던, 이른바 '인간을 위한 시'는 그러한 점에서 우리 시대에도 중요한 의미로 다가 온다.

인간과 삶을 위한 문학

다산 정약용은 시의 정치적인 의미에 대하여 깊이 주목했다. 그러한 생각들은 그의 시경론과 시론, 그리고 실제의 시 작품들 속에 잘 반영되어 나타난다. 그러므로 그는 시경의 시를 정치적인 풍간(諷諫)의 관점에서 이해했다. 그리고 시는 응당 임금과 백성을 사랑하고 걱정하는(愛君憂民) 마음, 시속을 아파하고 분해(傷時憤俗)하는 마음, 찬미와 풍자 그리고 권장과 징벌을 하는 뜻(美刺勸懲)이 없으면 안 되며, 임금을 요순으로 만들고 백성들에게 덕택을 베풀려는 정치적인 의미를 함장하고 있어야 한다고 하였다. 정약용이 지은 실제의 시 작품들을 보아도 이러한 정치적인 면모가 시에 잘 나타난다. 시경의 시도 그러하지만, 다산 정약용의 시경론과 그의 시들을 보면 정치가 잘 보인다.

다산의 시경론과 시론, 그리고 시에 정치가 잘 나타나는 이유는 그 나름의 정치관에서 찾아볼 수 있다. 다산 정약용은 정치 행위의 목적은 민생을 바로 하는 데 있다고 보았다. 왕도정치의 목적은 민생을 바로 하는 데 있으며, 민생이 바르게 되면 인심을 얻게 되며, 인심을 얻게 되면 천명이 정치권력과 함께 한다고 보았다. 그는 민생의 실현을 '백성의 원욕(願慾)'을 실현하는 것이라 말하기도 한다. 백성의 원욕은 바로 '백성의 부귀'와 같은 것이기도 하다. 그러므로 정치권력의 이해득실은 민생의 이해득실에 직접 반영되며, 민생의 이해득실은 백성들의 희로애락의 감정으로 나타난다. 그리고 백성들의 희로애락은 시로 곧잘 형상화 된다. 이렇게 정치의 관점에서 시를 바라보아도, 시는 매우 중요한 정치적 의미를 지닌다.

그렇다고 하여 다산 정약용이 시를 정치의 종속물이나 수단으로 이해한 것은 아니다. 다산 정약용의 시론과 정치론은 무엇보다도 그의 인간론에 바탕을 두고 나타난 것이기 때문이다. 다산은 인간 존재의 본질을 인성보다는 인정(人情)과 인심(人心)에서 파악하고자 한다. 그러므로 선험적이고 내면적인 형이상학적 실체라 할 수 있는 인성을 부정하고, 인성을 다만 기호(嗜好)로 인식하며, 인성의 외면적 실현인 인정을 중시한다. 다산 정약용은 이러한 인정에 바탕을 둔 시와 정치를 추구했다. 다산 정약용에게 시와 정치는 진실한 인정에 부합하는 것이어야 아름다운 시요, 훌륭한 정치일 수 있었다. 그러므로 그는 인간을 위한 시와 인간을 위한 정치를 추구했다고 할 수 있다. 이러한 점에서 다산 정약용에게 시라는 것은 결코 정치의 수단일 수 없었고, 시 또한 단순히 문예적 취향과 기법에 골몰하려는 차원을 벗어난 것이었다.

【주】

1 이 시기는 대략 서기전 1122년부터 서기전 570년으로 추정된다.
2 이에 대해서는 김흥규(『조선 후기 시경론과 시의식, 고려대 민족문화연구소. 1982), 심경호(『조선시대 한문학과 시경론』, 일지사, 1999), 김종서(「시경강의총론에 보이는 다산의 시경 인식」, 『한문학보』19, 2008) 등의 기존 논의가 있다.
3 "北風其凉, 雨雪其雱, 惠而好我, 携手同行, 其虛其邪, 旣亟只且."
4 "碩鼠碩鼠, 無食我鼠, 三歲貫女, 莫我肯顧, 逝將去女, 適彼樂土, 樂土樂土, 爰得我所"
5 "殷商之旅, 其會如林, 矢于牧野, 維予侯興, 上帝臨女, 無貳爾心." "牧野洋洋, 檀車煌煌, 駟騵彭彭, 維師尙父, 時維鷹揚, 涼彼武王, 肆伐大商, 會朝淸明."
6 정약용이 지은 田間紀事 중의 〈豺狼〉같은 작품은 탐관오리의 수탈을 형상화한 것으로 주제나 형식면에서 시경의 〈碩鼠〉와 매우 유사하다.
7 "不稼不穡, 胡取禾三百廛兮, 不守不獵, 胡瞻爾庭有縣狟兮, 彼君子兮, 不素餐兮,"
8 국풍에는 이외에도 〈黍離〉, 〈兎爰〉, 〈式微〉, 〈終風〉, 〈考槃〉, 〈苑蘭〉, 〈陟岵〉 등과 같은 노래가 그러하고, 대아에 있는 〈民勞〉, 〈桑柔〉, 〈板〉, 〈蕩〉, 〈抑〉, 〈瞻卬〉, 〈召旻〉 등의 노래와 소아에 있는 〈正月〉, 〈十月之交〉, 〈節南山〉, 〈雨無正〉, 〈小旻〉, 〈大東〉, 〈北山〉, 〈巷伯〉, 〈何人斯〉를 비롯한 다수의 노래들이 그러한 모습을 보여 준다.
9 시경의 시들이 정치의 이해득실을 잘 반영하고 있다는 점은 이미 널리 알려진 사실이므로 더 이상 상론하지 않는다.
10 이러한 성향을 직접적으로 보여주는 작품만 해도 대략 70여 편에 이른다.
11 주희도 〈관저〉가 정풍의 시이고 문왕과 태사의 혼인을 다룬 시라고 보았다. 그러므로 이 시를 완전한 민간의 노래로 보지는 않았다.
12 "子惠思我, 褰裳涉溱, 子不思我, 豈無他人, 狂童之狂也且."
13 정약용, 『詩經講義』권1; "此恐賢者之居異國者, 辭其無禮之招, 而託言男女之怨也."
14 정약용, 『詩經講義』권1; "士之未聘, 如女之在室."
15 정약용, 『詩經講義』권1; "鄭風無淫詩. 其有男女之說者, 皆刺淫之詩也. 詩三百, 一言以蔽之曰, 思無邪, 則詩三百一言以蔽之曰, 賢人君子之作也."
16 정약용, 『詩經講義』권1; "大抵君臣也, 夫婦也, 朋友也, 以義而合, 事情相類 故君臣朋友之間, 託辭於男女者, 詩家之本法也. 故自離騷漢魏而下, 皆慕效風詩, 此體甚多."
17 정약용, 『詩經講義補遺』; "風有二義, 亦有二音, 指趣逈別, 上以風化下者, 風敎也, 風化也, 風俗也. 其音爲平聲. 下以風刺上者, 風諫也, 風刺也, 風喩也. 其音爲去聲. 安得以一風字, 雙含二義, 跨據二音乎 ··· 序說欲兼統二義, 而可得乎? 朱子集傳, 削去風刺, 孤存風化. 雖然風刺之意, 因可講也"
18 정약용, 『詩經講義補遺』; "風詩之見於春秋者, 考其事實, 皆是公家之事. 閻巷卑微之民,

雖有善惡, 隨施刑賞, 事各勸懲. 其有言辭, 何足以被之官絃, 列之樂官哉.

19 정약용,『詩經講義補遺』「小序」; "凡國風之所美刺, 皆是公家之善惡…… 孟子曰, 人不足與適也, 政不足間也, 唯大人, 爲能格君心之非, 一正君, 而天下正矣. 此聖人知要之言也. 故國風諸詩, 亦有一正君爲務. 或美之贊之, 以感其善心. 或刺之箴之, 以懲其逸志. 君心旣正, 百官自正, 百官旣正, 天下歸仁. 彼匹夫匹婦, 蓬首垢面, 或淫或邪, 自陷罪罟者, 又何譏焉."

20 정약용,『與猶堂全書』,「詩文集」,〈寄淵兒〉; "後世詩律, 當以杜工部爲孔子. 蓋其詩之所以冠冕百家者, 以得三百篇遺意也. 三百篇者, 皆忠臣孝子烈夫良友, 惻怛忠厚之發. 不愛君憂國, 非詩也. 不傷時憤俗, 非詩也. 非有美刺勸懲之義, 非詩也. 故志不立, 學不醇, 不聞大道, 不能有致君澤民之心者, 不能作詩."

21 이점에 대해서는 기존논의에서 충분히 다루어진 바 있으므로 여기에서는 상론하지 않는다.

22 반고,『漢書』권30,「藝文志」제10; "古有采詩之官, 王者所以觀風俗, 知得失, 自考正也."

23 주희,『詩集傳』권1 참조.

24 정약용,『與猶堂全書』「詩文集」〈湯論〉참조.

25 정약용,『與猶堂全書』「詩文集」〈原牧〉참조.

26 김선경,「다산 정약용의 정치철학」,『한국사상사학』26집(한국사상사학회, 2006), 324쪽 참조.

27 정약용,『與猶堂全書』「詩文集」〈原政〉참조.

28 정약용,『與猶堂全書』「詩文集」〈原政〉; "政也者正也. 均吾民也, 何使之幷地之利而富厚, 何使之阻地之澤而貧薄. 爲之計地與民, 而均分焉以正之, 謂之政."

29 정약용,『與猶堂全書』「詩文集」〈原政〉; "王政廢而百姓困, 百姓困而國貧, 國貧而賦斂煩, 賦斂煩而人心離, 人心離而天命去."

30 박종천,「다산 예론의 실천적 함의」,『한국실학연구』13(한국실학연구회, 2007) 참조.

31 정약용,『與猶堂全書』「詩文集」〈邦禮艸本序〉; "先王以禮而爲國, 以禮而道民. 至禮之衰, 而法之名起焉. 法非所以爲麴, 非所以道民也. 揆諸天理而合, 錯諸人情而協者, 謂之禮 威之以所恐, 迫之以所悲, 使斯民, 兢兢然莫之敢干者, 謂之法. 先王以禮爲法, 後王以法而爲法, 斯其所不同也."

32 『禮記』「樂記」; "治世之音, 安以樂, 其政和. 亂世之音怨以怒, 其情乖. 亡國之音, 哀以思, 其民困. 聲音之道, 與政通矣." 똑같은 글이 「毛詩序」에도 나타난다.

33 이는 예기의 「樂記」에서 "凡音之起, 由人心生也." "凡音者, 生人心者也." "凡音者, 生於人心者也."라는 말로 표현된다.

34 김선경,「다산 정약용의 정치철학」,『한국사상사학』26집, 한국사상사학회, 2006, 329~330쪽 참조.

35 왕부지,『詩廣傳』권1,「왕풍」.

36 왕부지, 『詩廣傳』권1, 「패풍」; "有君子于役之怒, 則有揚之水之怨, 有揚之水之怨, 則有兎爰之怒. 下叛而無心, 上刑而無紀. 流散不止, 夫婦道苦, 父母無恒, 交謗而成乎衰周."
37 박홍식, 「다산 정약용의 인간관」, 『유교사상연구』 7집(유교사상연구회, 1994.), 5-8쪽 참조.
38 정약용은 많은 저술에도 불구하고 『시경강의』 이외의 시평서나 시화집들을 저술하지 않았다.

【참고문헌】

1. 자료

정약용, 『詩文集』(定本與猶堂全書1-3, 다산학술문화재단), 미간행.
정약용, 『詩經講義』(定本與猶堂全書6, 다산학술문화재단), 미간행.
정약용, 『詩經講義補遺』(定本與猶堂全書6, 다산학술문화재단), 미간행.
왕부지, 『詩廣傳』(船山全書3, 악록서사), 1998.

2. 단행본

김근, 『한시의 비밀 -시경과 초사 편』, 소나무, 2008.
김흥규, 『조선 후기 시경론과 시의식』, 고려대학교 민족문화연구소, 1982.
심경호, 『조선시대 한문학과 시경론』, 일지사, 1999.
최석기, 『성호 이익의 학문정신과 시경학』, 중문, 1999.

3. 논문

금장태, 「다산철학의 인간학적 기초」, 『한국학보』 18, 1980.
김기철, 「정약용 시경강의 시서관」, 『중국학연구』 17, 중국학연구회, 1999.
김선경, 「다산 정약용의 정치철학」, 『한국사상사학』 26집, 한국사상사학회, 2006.
김종서, 「시경강의총론에 보이는 다산의 시경 인식」, 『한문학보』 19, 우리한문학회, 2008.
박종천, 「다산 예론의 실천적 함의」, 『한국실학연구』 13, 한국실학연구회, 2007.
박홍식, 「다산 정약용의 인간관」, 『유교사상연구』 7집, 유교사상연구회, 1994.
왕충렬, 「왕부지 시론 연구」, 외국어대학교 박사학위논문, 1994.
윤재환, 「시론과 시세계의 상관관계 -성호와 다산의 전가시를 중심으로」, 『한민족어문학』 52집, 2008.
이봉규, 「사서 해석을 통해 본 정약용의 정치관」, 『다산학』 7, 다산학술문화재단, 2005.
이재훈, 「주자 시경학 연구」, 서울대학교 박사학위논문, 1994.
한정길, 「다산 정약용의 세계관」, 『다산학』 11, 다산학술문화재단, 2007.

찾아보기

【ㄱ】

가장 흔한 것이 가장 소중한 것 _ 177
가정소설 _ 156
감성적 인간 _ 93
감성적 존재 _ 171
감은장애기 _ 209
감정 처리와 교류의 달인 _ 93, 100, 140
감정의 과잉과 결핍 _ 140
감정의 합리성 _ 140
감정적 존재 _ 93
강충(降衷) _ 53
개안주(開眼酒) _ 178
개언초(開言草) _ 178
개인의 생존권 _ 167, 168
거만함(傲) _ 56
거진(擧眞) _ 212
건강 _ 49
건강한 마음의 나라 _ 49
건곤일척(乾坤一擲)의 대결 _ 72
건국신화 _ 15
게으름(懈) _ 56
결연 과정 _ 37
결연 _ 16
경(敬) _ 48, 50, 57, 63, 67, 69, 74, 87, 92
경도(敬圖) _ 85
경부(敬夫) _ 92
경세유표 _ 236
경재잠도(敬齋箴圖) _ 85
경학(經學)적 담론 _ 100
경학적 담론 _ 94
고귀한 혈통 _ 16, 25
고을라 _ 201
고전소설 _ 15
고정체계면 _ 136
공자(孔子) _ 199, 200
공자문답 _ 199
관창(官昌) _ 212
광문자전 _ 118
괴똥어미 _ 165
구렁덩덩신선비 _ 203
구운몽 _ 18
구원자 _ 34
국가 _ 167
국씨(麴氏)형제 _ 94
국양장군(麴釀將軍) _ 60, 70
군사설움타령 _ 150
군자 _ 115
궁예 _ 20, 39
권근 _ 84
권력과 정치만을 위한 시 _ 239
궤내깃또 _ 21, 27, 31, 38, 207
궤네깃당본풀이 _ 207
궤네깃당본풀이 _ 18
귀신 _ 172
그림자 _ 37, 38

찾아보기 | 245

기대승(奇大升) _ 171
기도(幾圖) _ 85
기성의 행복 _ 209
기성적 행복 _ 209
기아(棄兒) _ 33
기전체(紀傳體) _ 95
기호(嗜好) _ 238, 240
김명환 _ 142
김수로(金首露) _ 201
김신전전 _ 119
김알지(金閼智) _ 201
김우옹(金宇顒) _ 47, 91
깨어있는 정신 _ 58
꼬마 신랑 _ 198, 199
꼬마 원님 _ 198
꾸욱 꾸욱 물수리(關雎) _ 226
꿈 _ 172

【ㄴ】

낙론계 _ 107
남녀상열지사 _ 227
남령장군(南靈將軍) _ 51, 60, 70
남령전(南靈傳) _ 47
남성성 _ 36
남성원형 _ 36
내 복에 산다 _ 208
노론 _ 107
노현자(老賢者, wise old man / wise old woman) _ 35
놀부 _ 167, 179, 181, 183, 185
놀부박 _ 169

놀부심술 _ 173
놀부심술사설 _ 172
느낌과 반응의 총체 _ 238

【ㄷ】

다산학(茶山學) _ 223
단군(檀君) _ 201
달(月) _ 89
담배 _ 49, 60, 67, 96
당금애기 _ 201
대장(大壯) _ 90
대장기(大壯旂) _ 89
대학공의(大學公議) _ 236
도(圖) _ 82
도상학적 담론 _ 100
도설(圖說) _ 82
도술(道術) _ 29, 36
도척 _ 115
독립선언서 _ 166
동리자 _ 120
동명왕편(東明王篇) _ 18, 201
동물 _ 112, 126
동자삼(童子參) _ 211

【ㅁ】

마음 _ 81, 86
마음의 건강 _ 49
마음의 성인(聖人) _ 100
마음의 풍경 _ 91
마음이 느끼기 때문에 존재하는 인간 _ 175

마장전 _ 117
모방담(模倣譚) _ 165
모시서(毛詩序) _ 225
몸 _ 177, 183, 186
무예 _ 29, 36
무장신선 _ 30
무한재보담(無限財寶譚) _ 165
문승상사당기(文丞相祠堂記) _ 122
문예적 기법만을 추구하는 시 _ 239
물신주의 _ 183
미륵선화(彌勒仙花) _ 202
민간저작설 _ 228
민본주의 _ 232
민생 _ 233, 234
민심 _ 232

【ㅂ】
바리공주 _ 18, 21, 201, 205, 206
박달나무 베어(伐檀) _ 225
박지원(朴趾源) _ 107
박혁거세(朴赫居世) _ 201, 202
반쪽이 _ 203
밝게 빛남(大明) _ 225
밥 _ 178
방정환 _ 213
배띄 _ 29
백성 _ 233
백성의 부귀 _ 233, 240
백성의 원욕(願慾) _ 240
버려지는 어린아이 _ 205, 213
버려짐(棄兒) _ 16, 206

범 _ 112
범인(凡人) _ 115
벽이롱(闢耳聾) _ 178
변강쇠가 _ 145, 147, 152
병리적 정서 _ 147
병법 _ 28, 36
병졸점고 _ 152
보편적 의식(衣食) _ 177
복초(復初) _ 53
부귀(富貴) _ 233
부귀에 대한 욕망 _ 238
부귀영화 _ 31
부동심도(不動心圖) _ 85
부분 지향성 _ 136
부을라 _ 201
북벌론(北伐論) _ 122
북풍(北風) _ 225
북학론(北學論) _ 122
북학의서(北學議序) _ 122
북학의서 _ 122
북학파 _ 109
불교 _ 202
불로초 _ 178
불법(佛法) _ 29, 36
불사약 _ 178
비고정체계면 _ 136
비범한 태몽 _ 25
비심성적 기제 _ 99
비정상적 잉태 _ 16
빈부 갈등 _ 167
뺑덕어멈 _ 165

【ㅅ】

사단사정론(四端四情論) _ 61
사람의 신명(人之神明) _ 86
사랑가 _ 150
사복(蛇福) _ 204
사유재산권 _ 167
사유재산 처분의 자유 _ 168
산다는 것은 기본적으로 선하다 _ 179, 182
살벌한 전쟁터 _ 91
삼공본풀이 _ 209
삼국사기 _ 18
삼국유사 _ 18, 211
상무(尙武)적 기풍 _ 72
상서고훈(尙書古訓) _ 236
상심(喪心) _ 56
새로운 세계질서 _ 34
생각하기 때문에 존재하는 인간 _ 175
생각하는 인간 _ 139
생각하는 존재 _ 93, 172
생명 _ 166, 179, 180
생명의 길 _ 180
생명의 전령사 _ 180
생명적인 존재 _ 176, 185
생명중심의 감성적 대동사회 _ 183
생명활동의 정당성과 중용성 _ 176
생태주의 _ 176
생태주의적 인간론 _ 176, 186
서당 훈장 _ 199
서사무가 _ 15
서사문학 _ 164

서사우언 담론 _ 100
서사적인 표현 _ 95
석탈해(昔脫解) _ 201
선악형제담(善惡兄弟譚) _ 165
선천적 지혜 _ 204
선천적인 지혜 _ 197
성(性) _ 62, 68, 141
성(誠) _ 91, 92
성도(誠圖) _ 85, 90
성성(惺惺) _ 89
성성옹(惺惺翁) _ 48, 58, 69, 92
성성자(惺惺子) _ 58, 89, 92
성옹(惺翁) _ 58, 92
성의백(誠意伯) _ 92
성이 곧 리(性卽理) _ 238
성인(聖人) _ 115
성학십도(聖學十圖) _ 83, 84
성학집요(聖學輯要) _ 84
성현론심지요도(聖賢論心之要圖) _ 85
세간 살림 _ 170
셋째 도령님 사냥 가셨네(叔于田) _ 227
소옹(邵雍) _ 83
소인 _ 115
소천국 _ 31, 38
손순매아(孫順理兒) _ 211
송양 _ 30
송양왕 _ 38
수성(愁城) _ 51
수성지(愁城誌) _ 47, 51, 56, 91
수심(愁心) _ 56
숙흥야매잠도(夙興夜寐箴圖) _ 85

술 _ 49, 60, 67, 96
승냥이 이리(豺狼) _ 230
시경(詩經) _ 221, 223
시경론(詩經論) _ 222
시광전(詩廣傳) _ 237
시련 _ 16
시의 채록과 산정(刪定) _ 231
신명사(神明舍) _ 86
신명사도(神明舍圖) _ 58, 71, 73, 75, 83, 85, 88
신명사도명(神明舍圖銘) _ 86
신명사명(神明舍銘) _ 58, 86, 89
신성한 어린아이 _ 200, 213
신성한 에너지를 지닌 인격(mana personalities) _ 35
신성혼(神聖婚) _ 200
신학(神學)적 담론 _ 100
심(心) _ 68
심각한 고난 _ 205
심성 _ 174
심성도(心性圖) _ 84
심성도설(心性圖說) _ 82, 84
심성론 _ 48-50, 73, 75, 84, 139, 171
심성우언소설(心性寓言小說) _ 81, 82, 85
심성의 문제 _ 98
심성의인 기법 _ 97
심성의인(心性擬人) _ 48
심성적 구원관 _ 93
심성적 기제 _ 99
심성적 인간 _ 94, 171, 180, 184, 185
심성적 인간론 _ 175, 182
심성적 인간형 _ 183
심성적 인간형의 부적응 _ 183
심성적 존재 _ 237
심성정도(心性情圖) _ 85
심성주의 _ 183
심술보 _ 176
심위엄사도(心爲嚴師圖) _ 85
심청가 _ 145, 146, 148
심통성정(心統性情) _ 68, 74, 87
심통성정도(心統性情圖) _ 85
심학도(心學圖) _ 85
심학도설(心學圖說) _ 83
쌀 _ 178

【ㅇ】

아기장수 _ 210
아니마 _ 36, 37
아니무스 _ 36
아이 _ 191
안심국 _ 201
알 _ 26
애정시 _ 226
애정화소 _ 97
약 _ 170
양귀비 _ 170, 178
양소유 _ 23
양을라 _ 201
양지도(良知圖) _ 83
어른 _ 198
어린 원님 _ 198
어린 제자 _ 199

어린아이 _ 194, 195
어린아이의 죽음 _ 210
어린아이의 형상 _ 196
엄행수 _ 119
여성성 _ 36
여성원형 _ 36
여우누이 _ 212
여융(女戎) _ 94
역동적 평형(dynamic equilibrium) _ 68
역외춘추론(域外春秋論) _ 122
역학계몽(易學啓蒙) _ 83
연단도(練丹圖) _ 83
연상되는 물정(物情) _ 151
연암소설 _ 126
영웅 _ 15, 16
영웅의 버려짐 _ 33
영웅의 일생 _ 16, 17, 40
영웅이야기 _ 15
영혼의 동반자 _ 30, 37
예(禮) _ 140, 171
예덕선생전 _ 117, 119
예악 _ 234
오누이 힘내기전설 _ 211
오늘이 _ 201, 206
오랑캐 _ 122
오래도록 나타남(長發) _ 226
오장육부 _ 175
오장육부가 활동운화하고 있기 때문에 존재하는 인간 _ 176
오장칠부 _ 176
옷 _ 178

옷자락 걷어 올리고(褰裳) _ 227
옹고집 _ 165
왕부지(王夫之, 1619-1692) _ 237
요순 _ 115
욕망하기 때문에 존재하는 인간 _ 175
욕망하는 존재 _ 166
우도론(友道論) _ 117
우상전 _ 118
우심(憂心) _ 56
우언적 기법 _ 82
우월한 내면을 지닌 어린아이 _ 213
우월한 어린아이 _ 196, 203
우의(寓意) _ 97
우인(愚人) _ 115
우주적인 결합 _ 33
운심 _ 120
울리고 웃기기 _ 142, 143
울음 _ 144
울음의 씨앗 _ 149
울음의 정서 _ 139
웃음 _ 144
웃음의 씨앗 _ 149
웃음의 정서 _ 139
원욕(願慾) _ 233, 238
원천강본풀이 _ 206
원효 _ 204
유충렬 _ 22, 26, 39
유충렬전 _ 18
유치구(柳致球, 1793-1854) _ 47
윤리소설 _ 156
윤직원 _ 165

율도국왕 _ 38
은나라의 무력(殷武) _ 226
음시(淫詩) _ 227
음악 _ 29
의(義) _ 50, 63, 67, 74, 87, 90
의산문답(毉山問答) _ 107
의상(義湘) _ 83
의승기(義勝記) _ 47
의승기(義勝記) _ 51
의식(衣食) _ 178, 183
의식주 _ 170
의인 _ 97
이규보 _ 201
이면 _ 137, 171
이면적 주제 _ 136
이옥(李鈺) _ 47
이이(李珥) _ 83-85
이적(夷狄) _ 124, 128
이적세계 _ 121
이제마(李濟馬) _ 175
이황(李滉) _ 83, 171
이황 _ 84, 85
인간 _ 126
인간성을 상실한 인문학 _ 163
인간을 소외시키는 인문학 _ 163
인간을 위한 시 _ 239
인간의 삶을 풍요롭고 아름답게 하는 시 _ 239
인간중심주의 _ 113, 114
인륜 _ 235
인문학 _ 163

인물성동론(人物性同論) _ 107, 108, 113, 126
인물성동이 논쟁(人物性同異論爭) _ 107
인물성이론(人物性異論) _ 107
인본주의 _ 232
인색한 자본가 _ 168
인설도(仁說圖) _ 85
인성론(人性論) _ 164
인성론적 의미 _ 164
인심(人心) _ 232, 234, 235, 240
인심도심도설(人心道心圖說) _ 85
인정(人情) _ 234, 236, 237, 240
인정상 납득할 수 있는 정치 _ 238
인정에 바탕을 둔 인간 _ 239
인정에 부합하는 시 _ 238
일곱 아이 _ 201
임영(林泳) _ 47
임은정씨복심역유일도(林隱程氏復心亦有一圖) _ 85
임제(林悌) _ 47
입공 _ 16
입학도설(入學圖說) _ 83
있는 삶 _ 16
있는 인간 _ 16
있는 정리 _ 155, 157
있어야 하는 삶 _ 16
있어야할 인간 _ 16
있어야할 정리 _ 155, 157

【ㅈ】
자기(self) _ 32

자기를 실현한 인간 _ 17
자기 수련 _ 35
자기실현 _ 17, 40
자기원형 _ 33
자기정체성 _ 24, 33
자미원(紫微垣) 대장성 _ 26
자본주의적 국가론 _ 166
자본주의적 인간 _ 166, 169, 180, 184, 185
자본주의적 인간론 _ 167, 175
자본주의적 인간형 _ 181, 183
자본주의적 인간형의 파탄 _ 183
자본주의적 인성 _ 168
자식 죽여서 부모 받들기 _ 211
자아(Ego) _ 32
자아의 욕망 _ 167
자연 _ 112
자연중심주의 _ 113, 114
자유 _ 166
자음시(刺淫詩) _ 228
자주권(自主權) _ 238
자학적인 도덕교육 _ 167
장면극대화 _ 136
장부론(臟腑論) _ 175
장부론적 인간관 _ 182
장부적 인간 _ 180, 184
장부적 인간론 _ 175, 177, 185
장부적 인간형 _ 183, 184
장자 _ 165
적벽가 _ 145, 147, 148
전간기사(田間紀事) _ 230

전설 _ 15
전쟁장면 _ 92
전쟁터 _ 92
전쟁화소 _ 97
정 지향성 _ 136
정(情) _ 62, 68, 138, 141
정(情)의 존재 _ 238
정경교융(情景交融) _ 157
정기화(鄭琦和, 1786-1827) _ 47
정리(情理) _ 138
정리(情理)의 합리성(合理性) _ 137, 142, 155
정리에 합치하는 주제 _ 153
정리적 문제의식 _ 149
정복심(程復心) _ 83
정약용 _ 219, 222, 223, 225, 228, 230, 233, 238, 239
정을 느끼고 표현하는 인간 _ 139
정의 과잉과 결핍 _ 139
정의 교류와 그 처리의 달인 _ 171
정의 에너지 _ 171
정의 처리와 교류 _ 174
정제두(鄭齊斗) _ 83
정지운 _ 84
정취보살 _ 202
정치의 이해득실 _ 231
정태제(鄭泰齊, 1621-1669) _ 47
정한담 _ 39
제비 _ 169, 179
제비의 다리 _ 169, 180
조식(曺植) _ 59, 71, 83-85, 92

조신(調信) _ 202
조의관 _ 165
주기(主氣) _ 109
주돈이(朱敦頤) _ 83
주리(主理) _ 109
주몽(朱蒙) _ 19, 38, 201, 207
주색 _ 96
주인옹(主人翁) _ 54, 58, 92
주일옹(主一翁) _ 58, 92
주희 _ 83, 228
죽고타령 _ 152
죽임을 당하는 아이 _ 210, 213
중세적 담론방식 _ 73
중용(中庸) _ 68
중화(中華) _ 128, 122, 124
중화(中和) _ 63, 70
중화세계 _ 121
지금 여기 _ 164
지전설(地轉說) _ 123
지혜로운 어린아이 _ 196, 213
진경(眞景) _ 157
진정(眞情) _ 157
진정한 행복 _ 209
짐승의 소리 알아듣는 어린아이 _ 204
쫓겨나는 어린아이 _ 208, 213
쫓겨난 여인 발복(發福) 설화 _ 208

【ㅊ】
천군(天君) _ 51, 52
천군기(天君紀) _ 47, 51
천군본기(天君本紀) _ 47, 51, 91

천군소설(天君小說) _ 47, 49, 75, 81, 156
천군실록(天君實錄) _ 47, 51
천군연의(天君演義) _ 47, 51, 91
천군전(天君傳) _ 47, 51, 58, 63, 64, 91
천도도(天道圖) _ 85
천로역정(天路歷程) _ 100
천명도(天命圖) _ 85
천명도설(天命圖說) _ 85
천문지리 _ 28, 36
천인심성분석도(天人心性分釋圖) _ 84
천인심성합일지도(天人心性合一之圖)
_ 84
천정배필 _ 30, 36, 37
천지(天地)의 정(情) _ 234
천지신명(天地神明) _ 86
천지조화(天地造化) _ 33
춘추대의 _ 125
춘향가 _ 145, 146, 148
춘향가 _ 151
출생 _ 16
충서일관도(忠恕一貫圖) _ 85
칠정(七情) _ 61

【ㅋ】
칼 _ 92
크게 빛남(大明) _ 226
큰 쥐(碩鼠) _ 225

【ㅌ】
탁월한 능력 _ 16
탈해 _ 20

태극도(太極圖) _ 83
태극도설(太極圖說) _ 83
태몽 _ 33
태양수(太陽守) _ 26
태일군(太一君) _ 87, 89
태일진군(太一眞君) _ 92
태초(太初) _ 53
태평성대 _ 31, 39
토끼전 _ 145, 147
퇴계학파 _ 72
특별한 경쟁자 _ 30

【ㅍ】
판소리의 불합리성 _ 136
판소리의 서사문법 _ 136
페르조나(persona) _ 33
편년체(編年體) _ 95
포폄의식(褒貶意識) _ 95
표면적 주제 _ 136
풍간(諷諫) _ 228, 231, 239
풍아송(風雅頌) _ 221
풍운조화술(風雲造化術) _ 29
풍자(諷刺) _ 228

【ㅎ】
학기도(學記圖) _ 83, 86
학기유편(學記類編) _ 84, 90
학동 _ 199
한국적 악인 _ 165
해(日) _ 89
행복 _ 166

허생 _ 120, 125
허생전 _ 118
허씨부인 _ 165
현인(賢人) _ 115
현인저작설 _ 228
호공(瓠公) _ 30, 38
호락논쟁(湖洛論爭) _ 107
호질(虎叱) _ 107, 112, 118
홍계월 _ 24
홍계월전 _ 18
홍길동 _ 22, 38
홍길동전 _ 18
홍대용(洪大容) _ 107
화엄일승법계도(華嚴一乘法界圖) _ 83
화이관(華夷觀) _ 121
화이론(華夷論) _ 108
환경파괴 _ 167
환혼주(還魂酒) _ 178
황중윤(黃中允, 1577-1648) _ 47
효행설화 _ 211
흠흠심서 _ 236
흥부 _ 170, 181, 183, 185
흥부가 _ 145, 146, 148
흥부박 _ 170, 177
흥부의 가난 _ 181
흥부전 _ 164
희귀한 재화 _ 177
희로애락(喜怒哀樂) _ 61
희로애락의 과불급 _ 71, 148
희로애락의 중화(中和) _ 70